HISTOIRE DE CLUNY

depuis les origines
jusqu'à la ruine de l'Abbaye

PAR

le Chanoine L. CHAUMONT
Aumônier des Sœurs de Saint-Joseph à Cluny.

Veritas liberabit vos.
Joan., VIII, 32.

Seconde édition, considérablement augmentée.

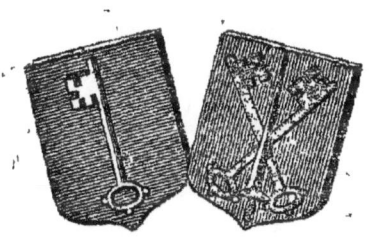

PARIS
ANCIENNE LIBRAIRIE POUSSIELGUE
J. DE GIGORD, Successeur
15, Rue Cassette, 15

1911

HISTOIRE DE CLUNY

DOMINIQUE DE LA ROCHEFOUCAULD
CARDINAL ARCHEVÊQUE DE ROUEN
DERNIER ABBÉ DE CLUNY
1713 - 1800

HISTOIRE DE CLUNY

depuis les origines
jusqu'à la ruine de l'Abbaye

PAR

le Chanoine L. CHAUMONT

Aumônier des Sœurs de Saint-Joseph à Cluny.

Veritas liberabit vos.
Joan., VIII, 32.

Seconde édition, considérablement augmentée.

PARIS
ANCIENNE LIBRAIRIE POUSSIELGUE
J. DE GIGORD, Successeur
15, Rue Cassette, 15

1911

AVANT-PROPOS

Le nom de Cluny brille dans l'histoire d'un éclat incomparable ! Depuis cent ans que nos grands Bénédictins ont été chassés de leur maison, le souvenir de leurs bienfaits n'a pas été effacé dans le cœur des populations. Le tressaillement qui s'est produit en France et à l'étranger à l'annonce du millénaire de la fondation de Guillaume le Pieux l'a bien prouvé.

Résumer l'histoire de Cluny en un petit nombre de pages est un problème aussi ardu que difficile, tant la matière est abondante. Il fallait cependant redire à ceux qui pouvaient l'ignorer, ce que les Moines ont fait à Cluny : tel est l'objet de ces quelques pages spécialement destinées à nos compatriotes. Nous les avons écrites sans prétention, avec l'unique souci de dire la vérité.

Que durant leur longue histoire nos Moines aient eu des défaillances, nous ne l'avons pas dissimulé : c'est la partie neuve de ce petit écrit.

« L'Eglise n'a pas besoin des mensonges de l'histoire » a dit Léon XIII ; il suffit que justice lui soit rendue. On le comprendra mieux par l'exposé impartial des longues luttes que les Clunistes eurent à soutenir pour défendre la dignité de la conscience et la liberté de l'Eglise. Ils s'employèrent avec non moins de zèle à préparer et organiser la Croisade. Saint Louis vint à Cluny affermir sa résolution généreuse d'assurer aux chrétiens d'Orient l'indépendance de leur foi.

Adonnés par état au service de Dieu, les pieux disciples de saint Hugues n'en furent pas moins des initiateurs habiles qui transformèrent notre sol bourguignon et en firent la source d'abondantes richesses ; chacun sait qu'ils ont été, dès le Xe siècle, les fermes soutiens de nos libertés communales du XIVe et du XVe siècle.

Les guerres civiles leur causèrent de grands dommages ; la commende leur fut encore plus funeste. Heureusement la jeune congrégation de Saint-Maur infusa dès le XVIIe siècle, une sève nouvelle au vieux tronc bénédictin. Un des survivants de Cluny, dom Tessier, mit sa gloire après la Révolution à pénétrer le cœur de son jeune disciple des souvenirs de la grande abbaye. Dom Pitra reprit à Solesmes les travaux de Mabillon ; depuis les fils de Dom Guéranger continuent les traditions savantes de Cluny ; les moines en France sont immortels comme les chênes !

Cluny, le 25 août 1910.

TABLEAU CHRONOLOGIQUE

DES

ABBÉS DE CLUNY

Copié sur le *Tableau authentique des abbés de Cluny*, conservé à la bibliothèque de la ville et qui contient sur les deux colonnes correspondantes le nom des papes et rois de France contemporains à chacun d'eux.

S. Bernon	910-926	Pierre II de Chastellux	1322-1344
S. Ode de Dôle	926-944	Ytier de Mirande	1344-1347
S. Aymard I d'Angoulème	944-953	Hugues VII de Fabry	1347-1351
S. Mayeul de Forcalquier	953-994	Ardouin de la Roche	1351-1361
S. Odile Ier de Mercœur	994-1049	Simon de la Brosse	1361-1368
S. Hugues Ier de Semur	1049-1109	Jean Ier du Pin	1368-1374
Pons Ier de Mergueil	1109-1122	Jacques Ier de Caussan	1374-1383
Hugues II de Semur	1122	Jean II de Damas Cozan	1383-1400
Pierre le Vénérable	1122-1158	Raymond II de Cadoëne	1400-1416
Hugues III de Trafin	1158-1163	Robert II de Chaudesolles	1416-1423
Etienne Ier de Boulogne	1163-1173	Odole II de La Perrière	1423-1456
Rodolphe de Sully	1173-1176	Jean III de Bourbon	1456-1481
Galaher (Gauthier de Châtillon)	1176-1177	Jacques II d'Amboise	1481-1514
Guillaume Ier d'Angleterre	1177-1179	Godefroy d'Amboise	1514-1518
Théobald de Vermandois	1179-1180	Jean IV de La Madeleine	1518-1520
Hugues IV de Clermont	1180-1199	Aymard II de Boissy	1520-1528
Hugues V d'Anjou	1199-1207	Jean V de Lorraine	1528-1575
Guillaume II d'Alsace	1207-1215	Claude de Guise	1575-1612
Gérald de Flandre	1215-1220	Louis de Lorraine	1612-1621
Rolland de Hainaut	1220-1228	Jacques III de Vény	1621-1630
Barthélemy de Floranges	1228-1230	Jean V de Richelieu	1630-1641
Etienne II de Brancion	1230-1235	Armand de Bourbon-Conti	1641-1654
Hugues VI de Courtenay	1235-1244	Jules Cardinal Mazarin	1654-1661
Guillaume III de France	1244-1257	Renaud card. d'Este	1661-1672
Yves Ier de Vergy	1257-1275	Henri II de Beuvron	1672-1682
Yves II de Chassant	1275-1289	Emmanuel card. de Bouillon	1682-1715
Guillaume IV d'Igé	1289-1295	Oswald de la Tour d'Auvergne	1715-1745
Bertrand Ier de Colombier	1295-1308	Frédéric de la Rochefoucaud	1745-1757
Henri Ier de Fautrières	1308-1319	Dominique de la Rochefoucaud	1757-1800
Raymond Ier de Bonne	1319-1322		

PRÉLATS PRÉSENTS
AUX FÊTES DU MILLÉNAIRE DE CLUNY
9, 10, 11 Septembre 1910

S. Ex. le cardinal Luçon, archevêque de Reims ;
NN. SS. Bonnefoy, archevêque d'Aix ;
Dubillard, archevêque de Chambéry ;
Gauthey, archevêque de Besançon ;
Béguinot, évêque de Nîmes ;
Herscher, évêque de Langres ;
du Curel, évêque de Monaco ;
du Vauroux, évêque d'Agen ;
Déchelette, auxiliaire de Lyon ;
Lobbedey, évêque de Moulins ;
Chatelus, évêque de Nevers ;
Manier, évêque de Belley ;
Villard, évêque d'Autun ;
Baudrillart, recteur de l'Inst. Cath. de Paris ;

RR^{mes} dom Joseph Pothier, abbé de St. Wandrille ;
dom Fernand Cabrol, abbé de Farnborough ;
dom Paul Renaudin, abbé de St Maurice ;
dom Joseph Bouchard, abbé de Kernebeat :
dom Léandre Léniome, abbé de La Pierre-qui-Vire ;
dom Maur Séraphini, abbé de Subiaco ;
dom Alphonse Guépin, abbé de Silos ;
dom Jean de Puniet, abbé de St Paul de Wisques.

PREMIÈRE PÉRIODE (910-1156)

CHAPITRE PREMIER

La fondation

Le IXe siècle finissait. Les guerres interminables qui avaient marqué le démembrement de l'empire de Charlemagne ne faisaient que trop pressentir de nouveaux troubles. D'une part les invasions normandes, de l'autre le changement de dynastie en France et en Allemagne devaient amener un tel déchaînement des passions humaines que le X° siècle a été justement surnommé le *siècle de fer*. On lui donne encore le nom de *sæculum obscurum* ; les débris des civilisations précédentes disparaissent sous les pieds des barbares. Deux dates sont à retenir, parce qu'elles vont marquer des temps nouveaux 910, la fondation de Cluny et 911, l'établissement des Normands en Neustrie.

Convertis au Christianisme, les compagnons de Rollon servirent de défenseurs à la France qu'ils avaient tant de fois ravagée. Le nouveau monastère allait être le point d'appui pour la réforme ecclésiastique séculière et régulière.

Rappelons rapidement les circonstances qui ont marqué la création de l'Ordre de Cluny. Eudes, premier roi couronné des Capétiens, avait pour adversaire en Bourgogne Guillaume le Pieux, duc d'Aquitaine. Ce prince, héros guerrier des peuples du centre et du midi, avait longtemps lutté contre le nouveau roi. A la fin il avait reconnu Eudes comme son suzerain ; il lui voua dès lors une fidélité à toute épreuve. Son zèle pour la réformation des mœurs n'était pas moins ardent. Il fit siennes les doléances exprimées, en 909, par les Pères du Concile de Trosly, (près de Soissons). « L'état monastique, disaient-ils, est presque anéanti... On voit au milieu des moines des chanoines, des religieuses même, des abbés laïques qui vivent installés là avec leurs femmes et leurs enfants, leurs hommes de guerre et leurs meutes (1) ».

D'autres assemblées conciliaires gémissent sur la décadence plus profonde encore du clergé séculier. Le sel de la terre affadi était foulé aux pieds. Ce sera l'éternelle gloire des grands abbés de Cluny et de leurs fervents religieux d'avoir extirpé la simonie et la clérogamie qui, comme une lèpre hideuse, déshonnoraient l'Epouse du Christ sur la terre. C'est aussi de Cluny que partira le mouvement de rénovation dans l'ordre monastique tout entier.

Guillaume le Pieux était en relations avec les religieux de La Balme (Jura), où la règle de saint Savin de Poitiers, déjà suivie à Saint-Martin d'Autun, était pratiquée dans toute son austérité. En 909, il pria l'abbé Bernon de La Balme et son ami Hugues d'Autun de se rendre près de lui dans la *villa* de *Cluny* (2). Ils auraient à parcourir tout le pays et viendraient lui indiquer ensuite l'endroit qui leur paraîtrait le plus favorable à une maison de prières. Les

---

(1) Mabillon *Ann. Bénédictines*, livre III, p. 530.
(2) Le nom latin de Cluny est *Cluniacum* qui tire son étymologie du gentilice romain *Clunius* et du suffixe *acum*, donné aux terres du fisc impérial.

deux vénérables religieux n'eurent pas de peine à remarquer la situation avantageuse de la *villa* (1) elle-même, terre domaniale sous les Romains, restée manse bénéficiaire sous les deux premières races des rois francs (2).

Au centre s'élevait le maître-manoir avec les dépendances, cuisines, bâtiments pour les serfs qui le cultivaient, granges, étables, pressoirs, fours, jardins, vergers, viviers. Autour de la manse se groupaient les villages, dont la tenue comprenait quinze petites terres exploitées par des colons et leurs familles. — C'est ici même, à Cluny, dirent Bernon et Hugues, lorsqu'ils vinrent retrouver leur hôte, que doit s'élever la maison de Dieu. Nulle solitude n'est plus apte à la vie monastique, au milieu des forêts que les frères auront à défricher et qui les sépareront des vains bruits du monde. — Y pensez-vous, mes vénérés Pères, répondit le vieux duc ? Cluny est ma résidence préférée. Ces forêts n'ont pas leurs pareilles pour la chasse dans toute l'étendue de mes domaines. — « Messire, reprend Bernon avec sa rude franchise, chassez vos chiens de Cluny pour y mettre des moines. Quand vous serez au tribunal du Souverain Juge, aimerez-vous mieux être escorté par les aboiements de vos chiens que par les prières des moines ? »

Guillaume accueillit par un bon sourire la riposte de l'abbé de La Balme et décida que la fondation projetée aurait lieu à Cluny. « C'était, dira plus tard un de nos pieux cénobites, une vallée privée de vue, éloignée de toute communication humaine, mais qui res-

---

(1) Maison de maître avec bâtiments d'exploitation.
(2) En 801, Charlemagne avait fait don de cette villa aux évêques de Mâcon qui l'échangèrent plus tard avec Warin ou Guérin, comte d'Auvergne, un des ancêtres de Guillaume le Pieux, contre les terres de *Genouilly*, sur les limites des comtés de Chalon et de Mâcon, des *Eaux Chaudes* en Nivernais et de *Lituines* en Auvergne.

pirait un tel parfum de solitude, de repos et de paix qu'elle ressemblait à une solitude céleste. »

Il n'y avait qu'un pas à faire pour en sortir et pénétrer au sud dans les vallées qui mènent à la Loire et à l'est dans l'immense plaine de la Saône. Une double chaîne de collines aux pentes modérées, au sein desquelles l'âme respire à l'aise, abritait des prairies arrosées par la rivière de la Grosne.

« Rien n'égale, ajoute un touriste (1), la mollesse correcte, la précision onduleuse de leur dessin ; ces contours ne sont pas sèchement arrêtés avec une rigidité mathématique, mais semblent avoir été tracés par une main caressante. »

La province elle-même où allait s'élever la nouvelle abbaye offrait les meilleurs gages de sécurité. On sait que la Bourgogne avait résisté au morcellement féodal et qu'elle était restée unifiée entre les mains de ses rois particuliers. Son premier duc bénéficiaire, Richard le Justicier, oncle de Guillaume le Pieux veillait vigoureusement au maintien de cette unité. Aucune invasion normande ou hongroise n'avait pu se maintenir dans les limites de la vieille Confédération éduenne : la paix y était non moins profonde que dans les montagnes du Jura et de l'Auvergne. Aussi plusieurs colonies monastiques y étaient-elles venues chercher un refuge au milieu des guerres qui désolaient le pays partout ailleurs. Citons les religieux de Noirmoutiers apportant à Tournus les reliques de saint Philibert, les moines de Fleury-sur-Loire qui s'arrêtèrent à Perrecy entre Autun et Charolles, et les bénédictins de Saint-Bénigne, à Dijon.

Cluny était destiné à servir de centre religieux à

---

(1) Montaigu. — *Souvenirs de Bourgogne.* p. 324.

la France et à l'Europe. La grande voie de la Saône et du Rhône mit la nouvelle abbaye en contact avec l'Italie, l'Orient et l'Espagne. C'est au midi qu'elle trouva d'abord les éléments de sa puissance : ses premiers abbés sortiront, ainsi qu'un grand nombre de religieux, de l'Auvergne, du Limousin et de la Provence ; toutes les familles princières de la France et des Pays-Bas lui donneront ensuite leurs enfants pour porter la réforme en Angleterre, en Lorraine, en Suisse, en Allemagne et jusqu'à Constantinople et en Terre Sainte. Rome entra de suite en rapports avec les fils spirituels de saint Odon, de saint Mayeul, de saint Hugues et de Pierre le Vénérable et ceux-ci seront durant de longs siècles les appuis et les consolateurs des Souverains Pontifes persécutés.

Les fondateurs de Cluny eurent-ils le pressentiment de la gloire réservée à leur œuvre ? Il serait téméraire de le penser ; mais, à étudier de près la charte de donation, on ne peut qu'admirer les précautions si sages dont ils surent l'entourer. Après un préambule très solennel sur l'usage que les riches doivent faire de leurs biens, Guillaume fait savoir qu'il donne aux apôtres Pierre et Paul le village de Cluny avec son courtil et sa manse seigneuriale, avec la chapelle dédiée à sainte Marie mère de Dieu, et à saint Pierre, prince des apôtres, avec toutes les propriétés qui en dépendent. Pour que rien ne vînt troubler les religieux dans leur saintes observances et que la surveillance de l'évêque sur le cloître ne dégénérât pas une ingérance oppressive, le duc Guillaume voulut que l'abbaye de Cluny fut exempte de la juridiction épiscopale et la plaça directement sous la puissance du pontife romain (1). Les moines auront toujours

---

(1) Cf. *Bibliotheca Cluniacensis*, Col. 1, 2, 3, 4.

pleine liberté de choisir pour abbé le religieux de leur Ordre qu'ils préféreront. Cette précieuse immunité allait faire la grandeur de Cluny. « Il fut dès l'origine un petit état qui ne reconnaissait, dit Thomassin, ni empereur, ni aucun roi, ni aucun évêque ». Pierre le Vénérable avait déjà dit à Innocent II, en 1130 : « Terra nostra est nobis, sine rege, sine principe existens ».

Guillaume le pieux promulgua sa donation au plaid de Bourges, aux ides de septembre 910 ; il alla ensuite à Rome, la faire ratifier par le pape Jean X. Quant à Bernon, il se mit aussitôt à l'œuvre. Il amena de La Balme à Cluny douze de ses religieux, selon la prescription de saint Benoit ; il les établit dans la manse de Guillaume, situé sur la voie Romaine de Luna qui de Belleville se dirigeait vers Autun (1). Le premier soin des arrivants fut de dresser une grande croix de bois pour indiquer la place où le monastère serait bâti, non loin de la rivière qui suivait le fond de la *Vallée noire* et répandait ses eaux à travers d'immenses broussailles.

Bernon resta jusqu'en 924 abbé de La Balme, de Gigny et de Cluny. Il accrut avant de mourir la fondation de Guillaume le Pieux par Sauxilange, noble terre située près d'Issoire, dont le duc d'Aquitaine voulut encore se dépouiller et qui devait être la première fille de Cluny.

Bernon laissa à sa mort un grand renom de sainteté ; il était un zélateur sévère pour la régularité ; on l'a loué pour sa doctrine, mais il fut surtout le génie qui organise, l'activité qui développe et la force qui maintient les œuvres commencées.

---

(1) Les blocs de granit rouge qui soutiennent encore la terrasse de l'abbatiale passent pour être des débris de cette antique construction romaine.

CHAPITRE II

Les premiers abbés

§ I — Saint Odon (926-929)

Le véritable fondateur de Cluny n'a pas été Bernon, obligé de partager sa charge abbatiale entre trois monastères. Ce fut *saint Odon*, en 926. Intelligence élevée, esprit cultivé à une époque d'ignorance et de barbarie, il comprit que la réforme monastique qui n'avait cessé d'être son idéal et celui de ses frères ne s'obtiendrait que par un retour généreux aux mœurs austères des premiers cénobites et à la pratique de la règle bénédictine.

Quand il fut élu abbé, sa réputation attira aussitôt à Cluny une foule de jeunes gens et d'hommes du monde, avides de silence et de sacrifice. Odon se vit obligé d'agrandir le premier monastère et de construire les lieux réguliers dits *officinas monachorum*.

Originaire du Maine, il avait passé plusieurs années à la cour de Guillaume, duc d'Aquitaine. Son père Abbon, un des leudes de ce chef illustre, en voulait faire un chevalier accompli ; le jeune homme avait des aspirations plus hautes : il embrassa la milice du Christ et entra au cloître de Saint-Martin de Tours. Il était encore chanoine que déjà il se livrait à d'effrayantes austérités. Ses contemporains disent qu'il ne mangeait qu'une demi-livre de pain par jour et qu'il ne buvait qu'un peu de vin, contre la coutume des Francs, *extra naturam Francorum*.

Dans le désir d'une vie plus parfaite, il vint en Bourgogne Jurane avec son ami Adhégrin se placer sous la conduite de Bernon, au monastère de La Balme. Il se fit remarquer de suite par son humilité et son obéissance. Un jour que distrait par la lecture, il avait oublié de recueillir les miettes du repas au réfectoire, il se hâta de les retenir dans sa main. Comme il s'excusait devant son abbé, celui-ci lui dit d'ouvrir la main ; les miettes avaient été changées en perles ! Mais il se vit rudement réprimandé une autre fois pour n'avoir pas suivi la nuit un novice avec la lampe du dortoir à la main. La surveillance des enfants ou oblats confiés aux moines a toujours été l'objet de sévères et minutieuses prescriptions.

Saint Odon devenu abbé ne l'oubliera pas. Les études négligées de toutes parts, s'étaient réfugiées dans les cloîtres. L'abbé de Cluny leur ouvrit au grand large les portes de son monastère et il fut vrai de dire dès ce temps, qu'un fils de roi n'aurait pas été élevé dans le palais de son père avec autant de soin que les enfants l'étaient à Cluny.

L'abbé était non moins zélé pour l'avancement spirituel de ses religieux. L'office du jour et de la nuit, les conférences alternant avec les emplois domestiques remplissaient tous les instants des frères ; mais le silence était si rigoureusement observé que ceux-ci ne demandaient que par signes les objets mis à leur usage. Suivons-les au travail, sur l'une des collines encore incultes qui dominent Cluny. Les moines s'avancent en rangs. Arrivés au lieu désigné, ils se retournent vers l'Orient et récitent les psaumes marqués dans leurs livres à cet effet, puis ils se mettent à bêcher et à arracher les broussailles. Au bout d'un certain temps, l'abbé leur fait signe de cesser ; il charge l'un d'eux de lire un point de la règle et lui-même en donne le commentaire ; tous rentrent au couvent en psalmodiant. Les bénédictins ont défriché, chacun le sait, presque en entier le sol de la France. A peine arrivés à Cluny, ils créèrent les fameuses prairies de la Grosne. On les vit aussi dès les premiers temps s'improviser irrigateurs et pousser plus loin qu'on ne l'imagine la science de l'hydraulique. Ils furent des ingénieurs sans diplôme, mais non sans mérite (1). Par degrés ils atteignirent les côteaux sur lesquels ils plantèrent la vigne. Nul n'ignore que les crûs du Mâconnais et du Beaujolais doivent leur origine aux moines de Cluny. Quand ils eurent rendu leurs champs labourables, ils se mirent à semer le blé et les fèves qui constituaient pour eux, comme pour les vieux Romains, la base de l'alimentation. Çà et là ils établissent des maisons, une forge, un moulin, des fours. Ces campements deviendront à la longue des villages puis des bourgades où les colons fugitifs et vagabonds arrivent par troupes.

Les moines leur donnent des terres et des prés en fermage perpétuel, tel qu'il existait aux Xe et XIe siècles (2). C'est ainsi que se sont formées, autour de Cluny, les agglomérations monastiques qui de simples celles sont devenues ensuite des doyennés, puis des paroisses. Le pays se peupla peu à peu aussi ; l'homme laboure et sème dès qu'il peut compter sur une récolte ; il devient père de famille sitôt qu'il se croit en état de nourrir ses enfants. Jusqu'à la fin les moines se firent les initiateurs de tous les progrès dont l'agri-

---

(1) Dès l'origine, une eau abondante fut amenée dans tous les endroits où elle était nécessaire, à l'aide de canaux habilement établis sous terre et dont le développement comptait à la fin 14 kilomètres et plus.
(2) C'est le servage, bien différent de l'esclavage antique.

culture avait si grand besoin et qui donnèrent naissance au commerce et à l'industrie locale.

Saint Odon aimait à visiter les nouveau-venus et les exhortait à vivre unis, s'entr'aidant les uns les autres en bons chrétiens. Il n'oubliait pas dans ses courses pastorales qu'ici et là, au milieu des bois, sur les hauteurs les plus solitaires vivaient plusieurs de ses frères, Adhégrin, Vital, tous adonnés à la comtemplation. C'est la portion choisie de son troupeau. Avec quelle affabilité ils s'entretiennent en sa présence de leur bonheur! Chaque dimanche, ils vont au monastère prendre leur part de réfection céleste, puis ils rentrent à Cotte, à St-Lazare, à Rufley, à St-Romain, emportant la farine et les fèves dont ils se nourrissent et tout heureux de reprendre leur vie érémitique.

Que de fois Odon aspira à les suivre! Mais au lieu de s'enfoncer dans la solitude, il se vit appelé au delà des monts, à Rome, où trois fois Léon VII et Etienne VIII le mandèrent avec instance. La guerre désolait le domaine de St-Pierre depuis que les comtes de Tusculum d'abord, puis les rois de la Haute-Italie prétendaient y exercer les droits de souveraineté. Par l'ascendant de ses vertus Odon réussit à réconcilier Hugues de Provence et son beau-fils Albéric, patrice de Rome. Il profita de son séjour dans la Ville éternelle pour réformer les monastères de St-Paul-hors-les-Murs, de Subiaco et de Farfa.

Rentré a Cluny, il conçut et réalisa avec bonheur la pensée de réunir sous un seul chef les communautés qui accepteraient la réforme de Cluny. Cette sorte de confédération répondait à un besoin de l'époque. Le royaume de France se constituait fortement et mettait un terme à l'anarchie féodale. Une loi générale poussait les faibles à chercher aide et protection auprès des plus forts. Cluny allait ainsi devenir le point d'appui de tant d'âmes religieuses désemparées, le centre d'une vaste Congrégation qui s'étendra sur toute l'Europe monastique ; ainsi se réalisera l'union des cœurs qui fera la force de tous et coupera court aux abus. Cette hiérarchie dans le vaste développement que prenait alors la vie monastique est un fait immense. Mieux qu'aucun autre il donne la mesure de la sainteté et des hautes capacités d'Odon. Il a de plus attaché son nom à une œuvre qui suffirait à l'illustrer. A Tours, il avait dirigé les chants de la Basilique de St-Martin ; à La Balme, il en composa d'autres que l'Eglise chante encore et dont il enrichit Cluny. Il passe pour avoir rétabli et propagé partout les mélodies liturgiques, dites Grégoriennes. A l'aide du monocorde et de la notation alphabétique, il réussit à former en quelques semaines les enfants et les religieux et à les rendre capables d'exécuter à vue de notes ces suaves mélodies, sans qu'ils fussent obligés de les apprendre par cœur. Ses deux traités sur la musique se répandirent dans tous les monastères de l'Europe et sont encore aujourd'hui étudiés avec fruit.

Saint Odon au milieu de tant de travaux trouva le temps de composer des ouvrages en vers et en prose qui attestent la vigueur de son esprit et l'étendue de ses connaissances.

On a de lui sous le titre d'*Occupationes* de curieux vers latins sur la création du monde, sur la chute de l'homme et sur les principaux personnages de l'Ancien Testament. Le moine Jean-l'Italien, son premier historien, avait été son fidèle disciple et le compagnon de ses lointaines et incessantes pérégrinations. Nagold, son autre biographe, a complété l'œuvre du moine Jean. C'est lui qui nous apprend qu'Odon fut aidé miraculeusement par saint Martin dans la reconstruction de la première église de Cluny, appelée St-Pierre-le-Vieil. Au jour de la dédicace, le pieux abbé, n'ayant que de maigres provisions, était fort inquiet sur la manière de traiter ses hôtes, lorsqu'un sanglier vint s'offrir de lui-même et servit à festoyer la compagnie de saint Odon. Celui-ci, en vrai disciple du centurion d'Amiens, établit dans son monastère les traditions de charité qui existaient à Tours et qui seront dans tous les siècles une des plus pures gloires de Cluny. Il nourrissait dix-huit pauvres par jour et à certaines époques de l'année, en carême par exemple, il faisait des distributions de vivres à un très grand nombre d'indigents.

C'est encore saint Odon qui a jeté les fondements de *la librairie de Cluny*, cette célèbre bibliothèque que tous ses successeurs se feront une gloire d'accroître, en l'enrichissant des ouvrages les plus remarquables de chaque époque. Le moine Jean fut l'un des premiers copistes dont la main alerte transcrivit en belle écriture onciale, sur les in-folio en parchemin, nos chartes latines si précieuses pour l'histoire, signées des rois et des empereurs.

Saint Odon, qui avait obtenu un grand nombre de diplômes, reçut, en 939, l'acte qui consacrait l'indépendance de Cluny ; mais ce qui lui donnera un rang à part dans l'Ordre Bénédictin, c'est d'avoir, comme nous l'avons vu, réuni en une grande et pieuse congrégation les monastères épars jusqu'ici et isolés dans toutes les provinces, en Limousin (Tulle), en Auvergne (Aurillac), en Berry (Massay), dans l'Orléanais (Fleury), à Tours (St-Julien), Roman, et Moutier, en Suisse. Voilà comment il a mérité le nom de *Réparateur de la discipline monastique* que ses contemporains lui ont décerné. En l'année 929, le roi de France, Raoul, avait accordé au nouveau monastère le privilège de battre monnaie, comme gage de sa haute bienveillance.

§ II — Le B. Aymard (949-964)

Vers la fin de sa vie, saint Odon désira avant de mourir revoir le sanctuaire de St-Martin, à Tours. Il avait à peine atteint le but de son pieux pèlerinage qu'il sentit les approches de la mort. Les religieux qui l'assistent le pressent de désigner son successeur ; « Dieu seul, dit-il, s'est réservé de disposer du gouvernement de l'abbaye de Cluny ». Il expira peu après dans les plus beaux sentiments de foi et de piété, en 949.

A la nouvelle de son trépas, les moines de Cluny s'assemblèrent pour élire le nouvel abbé. Déjà les prières qui ouvrent le chapitre étaient commencées quand *Aymard*, le prieur claustral, rentra au monastère conduisant sa modeste monture chargée de poissons. Il arrivait à pied de Chevignes (Prissé-les-Mâcon) et se présenta à l'assemblée avec sa réserve habituelle. Ses frères le proclamèrent tous d'une seule voix leur chef. « Fils de l'innocence », il allait faire succéder aux qualités brillantes du premier abbé de Cluny des vertus plus précieuses, l'humilité et la simplicité. La Chronique de Cluny (1) parle avec éloge de sa gestion. Aymard rendit définitive l'union de Sauxillange avec Cluny ; cette maison fut la dernière libéralité de Guillaume d'Aquitaine pour son cher monastère. Sa femme, la pieuse Ingelberge, l'avait enrichi, en 918, de Romans, ancienne possession du fisc impérial comme la *villa* de Cluny. A la même

---

(1) *Bibl. Clun. Col.* 1631, 1632, 1633.

date, Lilia, veuve de Hugues, seigneur de Château, près de Cluny, céda un pré, une maison et son curtil, situés à Jalogny. En 926, elle fit plus et vint s'offrir elle-même à saint Odon pour servir Dieu, à Cluny, dans un humble office de domesticité, sorte de tiers-ordre qui comprenait des gens de l'un et de l'autre sexe.

L'année suivante, Gerbald, seigneur du Chalonnais, abandonne à l'abbé de Cluny huit métairies, situées en Bresse, dont toutefois il se réserve l'usufruit sa vie durant. Ces diverses fondations proviennent des libéralités que l'exemple de Guillaume le Pieux avait inspirées à ses parents et alliés. Mais voici que les sires de Brancion vont rivaliser avec eux de générosité. En 925, ils cèdent à saint Odon les églises dont ils sont les patrons à Blanot et à Langues, avec les métairies de Viviers et de Fougnières, les vicairies de Salornay, Dombines, Taizé et la manse d'Ameugny. Ces fondations avaient pour objet d'attirer sur leurs donateurs et leurs familles les prières des moines et de les faire participer à leurs bonnes œuvres, heureuse conséquence du dogme sur la réversibilité des mérites ! Aymard eut à organiser ces métairies ou colonies qui venaient s'ajouter aux quinze premières, sises à l'est de Cluny, à Igé et à Domange. De simples laboureurs ne tarderont pas d'offrir, au confluent de la Grosne et du Grison, des terres, des vignes, des prés situés à Etrigny et à Beaumont.

Outre les prières qu'ils sollicitent pour des intérêts pressants, les donateurs stipulent souvent qu'ils recevront la sépulture de la main des religieux et qu'ils seront inhumés dans leur cimetière. Guichard, seigneur de Ruffey, se fait porter mourant au monastère, afin d'y être enseveli et donne en retour son héritage de Sivignon.

L'habitude s'établit aussi peu à peu que ceux qui se présentaient à la vêture ou à la profession, fissent des donations proportionnées à leur fortune. Mais les abbés, dans la crainte qu'il n'y eût la moindre apparence de simonie, s'opposaient le plus ordinairement à ces libéralités, dont les familles eussent pu se plaindre.

C'est ainsi que les premières fondations se groupèrent dans un rayon de peu d'étendue autour du monastère, d'où il était facile de les administrer. Les suivantes s'étendirent au delà des bois, qui à l'est et à l'ouest couronnaient les hauteurs, Prissé, Laizé, Chardonnay, Verzé, Péronne, Bissy, Sologny, Massy, Viry, Lourdon, La Vineuse, Donzy-le-Royal, Curtil, Saint-Point, Solutré, Bois-Sainte-Marie. Nous avons déjà vu que dès le temps de saint Odon les moines avaient été appelés dans les comtés de Chalon et de Lyon, sur les rives du Rhône, en Bresse, jusqu'au pied du Jura. Après le passage des Hongrois, (937 et 940), l'évêque de Mâcon, Mainbold, voulant réparer les dommages causés aux églises et aux manses de Cluny par les *païens* et leurs complices, réduisit de 8 à 4 sous d'or les droits synodaux payés par les moines de Cluny.

Les évêques d'Autun et de Chalon ne se montrèrent pas moins généreux à leur égard. Blanzy et Jully-les-Buxy furent, dès le milieu du Xe siècle, réunis à la manse abbatiale. En 931, Hugues de Provence, appelé au trône d'Italie, céda à Cluny les terres d'Ambérieux et de Savigneux. Deux ans après, Rodolphe II, roi de la Bourgogne Jurane, signe à Anse une charte par laquelle il donne aux moines le droit de se réfugier dans le château qu'il avait fait construire à Chevignes, et qui fut d'un si grand secours aux malheureuses populations foulées aux pieds par les Ongres ou les Ogres (Hongrois).

A son tour, Louis IV d'Outre-Mer signa, en 946, trois diplômes qui confirment à l'abbé de Cluny les églises de Saint-Jean et de Saint-Martin, dans la banlieue de Mâcon, le village de Thoissey, le monastère de Charlieu, les celles de Regny, Senozan, Mardore, avec forêts, étangs, pêcheries et ports situés sur la Saône. Remarquons de suite que toutes les classes de la société figurent de plus en plus sur cette liste croissante des bienfaiteurs de Cluny ; à la suite des princes et des seigneurs, nous voyons des prêtres, des bourgeois, de simples artisans et des laboureurs, tous heureux de compter au nombre des amis de l'abbaye.

L'aisance se répandit partout où Cluny possédait des terres et des domaines et l'on vit au cours du Xe et du XIe siècles les juifs de Lyon et de Mâcon acheter des vignes à Prissé, à Charnay, à Davayé, villages qui reçurent de ce fait le nom de « terre des Hébreux. »

Les moines leurs voisins n'eurent pas lieu de s'en féliciter ; l'envie, la cupidité ne tardèrent pas d'altérer les bons rapports qui n'avaient jamais cessé d'exister jusque là entre les religieux et leurs tenanciers. Aymard se vit obligé maintes fois de porter aux plaids des comtes de Chalon et de Mâcon ses légitimes revendications. Il le faisait avec tant de loyauté et de désintéressement que toujours les tribunaux lui donnèrent gain de cause. Simple et bon, il fit rayonner la paix au dedans et au dehors du monastère et réalisa en sa personne la devise du psalmiste : *Justitia et pax osculatæ sunt.*

CHAPITRE III

Les premières diffusions de l'Ordre.

§ I — Saint Mayeul (964-994)

Au B. Aymard succéda, en 964, *saint Mayeul* qui fut surnommé le *Prince de la religion monastique* (1). Les rudes travaux auxquels Aymard n'avait cessé de se livrer, les afflictions de l'esprit plus encore que les infirmités de l'âge avaient ruiné ses forces, la perte de la vue mit le comble à ses épreuves. Il voulut confier a un autre pasteur la direction de son troupeau. Son choix, ratifié par tous les frères, désigna un religieux d'une piété ardente et d'une rare distinction.

Mayeul appartenait à la famille de Forcalquier, l'une des plus honorables de la Provence. L'invasion sarrasine qui désolait cette région le décida à abandonner Valensolles, le manoir de ses ancêtres. Il vint se réfugier à Mâcon où l'appelait son parent le comte Albéric.

L'évêque ne tarda pas à le créer chanoine de Saint-Vincent, puis archidiacre. La renommée de ses vertus et de ses talents le fit désigner pour l'archevêché de Besançon. Mayeul visitait souvent les moines de Cluny et aimait à s'entretenir avec leur prévôt ou prieur claustral. Préférant aux plus hautes dignités la vie com-

---

(1) *Bibl. Clun.*, Col. 1935, 1636.

templative, il refusa le siège qu'on lui offrait et demanda l'habit monastique. Il avait une figure angélique, disent les chroniqueurs, une voie douce et un regard profond mais plein de bonté, un visage agréable, une taille haute, une démarche lente et digne.

Les destinées de Cluny, un instant ralenties avec Aymard vont prendre un nouvel essor. Mayeul sera l'hôte et le confident des princes, l'arbitre de la paix et de la guerre. Odon avait vu les papes recourir à ses lumières ; Mayeul fut le conseiller des empereurs. C'est par son intermédiaire que Cluny contracta avec la maison de Saxe une amitié qui contribua beaucoup à la diffusion de l'Ordre en Allemagne. Emule de Charlemagne, Othon Ier venait de restaurer en Germanie le Saint-Empire romain. Ses rivaux vaincus, il voulut aussi rétablir l'ordre en Italie, en proie aux plus furieuses guerres civiles. Rome surtout expiait les maux qu'elle avait fait autrefois souffrir au monde. Pour comble de malheur, un pape indigne, Jean XII, déshonorait le trône pontifical. L'empereur, au risque de mettre la main à l'encensoir, prétendit lui donner un successeur. Le remède était pire que le mal. La pieuse Adélaïde qu'Othon venait d'épouser fut heureusement son bon génie. Elle fit prier saint Mayeul de se rendre à Pavie où se trouvait la cour. Après Rome cette ville était la reine de l'Italie ; elle sera le centre des contrées dans lesquelles allait rayonner l'ordre de Cluny. Le respect avec lequel notre saint fut accueilli ne peut se comparer qu'à celui que les princes se rendent entre eux, mais Mayeul n'usa de cette influence si promptement acquise que pour le bien de l'Eglise. Il continuait dans le vieux palais des rois lombards le même genre de vie qu'à Cluny. Adélaïde et Othon lui confièrent un grand nombre de monastères à réformer, en Italie, en Allemagne et dans la Bourgogne Jurane. La Cellule de saint Mayeul (c'est le nom qui fut donné à sa fondation de Pavie), en devint comme le chef-lieu. Ce fut surtout le pieux sanctuaire où le saint abbé aimait à se reposer durant ses longs et rudes voyages en Italie. En 972, il revenait de Pavie quand, arrivé au pont d'Orcieres en Dauphiné, il fut fait prisonnier par les Sarrasins qui infestaient le pays. A cette nouvelle, Cluny fut en proie à la plus vive inquiétude, mais Guillaume, comte de Provence, marcha au secours du captif le délivra, et sut tirer une éclatante vengeance de l'attentat porté sur sa personne.

Othon II avait succédé à son père, en 973. Influencé par Théophane, son épouse, il éloigna de la cour sa pieuse mère, l'impératrice Adélaïde. Il ne devait pas tarder à s'en repentir. Des désastres à la guerre contre les Sarrasins, des émeutes sans cesse renaissantes furent le châtiment de son ingratitude. L'abbé de Cluny, mandé à Pavie, fit entendre la vérité à l'empereur et le réconcilia avec sa mère. Celle-ci s'employa à faire cesser l'intrusion de l'anti-pape créé par Crescentins qui exerçait dans Rome une affreuse tyranie. Benoît VI avait été sa victime ; Othon et sa mère supplièrent Mayeul d'accepter la tiare. A leurs yeux, il était le seul capable de rendre la paix à l'Église, de nouveau désolée par l'ambition des patrices et des seigneurs romains. Mais rien ne put décider l'humble moine à accepter la charge de Pasteur Suprême. « Il y a, répondit-il, plus de distance entre les mœurs des Romains et les miennes qu'entre les pays que nous habitons. »

L'humilité et le désintéressement, dont Mayeul venait de donner un si noble exemple, frappèrent d'étonnement les peuples de l'Italie. Aussi les vit-on accourir sur ses pas, chaque fois qu'il revenait dans la péninsule. Tous étaient avides d'entendre et de voir ce saint abbé dont l'autorité était aussi grande dans les conseils des rois qu'au milieu de ses moines.

Mayeul s'attacha en Lombardie un jeune religieux de Locédia, Guillaume de Volpian, qui sera un jour le célèbre abbé de Saint-Bénigne, à Dijon. A la fois versé dans les lettres et les arts, Guillaume apporta à Cluny le goût du beau et fit connaître aux infatigables bâtisseurs de l'Ordre les belles constructions romaines, qui s'élevaient alors dans les principales villes de l'Italie. Nous verrons bientôt les Clunistes mettre à profit ses doctes leçons dans l'architectonie de leurs églises et pour l'ornementation des moindres chapelles rurales.

En attendant, Guillaume est tout entier à l'œuvre de sa sanctification ; il bénit le Seigneur des exemples de ferveur et de régularité qu'il a sous les yeux dans le grand monastère. Les religieux qui s'y pressent, au nombre de trois cents, ont la plupart renoncé aux grandeurs du siècle pour vivre inconnus et ignorés. Ils n'avaient tous, comme les premiers fidèles, qu'un cœur et qu'une âme. Leurs austérités, leur fidélité aux offices claustraux sont une prédication continuelle. Le nouveau venu en tire le plus grand profit pour son âme. Le travail des mains n'est point négligé ; c'est un des points essentiels de la règle de saint Benoît et la plupart des religieux s'y livrent avec ardeur ; mais Mayeul par la trempe de son esprit s'applique plutôt à diriger leur activité vers l'étude des Saintes-Ecritures, de l'ascétisme et de la théologie. La transcription des manuscrits devient de plus en plus une de leurs occupations quotidiennes, et non la moins utile. Le groupe des scholastiques, c'est le nom que l'on donne aux religieux qui s'adonnent à l'étude, comprend surtout les oblats et les novices.

Guillaume ne tarda pas à être placé à leur tête ; ses aptitudes littéraires le désignaient à cet office. Il se crut au comble de ses vœux, d'autant que l'abbé lui-même était un modèle à suivre ; au monastère comme en voyage, saint Mayeul en effet avait toujours un livre à la main ou sous le chevet de son lit.

Le mouvement d'expansion, qui portait les Clunistes partout où il y avait du bien à faire et une réforme à établir, obligea leur chef vénéré à entreprendre de nombreux voyages. Les évêques, les seigneurs, étaient heureux de voir s'élever dans leurs domaines ou leurs diocèses ces prieurés de Cluny qui attiraient les populations, faisaient fleurir l'agriculture, et maintenaient la paix dans toute la contrée. Le pape Benoît VII, à qui saint Mayeul avait ouvert par son refus le chemin au trône pontifical, l'appela à réformer Lérins, ce berceau de la vie cénobitique en Provence. Marmoutiers (*Majus Monasterium*) rappelait les mêmes souvenirs dans l'Ouest. L'abbé de Cluny remplaça les chanoines de Tours par treize de ses disciples qui firent refleurir les plus beaux jours de saint Martin dans cette antique cité.

De toutes les fondations qui ont marqué les dernières années de saint Mayeul, celle de Saint-Maur, près de Paris, est la plus célèbre. Elle compta parmi ses bienfaiteurs le roi Hugues Capet et Burchard, comte de Paris. La Normandie fit peu après appel au dévouement du saint abbé pour la restauration presque totale de ses monastères ; Fécamp, Saint-Ouen, Saint-Père de Chartres, le Mont-Saint-Michel furent tour à tour l'objet de son zèle. Sous la salutaire influence de ces grandes abbayes, redevenues autant de foyers de prières et d'édification, les clercs séculiers s'amendèrent et reprirent leurs anciennes habitudes de régularité. Dans un rayon plus voisin de Cluny

Saint-Marcel-les-Chalon et Saint-Bénigne de Dijon se soumirent également à la forte discipline de saint Mayeul. Ces deux monastères, qui remontaient au temps des rois de Bourgogne, devinrent l'un et l'autre des écoles monastiques florissantes. Saint-Bénigne, grâce à l'habile direction de Guillaume de Locédia, fut de suite un centre littéraire et artistique pour tout le pays, en même temps qu'une maison de secours pour les malheureux.

Au milieu de ses travaux le terme de la vie s'avançait pour Mayeul. Il songea comme Aymar aux destinées de Cluny et proposa aux suffrages des religieux Odilon de Mercœur, jeune profès, admis depuis peu. Il fut élu à l'unanimité. Libre de tous les soucis du gouvernement, le saint vieillard ne songea plus qu'à son éternité. Cependant ce n'est pas à Cluny qu'il devait finir ses jours (1). Hugues Capet l'avait prié de se rendre près de lui à Paris, mais la maladie le força à s'arrêter à Souvigny. C'est là qu'il s'éteignit, le 11 mai 994, à l'âge de 88 ans.

§ II — Saint Odilon (994-1048)

Odilon appartenait par sa naissance à la noble famille de Mercœur, l'une des plus illustres de la religieuse Auvergne. Ame tendre, cœur délicat et compatissant, il a attaché son nom à deux œuvres qui lui valurent la reconnaissance de ses contemporains, la Commémoraison des morts et la Trêve de Dieu. Avec lui s'ouvre pour Cluny l'ère des faits surnaturels et des grâces de choix qui illuminèrent longtemps son histoire. Le tombeau de saint Mayeul était à peine

---

(1) *Bibl. Cl.* col. 1784. — Syrus, *Vita Maioli.*

fermé qu'il devint glorieux. Les paralytiques, les infirmes, les lépreux, tous ceux qui souffraient de maladies incurables vinrent implorer leur guérison, près de ses restes précieux et s'en retournaient toujours soulagés et souvent guéris.

Saint Odilon n'avait lui-même échappé à la mort, pendant sa petite enfance, que grâce à la protection de la sainte Vierge. Nous le verrons bientôt semer les miracles sous ses pas. Il était chanoine de Brioude, lorsqu'en 991 il vint demander l'habit à saint Mayeul. Celui-ci pour l'éprouver commença par lui donner les plus bas offices : laver le pavé de l'église, balayer les cloîtres, allumer les lampes. Jamais le fervent novice n'hésita à obéir. Il ne prit garde ni à l'étendue de son esprit, ni à la force de son éloquence, ni à la considération dont il ne tarda pas à être entouré. Humble et modeste, il aimait à se dire le dernier et le plus méprisable des frères de Cluny. C'est lui qui devait continuer et perfectionner l'œuvre de confédération des monastères bénédictins, commencée par saint Odon. La réforme des premières maisons affiliées lui prendra chaque année un temps considérable ; mais il était loin de s'en plaindre. N'était-ce pas là et de plus en plus la mission de Cluny ? Il fut appelé, dès 996, à Saint-Denis pour rendre à l'abbaye royale son ancien lustre ; il réussit au-delà de ses espérances et eut en outre la consolation de préparer Hugues Capet à une sainte mort. Walter, évêque d'Autun, avait assisté à l'élection de saint Odilon et lui portait une vive amitié. Il voulut en resserrer les liens en lui donnant le prieuré de Mesvres, situé dans son diocèse. Mais l'une des premières et des plus chères fondations du jeune abbé fut celle de Paray, manse du Val-d'Or, donnée à Cluny par le comte Lambert de Chalon et réservée à si brillantes destinées. Paray sera un jour un des sanctuaires les plus célèbres de la catholicité ; il fut dès l'origine le prieuré préféré des abbés de Cluny, qui aimeront à s'y délasser des soucis du gouvernement. C'est de Paray qu'ils partaient pour visiter les monastères d'Aquitaine, d'Espagne et même d'Angleterre.

Le jour où saint Odilon vint assister à la consécration de la première église du prieuré, en 1004, la provision de vin, qui était cependant des plus modestes, loin de s'épuiser, suffit amplement aux besoins du service, malgré le grand nombre des invités. Ceux-ci purent se croire au festin de Cana. Ce ne sera pas la dernière fois que les bons moines connaîtront combien était puissante l'intercession de leur saint abbé.

Au moment où il fondait Paray, Odilon eut en même temps à restaurer le prieuré de Charlieu qui venait d'être ruiné par les Hongrois. Ces barbares avaient eu des imitateurs à Cluny même, où des hommes de rapine n'avaient pas craint de s'embusquer derrière la muraille du monastère pour le saccager. Odilon dut demander du secours au roi Robert et à Henri Ier, duc de Bourgogne, pour mettre un terme à ces dévastations. Le diplôme royal, qui fut donné a cette occasion, fixe d'une manière assez précise les confins du territoire monastique de Cluny, à cette époque. La Saône en fait la limite, à l'est ; mais une enclave s'étend jusqu'à Château-Chalon (1), non loin du Jura ; de Cluny la ligne séparatrice atteint au sud Mongely (Saint Symphorien-des-Bois) et de là elle remonte, à l'ouest, au Mont-Saint-Vincent ; enfin elle

---

(1) *Bibl. Cl.* col. 592. Castrum. *Camonis* est pour Castrum. *Carnonis*, nom latin de Château-Chalon qui dépendait du Comté de Bourgogne.

revient à Chidde pour rentrer dans la vallée de la Grosne, par Saint-Gengoux.

Saint Odilon eut souvent à franchir ces étroites limites. Un de ses premiers voyages hors de France le conduisit à Nantua ; il en releva le monastère et l'église ; il se rendit ensuite à Genève, où l'impératrice Adélaïde désirait établir une maison de Cluny.

Le prieuré voisin de Payerne, déjà réformé par saint Mayeul, était une des résidences favorites de la pieuse princesse. Elle s'y rencontra plusieurs fois avec saint Odilon ; mais c'est à Orbe, alors capitale de la Bourgogne Transjurane, qu'elle fut atteinte par la maladie qui devait la conduire au tombeau. Saint Odilon accourut lui prêter le secours de son ministère. Adélaïde baisa le bord de sa robe noire et lui dit à voix basse : « Souviens-toi de moi, mon fils, dans tes prières. » Elle mourut le 17 décembre 999. Saint Odilon, en écrivant sa vie, attacha son souvenir à Cluny par un lien qui ne devait pas se rompre.

Il venait d'instituer dans la grande abbaye la fête de la Commémoration des morts (998), non que les vivants, surtout chez les bénédictins, aient attendu cette initiative de saint Odilon pour offrir leurs prières en faveur des trépassés, mais parce qu'il n'existait pas encore une fête spécialement destinée à leur souvenir. Le saint abbé eut cette inspiration, digne de son cœur si délicat et, par un rapprochement touchant, il plaça l'espérance de ceux qui souffrent encore au Purgatoire sous le patronage des Saints admis au séjour de la gloire. Il fixa, pour ce motif, la nouvelle fête au 2 novembre, au lendemain de la Toussaint.

La lente et pénétrante sonnerie des cloches, le chant grave des vêpres à la tombée de la nuit, puis les matines des morts ajoutées à celles de l'office régulier, toutes les messes du jour offertes pour les défunts, d'abondantes aumônes distribuées à leur intention, telles furent les prescriptions qu'il donna à ses religieux et qui sont devenues la loi de l'Eglise dans le monde entier.

Saint Odilon déposa rarement son bâton de pèlerin ; nous ne pouvons le suivre en Espagne où il établit les premières maisons de l'Ordre, ni en Italie où il n'eut qu'à visiter celles qui s'y trouvaient déjà. Les unes et les autres lui offrirent les ressources dont il eut besoin quand il voulut reconstruire le monastère de Cluny devenu insuffisant. L'ogive en fer de lance s'unit dans le nouveau cloître au plein cintre, exclusivement adoptée jusque là dans les constructions monastiques.

La Chronique porte que des colonnes de Carare vinrent d'Italie à Cluny par la Durance et le Rhône pour servir d'ornements au nouvel édifice. « J'ai trouvé, dira ensuite dans sa joie naïve saint Odilon, une abbaye de bois, je la laisse de marbre. »

Ce qui valait mieux c'était le flot sans cesse renouvelé des postulants et des novices qui affluait à Cluny. Des évêques, tels que Sanche de Pampelune, Walter d'Autun, Letbal et Gauthier de Mâcon, descendirent de leurs sièges et prirent l'habit monastique à Cluny. Ils y furent rejoints par de nombreux et puissants seigneurs, tous heureux de finir leur vie agitée sous le froc monastique. Aux uns et aux autres saint Odilon faisait l'accueil le plus paternel.

Obligé de franchir les monts, en 1043, il confia la garde de son troupeau à Hugues de Semur qu'il avait élevé, malgré son jeune âge, à la dignité de prieur claustral. L'empereur Henri II (le Saint) avait demandé à l'abbé de Cluny d'assister à son sacre qui devait avoir lieu à Rome, l'année suivante. De là saint Odilon se rendit à Pavie, au monastère de Saint-Pierre-au-Ciel-d'Or, resté un des foyers les plus actifs de la réforme Clunisienne ; il rejoignit ensuite l'empereur dans la Bourgogne Transjurane pour rentrer à Cluny que le prince désirait visiter.

L'impératrice sainte Cunégonde était du voyage.

Saint Henri fut frappé au delà de son attente par la régularité et la ferveur de nos pieux ascètes. Il voulut assister à leurs longs offices de nuit et de jour et prit part à la psalmodie, dont la douce et forte mélodie le pénétrait d'une sainte allégresse. Un jour, il alla, pendant la messe, se prosterner au pied de l'autel et offrit à saint Pierre et à saint Paul le diadème qu'il avait reçu du pape, son sceptre, son manteau impérial et un crucifix d'or, le tout du poids de cent livres.

La première fois que saint Odilon s'était rencontré à Pavie avec Henri II, ce prince venait d'y être assailli par une troupe de séditieux et avait failli en être la victime. L'empereur voulait tirer une vengeance éclatante des rebelles. Le charitable abbé de Cluny, qui l'avait accueilli avec bonté à Saint-Pierre-au-Ciel-d'Or, calma si bien son exaspération qu'à l'avenir Henri devint ce modèle achevé de douceur et de patience que l'on sait. Son successeur, Conrad II, trouva lui aussi, en 1027, les portes de Pavie fermées, lorsqu'il se présenta pour y faire son entrée. Furieux, il se jeta sur les terres des seigneurs voisins et soumit la ville à un blocus rigoureux. Pour la seconde fois, saint Odilon sauva Pavie d'une ruine inévitable en intervenant auprès de Conrad. Il assista à son couronnement qui eut lieu à Rome, la même année, le jour de Pâques, et obtint de Jean XVIII une bulle qui confirma contre l'évêque de Mâcon les privilèges d'exemption que possédait l'abbaye depuis son origine, mais que le clergé séculier ne cessai de contester.

Saint Odilon fut non moins heureux en France, dans la première guerre de succession de Bourgogne. Tout en penchant pour le roi Robert, qui revendiquait le duché et aurait ainsi réalisé cette unité de pouvoir, dont plus que personne Odilon sentait le besoin, notre saint se décida à rester neutre. Otbe-Guillaume, le compétiteur de Robert, fit restituer à Cluny, en 1012, les terres d'Ambérieux et de Jully-les-Buxy, usurpées par les comtes de Chalon. De son côté, le roi de France était venu en aide, comme nous l'avons vu, au saint abbé contre les déprédateurs du monastère ; en 1027, il lui confirma la possession de la petite abbaye de Saint-Côme, près de Chalon, qui bientôt sera réduite au rang de prieuré. Déjà exercé par saint Mayeul, ce rôle de médiateur et d'arbitre fut alors dévolu à saint Odilon et passa ensuite à ses successeurs. Cluny était comme un terrain neutre, en dehors des partis, une institution placée au-dessus des divisions des princes et respectée par tous.

La simonie désolait alors l'Eglise de Lyon ; dans leur affliction le clergé et les fidèles eurent recours à saint Odilon et le demandèrent au pape pour archevêque. Jean XVIII s'empressa de lui envoyer le pallium et l'anneau de métropolitain ; mais, à l'exemple de saint Mayeul, l'humble abbé se déclara incapable de remplir une telle charge et, sur ses conseils, l'archidiacre de Langres fut intronisé. Les insignes épiscopaux, destinés à saint Odilon, restèrent au trésor de Cluny.

La charité compatissante de notre saint abbé sut bientôt en tirer parti, ainsi que de la couronne d'or de Henri II, au profit des malheureux. En 1032, une famine épouvantable désola le royaume ; elle sévit cruellement en Bourgogne. Quand toutes les ressources en grains et en animaux eurent été épuisées, les habitants des campagnes allèrent chercher leur nourriture dans les cimetières ; ils s'attaquèrent ensuite aux vivants eux-mêmes. On connaît les horreurs qui furent commises à Mâcon et à Tournus, dans le voisinage de Cluny. L'Eglise vint en aide à ces multitudes que torturait la faim. Saint Odilon vendit les ornements et les vases sacrés de son église abbatiale. Son ami, saint Guillaume de Dijon, suivit son exemple et ne conserva que ses livres et ses chartes. Quand il n'eut plus rien, l'abbé de Cluny tendit la main en faveur des malheureux et songea ensuite aux moyens les plus propres pour prévenir d'aussi terribles calamités. Le plus urgent était de mettre fin aux guerres interminables que les seigneurs se faisaient entre eux et qui ruinaient le pays.

On ignore dans quelle mesure saint Odilon s'employa, avec les évêques, à établir la Paix de Dieu qui devait soustraire aux gens de guerre certaines personnes et certains lieux. Il passe à bon droit pour avoir été le promoteur, sinon l'inspirateur, de la Trêve du Seigneur (1041). L'Eglise, ne pouvant obtenir la cessation absolue des guerres, réserva à la paix une partie de la semaine, laissant à regret les autres jours à l'humeur querelleuse des possesseurs de fiefs.

Les voyages de saint Odilon en France et hors du royaume, ses relations avec la plupart des seigneurs bourguignons, la présence des religieux de Cluny dans un grand nombre de diocèses, mettaient entre ses mains de puissants moyens d'action et il fut heureux de s'en servir pour le bien général. Mais il n'avait pas attendu cet effort généreux des évêques et des moines pour donner aux pays plus de sécurité : Dès 1009, il s'était interposé dans les conflits des seigneurs. Il fit lever le siège d'Auxerre que le roi Robert prétendait soustraire au duc de Bourgogne. Les juifs, traqués de toutes parts, avaient trouvé à prix d'or un asile auprès de Raymond, comte de Sens. Robert voulut détruire ce repaire d'usuriers. Ses gens étaient sur le point de prendre la ville, quand saint Odilon intervint. Par le prestige de sa sainteté, il réussit à rétablir la paix entre le suzerain et son vassal rebelle (1016).

La reconnaissance des populations se traduisit par de nouvelles donations faites au monastère. Les bois d'Aoust, sur la voie romaine de Beaujeu à Cluny ; d'autres fondations à Saint-Point, à Curtil-sous-Buffières, à Amanzé, des près, des vignes, à Trambly et à Trivy entrèrent vers cette époque dans les possessions immédiates des religieux. Le prieuré de Bourbon est de 1030. Hugues, comte de Chalon et évêque d'Auxerre, céda a son tour le château et le vignoble de Gevrey ; les sires de Vergy, leur imprenable forteresse dans les fossés de laquelle, disait-on, tiendraient tous foins de l'Espagne. Deux manses à Fuissé et à Champvent furent le don de simples laboureurs ; les paroissiens de Beaumont-sur-Grosne, de St-Cyr, de Digoin, de la Motte-Saint-Jean mirent leurs églises sous la dépendance de Cluny. Le plus souvent, ces églises et prieurés étaient dans un état de ruine et de délabrement tel qu'une réédification complète devenait indispensable. Cluny possédait déjà son type architectural, dont il ne s'éloignait jamais et qu'il est facile de reconnaître dans les églises de cette époque restées debout, lorsque de malencontreuses réparations n'ont pas enlevé tout caractère primitif à l'édifice.

Quoique grand bâtisseur d'églises, saint Odilon ne voulut pas toucher à celle du monastère construite sous saint Odon et agrandie par saint Mayeul, mais il renouvela, après la famine de 1032, les ornements de la sacristie et fut heureux d'enrichir le trésor de nouvelles reliques, en particulier de quelques ossements de saint Pierre et de saint Paul et du corps entier de saint Marcel, pape et martyr.

Le petit doyenné de Bésornay vit alors s'élever son église aujourd'hui détruite, avec les bandes en saillie, dites lombardes, qui se trouvent encore au hardi clocher de Saint-Vincent-des-Prés, comme à la jolie chapelle de Massy et aux églises de la Vineuse et de Taizé.

Saint Odilon répandait les bienfaits partout où il passait; ayant su que le serf laboureur de Bésornay avait un enfant aveugle, il se fit amener le petit infirme, traça sur ses yeux le signe de la croix et lui rendit aussitôt la vue.

Au prieuré de Nantua, un autre enfant qui tombait d'épilepsie fut guéri en recevant la sainte communion des mains du saint abbé. A Payerne, saint Odilon arracha à la mort un jeune oblat que rongeait une tumeur goîtreuse. Il multiplia une seconde fois le vin nécessaire à la communauté de Paray. A Saint-Martin d'Estrées, il opéra le même prodige pour la fourniture du poisson. Un grand nombre d'autres miracles marquèrent ses voyages en Italie, en Allemagne, au milieu des dangers, à travers les précipices et sur les fleuves débordés. Aussi était-il partout entouré de la vénération des peuples. Saint Odilon mourut au cours d'une dernière visite qu'il fit à Souvigny. C'était le 31 décembre 1048 ; d'autres prodiges se succédèrent sur sa tombe qui devient non moins glorieuse que celle de saint Mayeul. Une de ses maximes qui le peint au vif était celle-ci : « J'aime mieux être condamné, si je dois l'être, pour excès de bonté que pour dureté ou avarice ».

Sa vie a été écrite par Jotsald, fils, selon Mabillon, de ce Bernard, seigneur de Bussière, qui donna avec Oda sa femme une colonie au village de Curtil. Jotsald passe aussi pour être l'auteur d'une réfutation des erreurs de Bérenger sur l'Eucharistie ; il signe en outre plusieurs actes en qualité de notaire et d'archiviste de l'abbaye.

Saint Odilon a été le premier abbé de Cluny qui ait pris à tâche de susciter des écrivains parmi ses religieux. Il encourageait les frères qui avaient des facilités pour l'étude, mais le résultat ne répondait pas toujours à ses efforts. Les moines de Cluny, au XI° siècle, furent aussi instruits que partout ailleurs ; aucun d'eux cependant n'acquit dans les lettres la réputation de leurs grands abbés. Pour ne parler ici que de lui, saint Odilon put composer au milieu de ses grands travaux l'histoire de sainte Adélaïde et la vie de saint Mayeul, son prédécesseur. Les *sermons* qu'il a laissés sur les principaux dogmes de la foi sont empreints d'une éloquente douceur ; son latin est bien supérieur à celui de saint Odon ; il fait un usage fréquent des Pères grecs mais il affectionne saint Ambroise ; il a eu cet honneur que les éditeurs de saint Augustin ont mêlé un de ses sermons à ceux du grand Docteur.

Le principal service rendu aux lettres par saint Odilon fut d'encourager le culte de l'histoire. C'est lui en effet qui fixa à Cluny le moine errant que fut Raoul Glaber ou le Chauve. Sa Chronique commencée à St-Bénigne de Dijon s'étend de 900 à 1046 ; elle est l'une des plus intéressantes du moyen-âge et celle qui est le plus souvent citée.

§ III. — Coutumes Monastiques

Complète dès la fondation de Cluny, la constitution qui servit de règle au grand monastère reçut cependant, au XI° siècle, des adaptations spéciales, qu'il ne sera pas sans intérêt de faire connaître de suite. Saint Benoît voulait que la vie de ses disciples se partageât entre la prière et le travail. Les moines devaient gagner leur vie à la sueur de leur front, cultiver la terre et exercer les métiers nécessaires à leur entretien. Aussi furent-ils à Cluny, dès l'origine, carriers, maçons, bûcherons, charpentiers, forgerons, serruriers, architectes, verriers, peintres. Ce sont eux qui élevèrent jusqu'à deux reprises leur église abbatiale et les chapelles de leurs prieurés en France et à l'étranger. Mais les fondations nombreuses, le goût de l'étude et de la méditation, la longueur des offices rompirent plus tard l'équilibre entre le travail des mains et celui de l'esprit. Le nombre croissant des prêtres et des seigneurs qui vinrent demander l'habit religieux à Cluny amena peu à peu à considérer le travail manuel comme n'étant pas d'obligation mais de simple conseil.

Tandis que les profès consacraient leur temps libre à l'étude de l'Écriture et de la théologie, les convers cultivaient les jardins, labouraient, chariaient, moulaient le blé, faisaient en un mot la grosse besogne du monastère.

Pour ce motif les simples frères portaient un habit plus léger et gardaient la barbe. Ils se plaçaient à l'église au bas-chœur et marchaient dans les cortèges à la suite de la Communauté.

Après eux venaient les *Oblats, donnés* ou *familiers*, venus à l'abbaye moins par esprit de religion que par intérêt, afin de s'assurer une existence facile aux frais des moines. Ils furent souvent une lourde charge pour l'Ordre. On pourrait les comparer à ces clients romains qui cédaient leurs biens à un riche patricien et se présentaient chaque matin à sa porte pour recevoir leur ration journalière.

Le nombre des oblats, arrivés très jeunes au couvent fut d'abord illimité ; on le réduisit ensuite à six : ils servaient d'enfants de chœur et portaient l'eau bénite au dedans et au dehors ; ils avaient un dortoir séparé et seuls leurs maîtres pouvaient y pénétrer.

Au chœur, ils étaient sous l'œil des dignitaires. Ils ne jeûnaient point ; le matin, aussitôt après la grande messe, ils prenaient une collation nommée *mistum*, qui consistait en un pain et une demi-hémine de vin. En été, on leur servait en plus à souper une tasse de lait.

Les novices portaient le costume religieux complet, sauf la coule qu'ils ne recevaient qu'à la profession. A partir de leur admission, ils menaient le même genre de vie que les religieux; s'ils étaient en grand nombre, ils vivaient dans la maison du noviciat qui formait un petit monastère à côté du grand. A l'église, leurs sièges ou escabeaux étaient placés au petit-chœur. Récitant le même office que les pères, ils le disaient avec eux ; ils assistaient au chapitre, chaque matin ; mais ils en sortaient dès que l'explication de la règle était terminée et faisaient à part leur lecture spirituelle.

Les religieux profès entendaient alors une instruction de l'abbé ; les jours de fête, ce dernier leur adressait un sermon sur la solennité. La plupart des sermons qui nous restent des abbés de Cluny furent prononcés au chapitre. C'est également au chapitre que l'on délibérait sur toutes affaires pendantes, la réception des novices, les châtiments à infliger aux délinquants, la gestion des biens fonds.

On y donnait lecture des lettres mortuaires, connues sous le nom de *brefs ou rouleaux des morts* ; on fixait l'ordre des anniversaires et des prières pour les bienfaiteurs et l'on contractait des associations pies avec d'autres communautés. Toutefois le but principal du chapitre était la correction des fautes commises contre la règle, les dissipations dans les lieux réguliers, les retards apportés aux exercices. Les coupables devaient se proclamer eux-mêmes, sinon ils étaient dénoncés et punis séance tenante, ou, si la faute était plus grave, ils restaient pendant l'office prosternés devant l'ambon. Ils ne prenaient point part à l'offrande, ni ne mangeaient à la table commune. De plus fortes pénitences étaient infligées aux orgueilleux révoltés, insensibles aux exhortations de l'abbé et des anciens. Plus tard on se relâcha de la sévérité primitive ; les grands abbés dans la crainte de voir ces incorrigibles perdre leur vocation, usèrent de l'expulsion le plus rarement possible. Saint Odilon cependant, malgré sa mansuétude, préférait l'appliquer plutôt que de favoriser le désordre. Quant aux moines fugitifs, la règle ordonnait de les recevoir jusqu'à trois fois, pourvu qu'ils témoignassent un véritable repentir.

Les religieux de Cluny édifiaient tous les étrangers par la rigueur de leur silence, qui était absolu, les dimanches et durant le carême tout entier. Les jours où il était permis de parler on ne devait le faire, qu'après la tenue du chapitre, dans une salle servant de parloir ; ceux qui restaient sous le cloître priaient, lisaient, méditaient, ou s'occupaient à la copie des manuscrits. C'était aussi le moment où les moines allaient demander au chambrier les objets dont ils avaient besoin ; ils aiguisaient leurs couteaux sur la pierre de grés placée dans le cloître, faisaient sécher leurs vêtements au soleil, visitaient les malades à l'infirmerie. Les livres à leur usage étaient distribués le second jour de Carême et rendus après Pâques. C'était le prieur claustral qui fournissait aux copistes le parchemin nécessaire ; ce travail tant estimé par les grand abbés de Cluny avait lieu dans le *scriptorium*, la partie la plus retirée du cloître, mais où le bibliothécaire (armarius) avait le droit d'entrer.

Nous savons que les aliments maigres constituaient la nourriture habituelle des moines ; l'usage de la viande n'était permis qu'aux malades. La graisse, ayant été autorisée par le concile d'Aix-la-Chapelle, en 817, fut ensuite interdite, durant l'Avent et le Carême. « À la Septuagésime, dit Udalric, on enterre la graisse ; elle revit à Pâques ». Chaque religieux recevait à son repas une petite coupe de vin que l'on nommait justice, *poculum justitiæ*, et deux plats cuits qui consistaient en fèves et en légumes ; mais plus tard on fut obligé d'ajouter, chaque jour de la semaine sauf le vendredi, un autre plat appelé la *pitance* ou *générale*, qui consistait en fromage, œufs, ou poisson. Aux cinq grandes fêtes de l'année, les fèves étaient remplacées par des oignons et des flans. Quatre frères étaient préposés, pendant la semaine, au service de la cuisine ; dès le samedi soir, ils recevaient la quantité de fèves nécessaire, les lavaient à grandes eaux ; le lendemain, les fèves étaient de nouveau lavées avant d'être mises sur le feu ; au moment où la péllicule qui couvre l'amande s'entr'ouvrait, on les faisait refroidir et on les assaisonnait de sel, puis on les servait au réfectoire.

En se rendant au réfectoire, les moines se lavaient les mains à des robinets placés à l'entrée. Durant le repas, il était recommandé de ne laisser tomber aucune miette à terre. On ne buvait qu'assis et en tenant la coupe des deux mains. Quand le signal de la fin était donné, les moines sortaient deux à deux, en chantant le *Miserere*, pour se rendre à l'église où ils récitaient les grâces. Au lieu de la tunique ou robe de laine étroite et courte que portaient les premiers disciples de saint Benoit, les Clunistes adoptèrent l'étamine ou chemise de laine douce serrée autour des reins par une ceinture en cuir; par dessus un scapulaire noir avec capuchon et dont les deux bandes descendaient jusqu'aux pieds, devant et derrière. Enfin sur le scapulaire ils revêtaient la coule ou manteau noir à larges manches, que l'on nommait le *froc*. Les novices ne portaient pas le scapulaire mais attachaient le capuchon directement à la coule. Tous les moines, même l'abbé, couchaient dans un dortoir commun, dans des lits sans rideaux et sans draps ; le matelas était un gros sac rempli de paille ; on donnait autant de couverture que la saison l'exigeait.

Les moines allaient tête nue ; ils étaient sans barbe et portaient une large tonsure, ne gardant qu'une couronne de cheveux au-dessus des oreilles. Deux fois par an, à Noël et à Pâques, ils prenaient un bain que nécessitaient leurs vêtements de laine. A la Saint-Martin, on donnait à chacun cinq paires de bas, et le Vendredi-Saint, des chaussures neuves ; les anciennes, bien lavées et réparées étaient données aux pauvres.

Les distributions en nature étaient tellement fréquentes à Cluny qu'il est impossible d'en évaluer l'importance par des chiffres. Le P. Aumônier recevait les voyageurs pauvres et les mendiants de la même manière que l'hôtelier, les pèlerins étrangers riches qui venaient à cheval. L'aumônerie était de plus une maison de charité pour tous les indigents du pays. Une prébende avait été spécialement établie en faveur des pauvres de Cluny ; tous les jours, on distribuait à chacun d'eux une justice de vin, une livre de pain, une portion de fèves ; vingt-cinq fois par an et aux jours de grandes fêtes, les fèves et les légumes étaient remplacés par de la viande. Trois autres prébendes étaient distribuées chaque jour aux pauvres étrangers, en mémoire de saint Odilon, de saint Henri II, empereur, et de Ferdinand VI, roi de Castille. A Pâques, on donnait aux prébendés neuf aunes de drap de laine pour confectionner leurs vêtements. Une fois la semaine, l'aumônier parcourait le bourg de Cluny, avec un serviteur chargé de provisions ; ils visitaient ensemble les pauvres et les malades à domicile. La distribution de pain était continuelle à la porte de l'aumônerie.

Les aumônes distribuées si largement à l'abbaye-mère étaient générales dans l'Ordre entier. Tous les prieurés s'efforçaient, dans la mesure de leurs ressources, de consacrer aux pauvres le dixième de leurs revenus. C'est le conseil de l'Evangile, et il faut convenir que si nos pieux cénobites, qui n'y songèrent jamais, avaient voulu s'enrichir, ils avaient pris le bon moyen, toujours d'après la parole du divin Maître : *date et dabitur vobis* « donnez et il vous sera donné. »

Mais ils n'avaient d'autre intention, en subvenant si généreusement aux besoins des malheureux, que de se préparer des trésors pour le ciel. Aussi combien était douce et heureuse la mort du moine à Cluny ! Nous allons assister à ses derniers moments. Il a reçu pieusement, en présence de ses frères, l'Extrême-Onction et le Saint Viatique. Il a donné, en signe d'adieu suprême, le baiser de paix à l'abbé ou à son suppléant, aux frères présents et à ceux qui lui ont porté l'eau bénite et tenu le crucifix devant les yeux ; un cierge brûle constamment près de son lit. Dès que les signes avant-coureurs de la mort font craindre un dénoûment fatal, un cilice est étendu sur un carré parqueté de l'infirmerie, disposé dans cette intention ; on répand de la cendre sur le cilice et les serviteurs déposent le moribond sur cette couche. L'un d'eux court frapper à la porte du cloître ; tous les frères se précipitent sans observer d'ordre ; c'est le seul cas et celui d'incendie où ils ne marchent pas en rangs.

On récite, près du malade, le symbole de saint Athanase et, si le temps le permet, les litanies des Saints et celles des agonisants.

Lorsque le moribond a rendu l'âme, les frères mettent en branle toutes les cloches du monastère ; les enfants de chœur apportent la croix, l'eau bénite et l'encens ; le prêtre asperge et encense le cadavre qui est ensuite placé dans une salle voisine. Là, sur une table de pierre légèrement inclinée, nommée le *lavatoir*, on le lave des pieds à la tête avec de l'eau tiède, puis on le revêt d'un suaire, d'une étamine et d'une coule qui sont cousues, ainsi que le capuchon, de manière à enserrer le corps ; les bras seuls restent croisés au dehors. Après une seconde absoute, le cadavre est mis dans un cercueil ouvert et on le porte à l'église de Notre-Dame de l'Infirmerie, où de nouvelles prières sont faites à son intention. Au signal de l'abbé, le cortège funèbre se forme ; les enfants de chœur avec la croix sont en tête ; viennent ensuite les dignitaires, les religieux et les convers et, tandis que les cloches font retentir de nouveau un glas funèbre, le défunt est porté à la grande église, sur des supports près desquels brûlent des flambeaux en cire. L'heure des obsèques arrivée, c'est-à-dire le lendemain de la mort, le matin, après la grand'messe ou le soir, après les vêpres selon le cas, on sonnait trois glas avec une des grosses cloches ; la communauté se réunissait au complet, et les gardiens distribuaient des cierges. Lorsque les chants funèbres étaient terminés, le convoi se rendait au cimetière, en passant devant Notre-Dame de l'Infirmerie où les malades réunis tenaient leurs cierges.

Une nouvelle et dernière absoute était chantée devant la fosse, et après que l'officiant avait jeté sur le cercueil, qui avait reçu son couvercle, quelques pelletées de terre, la communauté se retirait en silence. Un septénaire puis un tricénaire étaient de suite célébrés pour le repos de l'âme du défunt ; sa prébende était durant tout ce temps distribuée aux pauvres.

Les cérémonies étaient les mêmes pour un abbé. On l'ensevelissait avec ses ornements sacerdotaux. Il était porté au lieu de sa sépulture par quatre frères vêtus d'aubes, tandis que quatre autres en chapes chantaient les répons. Sa prébende était donnée aux pauvres pendant toute l'année, non seulement à Cluny, mais dans toutes les maisons de l'Ordre.

CHAPITRE IV

La Grande expansion de l'Ordre.

§ I. — Saint Hugues le Grand (1049-1109)

Lorsque le jeune *Hugues de Semur* se présenta au noviciat de Cluny, un moine comme inspiré s'écria en plein chapitre : « Bienheureuse maison de Cluny qui reçoit aujourd'hui dans son sein un trésor plus précieux que tous les trésors de la terre ! » Hugues était le fils aîné du comte Dalmace de Semur-en-Brionnais, qui le destinait au métier des armes. Sa mère, la douce Arenberge de Vergy, lui inspira la plus tendre piété. Quand il fut en âge d'étudier, Hugues fut envoyé chez son oncle, le comte de Chalon qui, vers la fin de sa vie, était entré dans les ordres et avait été sacré évêque d'Auxerre. Le jeune chevalier suivit avec d'autres étudiants les leçons de grammaire et de logique qui se donnaient à l'école monastique de Saint-Marcel-les-Chalon.

A seize ans, au lieu de revêtir la cuirasse, comme le désirait le comte son père, Hugues vint demander le froc à saint Odilon. Dalmace étant venu voir son fils quelque temps après, le trouva revêtu de l'habit monastique, les traits empreints d'une mâle beauté que rehaussait une taille avantageuse. — Je n'ai jamais vu mon fils aussi beau, s'écria le comte de

Semur. — Ni aussi heureux, aurait pu ajouter le futur abbé de Cluny.

Saint Odilon le nomma d'abord grand prieur. A ce titre, Hugues remplaçait l'abbé durant ses absences. C'est lui qui reçut, en 1044, les députés de la Pologne, venus pour demander Casimir, fils et héritier de leur roi détrôné Miceslas et qui avait fait profession entre les mains de saint Odilon. Celui-ci hésitait à le rendre à la vie séculière, mais le pape Benoît IX le releva de ses vœux, pour le plus grand bonheur de la Pologne. Casimir n'oublia jamais Cluny. Il fonda dans ses Etats plusieurs maisons de l'Ordre qui devinrent très florissantes. Le grand prieur reçut également un jeune religieux que lui envoyait de Rome saint Odilon et que Jean Gratien, abbé de Sainte-Marie-au-Mont-Aventin, plus tard pape sous le nom de Grégoire VII, avait admis à la profession. C'était Hildebrand qui, des bords du Rhin où il avait suivi son maître, arrivait à Cluny pour reprendre la vie religieuse. Il fut reçu et vécut au monastère à titre d'*associé* (1). Attiré par les éminentes vertus du moine romain, Hugues entra bientôt dans son intimité et partagea la douleur extrême qu'il ressentait sur l'état de l'Eglise, à Rome en particulier.

En 1048, le grand prieur fut envoyé à Worms par saint Odilon, comme son représentant à la diète qui devait s'y tenir pour le choix d'un pape. Hildebrand était du voyage. Bruno, évêque de Toul, ayant été élu sous le nom de Léon IX, les délégués de Cluny lui firent savoir que sa nomination était nulle. Bruno, qui lui-même était un saint, n'hésita pas à le dire à

---

(1) Il ne fut pas prieur, quoi qu'en disent la Chronique et ceux qui l'ont suivie, sans comparer les dates. Grégoire VI n'est pas venu à Cluny, et n'y fut pas inhumé.

l'empereur Henri III son parent et qui, comme tel, l'avait fait accepter par la diète. La grande querelle des investitures allait commencer.

Hildebrand accompagna en Italie l'élu de Worms, mais il ne consentit à le suivre dans Rome qu'après que le choix de l'empereur eut été ratifié, selon les canons en vigueur, par le clergé et le peuple. Pendant ce temps mourait saint Odilon (1). Hugues, à cette nouvelle, rentra à Cluny où s'assemblait le Chapitre. D'une voix unanime, les religieux le placèrent à leur tête. Après avoir rempli, à la satisfaction de tous l'office de grand prieur, Hugues de Semur allait donner comme abbé un lustre incomparable au nom de Cluny. Il eut, en outre, la plus large part à la réforme de l'Eglise, entreprise par saint Léon IX. Ce pontife était revenu en France, l'année même de son élévation à la chaire de Saint-Pierre. Il assembla à Reims un concile dont saint Hugues fut l'orateur le plus éloquent. Il parla avec force contre la simonie et la clérogamie, les deux plaies vives qui déshonoraient de plus en plus l'Eglise du Christ sur la terre.

En 1050, le pape l'appela encore au concile de Latran, où les clercs fornicateurs furent condamnés, en même temps que l'hérésiarque Bérenger, de Tours.

Henri III de son côté avait en telle estime l'abbé de Cluny qu'il voulut l'avoir auprès de lui, aux fêtes de Pâques, à Cologne. L'année suivante, en 1051, Hugues dut se rendre de nouveau en Allemagne, pour tenir sur les fonts sacrés le fils de l'empereur. Ce voyage fut un vrai triomphe pour notre saint abbé.

---

(1) Le bienheureux Aymard, saint Mayeul et saint Odilon s'étaient vus forcés pour prévenir les prétentions des princes séculiers de désigner leurs successeurs au choix de leurs religieux. C'était l'unique moyen, à cette époque de troubles, d'empêcher les étrangers, laïques ou ecclésiastiques, de s'immiscer dans l'élection de l'abbé.

Les peuples ne se lassaient pas d'admirer la grâce et la douceur de ses traits, en même temps que la sagesse qui dictait toutes ses paroles. Il était à peine de retour à Cluny qu'il apprit la mort tragique de son père, tué par Robert le Vieux, duc de Bourgogne, le propre époux de sa sœur Alix. Sa douleur fut indicible. Il la surmonta courageusement et résolut de fonder à Marcigny, une des terres de sa famille, un asile pour sa mère, sa sœur, et pour tant d'autres saintes âmes dont le siècle n'était pas digne. Cluny n'avait pas encore de couvent de religieuses, associées à sa vie et à ses observances ; cette heureuse initiative donna peu à peu naissance à d'autres monastères analogues, en France et à l'étranger et jusqu'en Palestine. Marcigny resta l'œuvre de prédilection de saint Hugues ; il y fit construire une église petite, « mais admirablement ornée et disposée », remarquable par son architecture et son clocher.

Cependant la guerre des investitures continuait avec plus de violence que jamais. Victor II fut mal récompensé d'avoir assuré l'avènement à l'empire du jeune Henri IV et saint Hugues eut plus encore à se plaindre de son filleul. Hildebrand, devenu pape sous le nom de Grégoire VII, poursuivait avec énergie la réforme des abus dont souffrait l'Eglise et qui scandalisaient les peuples. Les fidèles, les religieux étaient avec le pape contre les prélats simoniaques et les prêtres concubinaires. Henri IV s'obstinait à les soutenir. Menacé de perdre sa couronne, il promit de se soumettre aux décrets des conciles et sollicita une entrevue avec Grégoire VII, au château de Canossa ; c'était une feinte ! La comtesse Mathilde et saint Hugues, trompés par ses démonstrations de pénitence, supplièrent le pape de le relever de ses censures ; il reçut ensuite la sainte communion des mains du pape, les témoins ont dit avec quel effroi.

L'abbé de Cluny rentra en France, tandis que Henri IV marchait sur Rome et en chassait Grégoire VII. Le glorieux et saint pontife mourut à Salerne (1085), victime de l'injustice et de l'iniquité ; mais les réformes, pour lesquelles il avait tant souffert, étaient acquises. Urbain II (Odon de Lagéry), ancien prieur de Cluny, en poursuivit résolument l'exécution. Saint Hugues et ses religieux lui prêtèrent un concours dévoué, et peu à peu les coupables revinrent à la pratique des vertus essentielles à leur saint état. Henri IV résista en vain ; à la fin il se vit forcé d'abdiquer et mourut misérablement.

Urbain II, libre de toute entrave, vint en France préparer la croisade que Grégoire VII avait résolue et dont Pierre l'Ermite, moine de St-Rigaud, s'était fait le hérault intrépide. Avant de se rendre à Clermont, le pape se dirigea par Mâcon sur Cluny, qu'il revoyait avec bonheur ; c'était le 18 octobre 1095.

Saint Hugues le reçut à la tête de ses religieux dans la vieille église, où avaient prié saint Mayeul et saint Odilon. De la nouvelle basilique qui allait la remplacer, il n'y avait d'achevé que l'abside et les deux transepts ; les cinq nefs qu'on devait y ajouter étaient encore en construction.

Le 25 octobre, Urbain II consacra l'autel majeur et l'autel matutinal, tandis que deux prélats de sa suite consacraient les autels des chapelles absidiales, qu'entourait déjà le célèbre *promenoir des anges* avec ses douze colonnes monolithes. Remarquons de suite que ces autels et ceux qui seront élevés dans la suite furent érigés aux patrons des principaux monastères, sujets de la grande abbaye : Saint-Martial, Saint-Eutrope, Saint-Marcel, Saint-Vincent, Sainte-Madeleine, Saint-Clément, Saint-Léger.

Après une semaine de repos à Cluny, le Souverain Pontife prit avec saint Hugues le chemin de l'Auvergne. Le concile de Clermont fut, on peut le dire, l'assemblée plénière des barons, des chevaliers et de tout le peuple. Une multitude immense répondit à la voix d'Urbain II par le cri redit ensuite si souvent : *Deus lo volt! Dieu le veut* !

Quelle part fut dévolue à saint Hugues et à ses religieux dans la croisade qui allait partir, il est facile de le concevoir ; les moines devaient avant tout rester fidèles à leur état. Godefroy de Bouillon cependant demanda et obtint l'autorisation d'emmener des moines pieux, pour qu'ils s'acquittassent durant tout le pèlerinage de leurs fonctions sacrées, aux heures de nuit comme de jour. Après la prise de Jérusalem, il les établit sur leur demande, dans la vallée de Jérusalem; les Clunistes se fixèrent plus tard au Mont-Thabor et à Jéricho. A leur suite, les moniales fondèrent des couvents sur le modèle de Marcigny à Sainte-Anne, puis à Béthanie et à Nazareth.

Le mouvement d'expansion de Cluny en Europe ne s'était pas ralenti. Saint Hugues eut plus à le modérer qu'à le provoquer. Dès 1070, avait commencé, dans les maisons de France, une émigration de moines clunisiens par delà les Pyrénées, en Catalogne, en Aragon, en Navarre et dans les deux Castilles. Les coutumes de ces provinces lointaines ne permirent que peu à peu aux disciples de saint Hugues de suivre leur liturgie monastique. Mais Constance de Semur, nièce de notre saint, étant devenue l'épouse d'Alphonse VI, roi de Castille, s'employa avec zèle à l'abolition des rites mozarabes. L'abbé de Cluny visita à deux reprises les maisons de son Ordre qui se multipliaient sur tous les points dans la chevaleresque Espagne. Les monastères de France situés entre les Pyrénées et la Loire, eurent durant quelques années la charge d'envoyer aux nouveaux frères des prieurs et même des abbés, afin de les former aux usages de l'abbaye-mère.

Guillaume Ier, roi d'Angleterre, voulut à son tour confier à l'abbé de Cluny, la réforme des moines saxons ; il osa même lui offrir cent livres d'argent pour chaque moine qu'il lui enverrait. — « Je vous donnerai annuellement pareille somme, répondit saint Hugues indigné, pour tous les bons moines que vous pourrez me trouver ». Les Clunistes eurent en Angleterre les mêmes succès que dans les autres contrées de l'Europe. Saint-Pancrace de Londres deviendra bientôt l'une des quatre filles de l'Ordre.

Les deux Bourgognes rivalisaient alors pour donner à saint Hugues leurs plus anciens monastères, et les soumettre à la réforme de Cluny.

La nomenclature de ces diverses fondations est si considérable qu'il est impossible d'en donner le moindre résumé. Nous nous bornerons à citer dans la région jurane La Balme ou Beaume qui avait été le berceau de Cluny et Gigny son frère aîné ; tous les deux se soumirent à la grande abbaye. Gaucher, seigneur de Salins, fonda le prieuré de St-Nicolas et fit don à Cluny de plusieurs salines avec le droit de cuire du sel, ce qui fut d'un grand secours pour le monastère. Robert, évêque de Langres, confia vers le même temps l'antique abbaye de Bèze à saint Hugues qui désigna, pour y établir la réforme, Etienne de Risnel, ancien compagnon d'armes du terrible comte de Crépy. Risnel reconstruisit les bâtiments et rétablit la bibliothèque et le moine Jean y composa la chronique, dite de Bèze, aussi précieuse que celle de St-Bénigne pour l'histoire de la Bourgogne.

Simon de Crépy avait commencé par imiter la conduite de son père, le farouche Raoul, mort impénitent. La vue de son cadavre en putréfaction l'affermit dans la résolution qu'il avait prise de changer de vie. Il se mit sous la conduite de saint Hugues, « celui de tous les hommes vivants, disait-il, qu'il chérissait le plus. » Sa fiancée s'étant elle-même déterminée à entrer en religion, Simon se retira avec plusieurs de ses gentilshommes à Saint-Claude dans le Jura (1076) ; de là, il vint à Cluny où il fit profession. Sa ferveur était telle qu'il édifiait tous les pieux cénobites. Saint Hugues l'arracha non sans peine à son cloître pour le députer successivement au roi Philippe Ier, son ancien suzerain, et à Guillaume, roi d'Angleterre. Saint Grégoire VII se servit également de sa médiation pour conclure la paix avec Robert Guiscard. Simon, rentré à Rome en 1082, y mourut assisté par le Souverain Pontife, lui-même. Le titre de Bienheureux resta attaché à son nom. Sa vie, écrite par un moine de St-Claude présente un mélange d'aventures dramatiques qui lui donnent tout l'intérêt d'une épopée chrétienne.

Les prêtres, les évêques se présentaient à saint Hugues plus nombreux encore que les hommes du siècle. Les âmes ardentes aussi bien que les faibles accouraient se placer sous sa conduite et goûtaient à Cluny cette paix du cloître qui était un prélude de la quiétude du ciel. D'autres venaient fortifier leur vertu dans des habitudes plus austères ; d'autres enfin voulaient se purifier par la pénitence.

Hugues de Romans, archevêque de Lyon, donna à Cluny l'église de St-Martin-en-Bresse pour que les moines fussent ses intercesseurs auprès de Dieu.

Le fameux Norgaud, évêque d'Autun, avait lui-même de grandes fautes à expier. L'abbaye de Vézelay en particulier avait été souvent victime de ses violences, ainsi que la plupart des couvents de son diocèse. A la fin, le légat du St-Siège, Milon, l'avait cité à comparaître à Mazille, petite obédience située dans le voisinage de Cluny. Norgaud se soumit à tout et confirma aux moines la possession des églises qu'il leur avait ravies ; il leur abandonna même des droits qui lui appartenaient sur d'autres églises, comme la Madeleine de Charolles, St-Alban, Moulins, St-Jean-de-Trézy. Il fit don au prieuré de Marcigny de l'église de St-Julien-en-Brionnais. La conférence de Mazille resta célèbre. L'évêque de Belley s'y était rencontré en effet avec l'archevêque d'York et les évêques de Belfort et de Chester qui allaient à Lyon visiter saint Anselme, l'hôte de saint Hugues, en 1097, et son ami.

§ II. — L'Ordre de Cluny.

— Affranchissement du bourg.

Mais il s'agissait moins d'étendre ce vaste corps que de lui infuser un sang généreux par un accroissement de ferveur et par la fidélité aux saintes observances Saint Hugues fit rédiger les *Coutumes de Cluny* par un de ses disciples, le frère Bernard, remarquable à la fois par sa longue expérience de la vie religieuse et par son ardente piété. Ce travail terminé, notre saint promulga le nouveau recueil qui devint comme le manuel monastique de la *Congrégation* tout entière.

Disons à ce propos ce qu'il faut entendre par cette expression trop peu comprise de nos jours.

C'est au temps de saint Hugues qu'apparaît dans toute sa force le lien de *société* qui rattachait à Cluny tant de monastères français, italiens, allemands, espagnols, flamands et anglais, qui tous avaient reçu sa réforme. Mais il n'y avait là rien qui ressemblât à un droit de juridiction. Ces maisons ayant demandé la réforme, l'avaient acceptée avec bonheur, tout en conservant leur autonomie. Les visites de l'abbé de Cluny n'avaient d'autre objet que raffermir les bons rapports de fraternité et, s'il en était besoin, de raviver la ferveur des pieux cénobites.

Saint Mayeul avait déjà posé les bases de la Congrégation, en incorporant à son abbaye les monastères dont on lui donnait la direction ; il les réduisit ensuite à l'état de simples prieurés, c'est ce qui advint en particulier pour Paray-le-Monial et Saint-Marcel-de-Chalon. Saint Odilon avait agi de la sorte avec Charlieu. C'est encore lui qui commença à s'adjoindre des abbayes, à titre de sujettes, afin de les soustraire à l'intrusion du pouvoir séculier.

Lorsque saint Hugues prit en mains le gouvernement de Cluny, il trouva une abbaye dont les possessions immédiates consistaient en prieurés plus ou moins importants, et, hors de son rayon, plusieurs abbayes subordonnées, mais jouissant d'une indépendance très large et entourées elles-mêmes de leurs prieurés qu'elles administraient directement. C'était le temps où les papes luttaient contre les investitures laïques, afin d'arracher le clergé aux désordres. Saint Hugues comprit à son tour que pour échapper au joug séculier, il fallait que tous les petits monastères devinssent partie intégrante de l'abbaye-mère qui avait mission de les défendre.

Il enleva donc alors, de leur propre consentement, aux abbayes trop faibles leur autonomie et les soumit à Cluny sous le nom modeste de prieurés ; cependant il conserva à plusieurs d'entre elles, un pro-abbé ou un prieur-abbé. Tel fut le cas de Payerne en Suisse, de Beaulieu-en-Argonne, d'Arles-sur-Tech et de Camprodon dans les provinces Pyrénéennes. C'étaient en général des prieurés éloignés de l'abbaye-Mère. Quant aux abbayes, sûres de pouvoir résister à l'ingérence étrangère, elles formèrent, dans le but d'être plus fortes, une alliance intime avec Saint-Pierre-de Cluny, c'est ce que l'on appela l'*Ordre* ou la *Congrégation* de Cluny, dont le but fut précisément la subordination des abbés, et dans laquelle saint Hugues et ses successeurs devaient prendre une part prépondérante. Il n'est donc vrai qu'à moitié de dire que notre saint a brisé les crosses.

A l'heure où ces arrangements s'établissaient presque d'eux-mêmes, sous sa douce influence, saint Hugues fonda successivement La Charité-sur-Loire, qui devait porter aussi le nom de La Charité des Saints (1), et Saint-Martin-des-Champs, à Paris, destiné à être l'hôtellerie monastique de l'Europe. Cette fille de Cluny, dira plus tard Pierre le Vénérable, est à sa mère comme l'empreinte au cachet.

Si nous réunissons à ces deux maisons Sauxillange et St-Pancrace de Londres nous avons le groupe des *quatre filles de Cluny* ou prieurés immédiats, dont les titulaires portaient le nom de prieurs majeurs et occupaient la première place après les abbés et les pro-abbés. Les prieurés qui restèrent sous la dépendance des abbayes affiliées à Cluny et ses sujettes reçurent le nom de prieurés médiats; tel fut Domène en Dauphiné, fondé en 1057.

Enfin venaient les *celles* ou petits prieurés ruraux, voisins de Cluny, qui n'étaient que de simples obédiences ou doyennés relevant directement de l'abbaye

---

(1) Ce prieuré, devenu très important, remplaça Souvigny comme première fille de Cluny.

et que dirigeait le prieur claustral. Mais, dans le plus petit prieuré, dans la moindre celle, perdue au fond des bois, le voyageur fatigué, le pauvre pèlerin étaient sûrs de trouver un gîte et des secours contre la faim. Cluny a toujours, nous le savons, distribué l'aumône de loin, comme de près. Si les rois, et les princes l'avaient magnifiquement doté en lui donnant ces champs, ces prairies, ces forêts immenses, l'industrie, l'activité des moines sut en tirer de beaux revenus, et ce fut toujours au soulagement des malheureux qu'ils consacrèrent le meilleur fruit de leurs travaux.

Nous ne saurions dire le nombre précis des prieurés de Cluny sous saint Hugues. Il fut certainement considérable. Le chiffre de ses religieux est encore plus difficile à évaluer. L'Ordre tout entier ne comptait pas moins alors de 10.000 moines. Dans un de ses Chapitres généraux, saint Hugues se vit entouré de trois mille d'entre eux qu'il regardait comme ses fils bien-aimés.

Nous verrons bientôt à l'œuvre nos fervents cénobites. La mission spéciale de Cluny fut la louange de Dieu et les fortes études. Cîteaux, qui déjà prend place à côté de son aîné, veut faire dominer le travail des mains ; Cluny, la culture de l'intelligence. Tout le temps qui n'était pas consacré au service divin était chez les moines noirs donné à l'étude. Aussi verra-t-on accourir parmi eux de tous les Etats de l'Europe les maîtres les plus célèbres, philosophes, théologiens, chroniqueurs, et à leur suite les jeunes gens désireux de s'instruire dans les sciences divines et humaines. Cluny fut à Cîteaux, dès le XII° siècle, ce que Mabillon sera, au XVII°, à l'austère Rancé.

On vint demander à saint Hugues non seulement

des évêques pour les diocèses de France et de l'étranger, mais encore des professeurs pour les écoles cathédrales. Le programme des études était des plus étendus. Qu'on en juge par ce fait que dans plus de quarante monastères, la médecine était enseignée avec profit et succès ; mais de toutes les sciences aucune n'était plus en honneur que l'Ecriture sainte et les Pères, en quoi consistait alors toute la théologie. et c'était là le bonheur de notre grand abbé de voir des religieux s'y adonner constamment.

Saint Hugues portait une affection non moins grande aux serfs ou manants, groupés autour du couvent. Leur condition avait été à l'origine celle de toutes les populations agricoles de la France. Elle s'améliora aussitôt sous le gouvernement paternel des moines ; les colons, attachés comme partout aux travaux des champs, obtinrent d'abord la jouissance, puis la nue propriété de la terre qu'ils cultivaient ; ils purent enfin la transmettre à leurs enfants. Le titre de *paroissien* de Cluny, synonyme d'habitant, s'acquérait par le séjour d'un an et d'un jour sur le territoire abbatial.

Mais ce serait se méprendre que d'assimiler cet affranchissement graduel au mouvement communal qui n'eut lieu en France que cent ans après. Cluny était ainsi d'un siècle en avant sur le domaine royal ; les habitants jouissaient dès lors d'une paix et d'une liberté que n'assuraient pas toujours aux communes les municipalités du XIIe siècle, devenues presque aussitôt des aristocraties étroites et jalouses, non moins promptes à refuser la liberté aux simples artisans qu'à la revendiquer contre le seigneur. Nous verrons plus loin se développer les privilèges particuliers à Cluny, contenus en germe dans cette Charte primitive d'affranchissement. Voilà pourquoi les habitants vouèrent à saint Hugues, et plus tard à ses successeurs, une vénération profonde. Nous en avons la preuve dans leur empressement à repousser, à main armée, Drogon, évêque de Mâcon qui, en 1062, voulut s'emparer par violence de Cluny. Déjà, sous saint Odilon, les évêques de Mâcon avaient, nous le savons, tenté à maintes reprises d'usurper sur les *bans sacrés* de Cluny, c'est-à-dire sur le territoire exempt de leur juridiction; mais à la longue, ils avaient reconnu leur tort. Drogon fut plus tenace ; il se présenta avec une troupe de gens armés devant l'église ou chapelle de St-Mayeul, déclarant qu'il venait y tenir le synode et faire sa prédication. Saint Hugues s'opposa énergiquement à son entreprise et fit fermer les portes de l'église qui était dès cette époque partie intégrante de l'abbaye. Drogon furieux donne l'ordre à ses hommes de tenter l'assaut : les habitants de Cluny, en foule, accourent au secours ; ils agirent si bien que les Mâconnais durent rebrousser chemin. Afin de prévenir de semblables esclandres, saint Hugues en référa aussitôt au souverain Pontife, et, avec l'approbation d'Alexandre II, un concile s'assembla (1066) à Chalon, sous la présidence de son légat, Pierre Damien. Il y fut solennellement déclaré que Cluny et le territoire compris entre les limites des bans sacrés étaient exempts de toute juridiction épiscopale, et qu'ils relevaient directement du Saint-Siège. Drogon finit par se soumettre et se réconcilia avec l'abbé de Cluny. Ancien bénédictin lui-même, Pierre Damien parut, dit-on, quelque peu scandalisé du régime suivi à Cluny et des adoucissements apportés à l'antique discipline. — « Vénéré Maître, lui dit saint Hugues en riant, travaillez avec nous, vivez de notre vie pendant huit jours, et vous vous déciderez ensuite ». Pierre Damien, lui-même très versé dans les voies de Dieu, n'hésita pas à approuver hautement les us et coutumes de Cluny.

Dieu se plaisait du reste, à manifester par des miracles la sainteté du grand abbé. Un jour, il se trouvait à Montmain, petit ermitage, situé dans le bois de Boursier ; il y fut frappé subitement par un mal étrange ; les religieux le crurent mort, car son corps était déjà rigide, quand tout à coup il se leva de la litière sur laquelle on le transportait à l'abbaye.

Une autre fois, il était au moutier de Berzé, retiré dans une cellule attenante à la petite église ; il dormait paisiblement lorsqu'un violent orage se déchaîne ; la foudre éclate, une longue traînée de feu se dessine sur les murs de l'église ; l'incendie se déclare et atteint la cellule où repose le Père Abbé. Moines et serviteurs volent à son secours ; quelle ne fut pas leur surprise de le trouver sain et sauf ; le moutier avait été la proie des flammes ; seule la chambre de saint Hugues fut épargnée.

Le fait authentique de la guérison d'un jeune oblat à Paray est attesté par un monument qui en a gardé le nom de tour *Moine, gare.* Cet enfant avait été terrassé par une poutre de bois tombée du clocher en construction. Au même moment saint Hugues arrivait à Paray. Les moines s'empressent de lui apporter le corps déjà glacé (*semivivus*), du pauvre oblat. Par ses prières ferventes, saint Hugues le rappela à la vie, puis il le rendit tout heureux à son couvent.

Dans une année de disette, il envoya des provisions aux prieurés pauvres et aux ermites vivant dans la solitude, de peur que la faim ne les obligeât à mendier. Un jour qu'il était à Marcigny, les moines de Cluny, ne sachant pas comment se procurer des vivres, le prièrent de venir à leur secours.

On dit que saint Hugues, privé lui-même de toute ressource, écrivit une lettre aux saints Apôtres Pierre et Paul pour les supplier d'arracher ses serviteurs à la misère. Peu de temps après, il reçut des vivres en abondance qu'il envoya à son cher monastère. La visite de ses maisons en Gascogne l'ayant amené devant la hutte d'un malheureux lépreux qui, après avoir joui de l'opulence, était tombé dans le dénument, Hugues descendit de cheval et entra dans sa cabane pour lui adresser quelques paroles de consolation. Au moment de le quitter, n'ayant rien autre à lui donner, le saint se dépouilla de sa pelisse en fourrure d'agneau. Dès que le lépreux l'eut revêtue, l'horrible mal qui le rongeait disparut (1).

§ III. — L'opus Dei a Cluny

Le moine est avant tout un citoyen du ciel. Il n'a d'autre ambition que d'y parvenir ; sa bouche ne s'ouvre que pour louer Dieu, chanter, et exalter son saint nom. Aussi Cluny est-il essentiellement une maison de prières ; nulle part l'*opus Dei* ne tiendra une aussi large place, comme il est facile de le voir dans l'œuvre du moine Bernard. Uldaric, ancien officier de la cour de Henri III, ayant embrassé la vie religieuse à Cluny, sous saint Hugues, composa à son tour un recueil sur les usages de la grande abbaye que l'abbé d'Hirsauge lui avait demandé. Nous y puiserons quelques détails sur la vie claustrale, telle qu'elle était alors pratiquée à Cluny. Aux jours de simple férie, on disait trente psaumes avant les nocturnes ; à laudes et à vêpres, les religieux ajoutaient quatre psaumes, cinq à prime, deux à complies. Les litanies se disaient

---

(1) *Hildebert*. c. IV *passim*.

chaque jour avec les psaumes de la pénitence et quatre autres psaumes pour les défunts. L'office des morts à neuf leçons avait lieu tous les jours de l'année, sauf le dimanche, où on récitait les psaumes graduels avant matines.

Voici les particularités qu'Uldaric a relevées sur la célébration des saints mystères, qui étonne autant par la pompe qu'on y déployait que par le nombre des messes qui étaient dites ; chaque jour, nos pieux cénobites chantaient deux messes, l'une du jour, l'autre des morts ; le dimanche, il y en avait trois, la messe matutinale qui était du jour, la seconde, qui était de la Trinité et la messe solennelle, durant laquelle les frères faisaient la sainte communion. Les hosties non consommées étaient mises en réserve dans un ciboire d'or suspendu au-dessus de l'autel. Le religieux désigné pour la grand'messe bénissait l'eau, faisait ensuite l'aspersion au chœur, autour des autels et dans tous les lieux réguliers.

L'offrande du pain et du vin avait conservé à Cluny quelque reste de son antique solennité. Les religieux divisés en deux chœurs allaient alternativement à l'offrande, donnaient et recevaient la paix et communiaient selon leur dévotion. Aux jours solennels, les chantres étaient vêtus d'aubes, les prêtres en chapes encensaient les autels ; les stalles du chœur étaient ornées de tapis et les candélabres portaient un grand nombre de lumières. Les derniers jours de la Semaine Sainte avaient des particularités touchantes : on bénissait chaque matin le feu nouveau que l'on tirait d'une pierre précieuse nommée bérille ; tous les frères recevaient ensuite la paix et la communion. L'abbé lavait les pieds, le Jeudi-Saint, à autant de pauvres qu'il y avait de religieux dans la maison, et à chacun il donnait une oublie en signe de communion, parce qu'il y aurait eu de la témérité à donner indistinctement la sainte Hostie à tous ; on leur servait ensuite deux mets, l'un de fèves, l'autre de millet.

Le Vendredi-Saint, tous les frères venaient nu-pieds à prime ; puis ils s'assemblaient dans le cloître où ils chantaient le psautier en entier. Le soir, ils faisaient après l'office, l'adoration de la croix. Le Samedi-Saint, on bénissait très solennellement le Cierge pascal, mais saint Hugues avait fait supprimer de la préface, chantée par le diacre, ces mots : « *Felix Culpa* !... Dès que l'évangile de la grand' messe était chanté, les prêtres pouvaient dire des messes basses. D'autres usages sont encore à signaler. C'est au cloître, autour de ses arceaux, que se déroulaient les processions, les moines tenant des cierges, le jour de la Chandeleur, et des palmes vertes, le jour des Rameaux. La procession des Rogations se faisait pieds nus, et l'on donnait à chaque moine un bâton pour se soutenir. On y portait des croix, des reliques, le livre des évangiles et l'eau bénite que distribuaient au dehors les enfants de chœur. Le 6 août, lorsque les raisins commençaient à mûrir, on les bénissait à la messe pendant le canon. Le prêtre les distribuait ensuite aux frères au réfectoire pour remplacer les eulogies ordinaires. On bénissait aussi, mais au réfectoire, les nouvelles fèves, légume ordinaire des moines, le pain nouveau et le vin moût.

A la fête de St-Pierre, patron de Cluny, les nocturnes, les matines et les laudes étaient si longues qu'on les commençait la veille avant la nuit et qu'on ne les finissait le jour de la fête qu'après le coucher du soleil. Quoiqu'on chantât trois messes à Noël, on n'était pas dispensé de réciter les psaumes graduels avant les nocturnes.

En général le nombre des psaumes, des leçons, des collectes était si considérable qu'à peine restait-il du temps aux moines pour l'oraison mentale, la lecture et le travail des mains. Il est vrai que les religieux prêtres avaient été dispensés du gros œuvre et que pour eux les travaux manuels se réduisaient à écosser les fèves et à arracher les mauvaises herbes du jardin, mais personne n'était exempt de servir à table et à la cuisine.

Quoique les convers, chargés des occupations du dehors ne fussent pas tenus aux heures canoniales, plusieurs s'y rendaient par dévotion et tous accouraient avec bonheur à la célébration des saints mystères. C'est à dessein que, pour mieux saisir l'imagination de ces hommes qui venaient du milieu des agitations guerrières ou de l'ignorance du siècle chercher un refuge à Cluny, on multipliait à la grande église les cérémonies, le chant et la lecture des psaumes. Ces esprits simples et grossiers n'auraient pas été capables de se soutenir dans les hauteurs de la contemplation, sans le secours de la prière liturgique et des belles fêtes répandues tout le long de l'année dans *l'ordo Clunisien*.

La dévotion particulière que les moines de Cluny professaient pour le Sacrement de l'Eucharistie leur avait inspiré certaines précautions bien connues dans la confection des pains d'autel. Le froment devait être sans mélange et de qualité supérieure. On le triait grain à grain; après l'avoir lavé, on le plaçait dans un sac de toile fine et on faisait conduire au moulin par un convers très pieux qui lavait la meule et procédait à la mouture, revêtu d'une aube et d'un amict. La confection des hosties était entourée de précautions plus grandes encore.

De l'antique usage de la communion sous les deux

espèces les moines de Cluny avaient gardé le privilège de recevoir le Corps de Jésus-Christ après qu'il avait été trempé dans le précieux Sang ; cependant les novices ne recevaient l'Eucharistie que sous les espèces du pain. Les jours de férie, on portait au réfectoire les hosties non consacrées, et le prêtre les distribuait à ceux qui n'avaient pas communié. C'est au chapitre que les confessions avaient lieu ; chaque religieux profès s'adressait au prêtre de son choix, mais les novices faisaient leur confession dès l'entrée au monastère à l'abbé lui-même. On ne faisait qu'un repas par jour, du 14 septembre à Pâques, sauf aux fêtes de douze leçons, aux octaves de Noël et de l'Epiphanie. L'abstinence était absolue ; hors le temps de Carême et d'Avent, on faisait cuire les fèves et les herbes avec du lard dont on exprimait le suc pour le mêler aux fèves qui, comme on l'a vu, formaient pour tous les religieux, novices et profès la base de la nourriture quotidienne. Le concile d'Aix-la-Chapelle, en 817, avait apporté cette modification à la règle à cause de la rareté de l'huile en France. Le froc était d'étoffe commune et légère ; en hiver, on y ajoutait pour ceux qui chantaient l'office de matines des pelisses ou robes de peaux de moutons et des souliers de feutre ; c'était encore un usage prescrit par le concile d'Aix-la-Chapelle.

Les vives critiques qui furent plus tard dirigées de ce chef contre les Clunistes n'avaient donc aucun fondement. Mais ce qu'aucun écrivain n'a pu passer sous silence a été leur libéralité à donner. La charité de saint Hugues était égale à son zèle ; il avait soin de faire préparer des vêtements et des vivres à l'avance parce que, disait-il, la miséricorde ne doit pas se faire attendre. Dans ses voyages, des mulets transportaient des provisions destinées aux pauvres et, quand elles étaient épuisées, il en faisait acheter le long de la route, où de loin une foule de mendiants, de malades guettaient son passage.

Il ordonna qu'à la Pentecôte le monastère nourrirait autant de pauvres qu'il renfermait de religieux. C'est aussi Hugues qui introduisit dans le rite de cette fête le chant du *Veni Creator* et durant toute l'octave, pratique qui devint ensuite universelle.

Il eut avant de mourir la consolation de mettre la dernière main à la nouvelle église du monastère. Le caractère distinctif de ce chef-d'œuvre de l'architecture romane était moins ses étonnantes dimensions que le bon goût de l'ornementation et la majesté de l'ensemble. La partie la plus admirable de l'édifice était l'abside, dont nous avons déjà parlé et au centre de laquelle le grand abbé de Cluny aura son tombeau.

L'Europe entière, on peut le dire contribua à la construction de la basilique de Saint-Hugues. Elle fut longtemps l'un des plus célèbres sanctuaires du monde chrétien. Non seulement les rois et les princes envoyèrent leurs offrandes dignes de leur foi et de leur opulence, mais les habitants de Cluny et de toute la région voulurent contribuer à l'élévation de cette église qu'ils considéraient comme leur gloire ; les ouvriers, les paysans eux-mêmes offrirent leur travail soit pour aider à l'extraction de la pierre, soit pour amener les charrois. C'est ce qui explique la rapidité avec laquelle fut construite la géante église.

Un admirable mouvement de foi portait de plus en plus les âmes à Cluny. Peu s'en fallut que Philippe Ier roi de France ne vint expier ses fautes au monastère Bourguignon. Si saint Hugues ne l'eût retenu sur son trône, Alphonse VI, roi de Castille se serait fait également moine à Cluny. Wido comte de Mâcon entra au couvent avec son fils, trente chevaliers et un grand nombre de serviteurs. Sa femme alla rejoindre à Marcigny tant de filles, d'épouses et de mères qui, ne voulant pas se laisser vaincre en générosité par leurs frères ou leurs maris, s'étaient vouées an service de Dieu, sous la direction de saint Hugues.

Le charitable abbé de Cluny avait eu la consolation, vers le même temps, de donner l'habit religieux à Geoffroy de Vergy, son oncle qui descendit du siège archiépiscopal de Lyon pour se faire bénédictin. Son successeur, Raynald de Semur, suivit son exemple et reprit le froc qu'il met au-dessus de tous les honneurs. Hugues 1er, duc de Bourgogne, petit-fils de celui que saint Hugues avait réconcilié avec la famille de Semur céda ses états à son frère Eudes et vint finir ses jours à Cluny. Ces grands princes et seigneurs se perdent dans le rang, et au milieu des autres religieux, sont les plus fidèles aux observances monastiques. Eux qui ont commandé à de nombreux vassaux se montrent doux et humblement soumis ; ils n'admettaient aucune exception ni pour la nourriture ni pour le vêtement. Mais qui dira la joie spirituelle dont ils sont récompensés de leurs sacrifices ? La paix est leur bien commun.

L'abbaye de Cluny ne fut pas seulement l'asile des âmes d'élite, choisies par Dieu et appelées par lui à la vie parfaite ; elle a été de plus un centre littéraire et artistique où se pressaient les penseurs, les écrivains, théologiens et poètes. Saint Hugues marche de pair avec les plus hautes intelligences du XIe siècle. « Ecrire, disait à son sujet Pierre de Poitiers, est pour les abbés de Cluny une tradition héréditaire ; c'est comme une prérogative spéciale attachée depuis les temps les plus anciens à leur titre. » Malheureusement ce qui a été conservé des écrits de saint Huges se réduit à quelques lettres dont l'une à son ami saint Anselme, archevêque de Cantorbéry, et une autre aux religieuses de Marcigny qui la chantaient au chapitre, aux cinq principales fêtes de l'année. Cette lettre se termine par une longue recommandation de la maison de Marcigny aux abbés, ses successeurs. Mais les lettres que lui ont adressées les papes, les rois et les évêques sont très nombreuses et font regretter pour l'histoire les réponses du saint abbé.

L'histoire de la sainteté à Cluny sous notre grand abbé est fort longue ; nous ne pouvons nous y arrêter ; il nous suffira de citer Gérald, naguère écolâtre de Ratisbonne et alors grand prieur de Cluny, Odon de Châtillon qui succéda à Gérald comme grand prieur et deviendra le B. pape Urbain II. A côté d'eux nous remarquons le moine Renchon, qui fut durant quarante ans le directeur des moniales de Marcigny, et son confrère Lanzon, dont les vertus éminentes facilitèrent puissamment les fondations Clunisiennes en Angleterre. Uldaric venu de Ratisbonne à Cluny en même temps que Gérald est aussi célèbre par sa sainteté que par ses travaux sur les coutumes de Cluny ; c'est lui qui, rentré en Allemagne, eut la mission de diriger les monastères récemment établis au-delà du Rhin et en Forêt-Noire, celui de Payerne lui fut particulièrement cher.

Nous ne pouvons oublier le pieux Gérard que saint Hugues choisissait volontiers pour être son compagnon durant ses longs voyages au delà des monts. Il n'était encore que scholastique, mais déjà revêtu de la dignité sacerdotale, quand il fut envoyé au prieuré de Beaumont-sur-Grosne. Animé d'une tendre dévotion au Saint-Sacrement, il passait de longues heures dans l'église de La Celle en adoration devant la divine Eucharistie. Un jour de la circoncision, après avoir chanté avec ses frères l'office de nuit, il monta à l'autel offrir l'auguste sacrifice. Quel ne fut pas son bonheur, après la consécration, d'apercevoir à la place du pain un ravissant petit Enfant qui lui tendait les bras et, sur un des côtés de l'autel, la Bienheureuse Vierge, accompagnée d'un ange qui assistait avec elle à la sainte messe.

Citons enfin la vision du vénérable Gonzon, ancien abbé de La Balme, dont la guérison miraculeuse, dûment constatée par saint Hugues, le détermina à construire la basilique de Saint-Pierre et de Saint-Paul, en 1089.

Une des joies de saint Hugues à Cluny étaient les mélodies grégoriennes qui animaient merveilleusement sa grande église, chaque fois que ses religieux y faisaient retentir les louanges de Dieu. La vaste basilique n'était pas trop grande pour leurs beaux offices, auxquels les habitants de Cluny et les étrangers toujours nombreux venaient assister avec bonheur.

Uldaric nous apprend que ce chant était exécuté avec une si suave harmonie qu'on ne se lassait pas de l'entendre. Lorsqu'une calamité menaçait le pays, qu'une grande tribulation désolait la communauté, les religieux portaient en procession les reliques des Saints, ou faisaient entendre de longues supplications à la messe et à l'office. C'étaient les *saintes Clameurs* dont parlent les contemporains. Ces chants majestueux de tout un peuple en prière font tressaillir la géante église ; ils retentissent de nefs en nefs tandis que les cloches sonnent à toutes volées dans les cinq tours.

Le nom des grands artistes qui dirigeaient le chœur à Cluny n'est pas venu jusqu'à nous. Nous savons seulement qu'Alger se rendit de Liège à Cluny avec

EGLISE ABBATIALE ET PARTIE DES FORTIFICATIONS (d'après une ancienne gravure) dont le cliché a été prêté gracieusement par Madame LAMANTE, imprimeur à Cluny.

Tézelin l'ascétique et Ezélon l'architecte. Alger fut le grand théologien du XI° siècle ; son principal traité a pour objet le Sacrement de l'Eucharistie, ce qui en montre toute l'importance.

Un autre disciple de saint Hugues est le moine Albert qui copia avec le bibliothécaire Pierre une bible admirable, revue et collationnée par Opizon. C'était le plus beau livre que possédât Cluny. Frère Durand s'appliqua avec plus de zèle encore à la reproduction des livres d'office. La fabrication des vases sacrés, des reliquaires, des candélabres et des lustres avait lieu à Cluny même. On montre encore, à la rue d'Avril, l'atelier de peinture sur verre, fréquenté par les seuls artistes de l'Ordre.

Cluny comptait alors trois églises paroissiales, Saint-Mayeul, Saint-Odon qui sera bientôt Saint-Marcel, Notre-Dame construite sur le terrain monastique et bâtie par saint Hugues à l'endroit où s'élevait la chapelle de ce nom, à la fondation du monastère, en 910.

Le nombre croissant des moines obligea notre saint abbé à agrandir les bâtiments conventuels ; ils furent tous reconstruits, sauf le cloître de saint Odilon, que saint Hugues voulut conserver et qui a subsisté jusqu'à la veille de la Révolution. Le mur d'enceinte de l'abbaye fut crénelé et fortifié par quelques tours de défense qui seront communes à l'abbaye et à la petite ville naissante. Bourgeois et artisans avaient groupé leurs maisons, au midi et à l'ouest du monastère, sur les deux petites collines dites encore de Saint-Mayeul et de Saint-Odile (pour Saint-Odilon), le long du petit ruisseau qui descend des hauteurs de Montaudon, situées à l'ouest de Cluny.

Dans l'un de ses longs voyages à Rome, saint Hugues avait rapporté des reliques insignes de saint

Marcel, pape et martyr. Il eut pour ce glorieux confesseur de la foi une dévotion particulière. Il professait également à l'égard de la Vierge Marie le culte que l'enfant porte à sa mère. Quand il sentit la mort approcher, il se fit porter dans l'église qu'il avait élevée en son honneur près de la grande basilique. C'est là qu'il rendit son dernier souffle, presque entre les bras de sa Mère céleste, aux pieds de la châsse de saint Marcel, protestant ainsi de son dévouement à la cause des Pontifes Romains, dont toute sa vie il avait été le valeureux champion. C'était le 28 avril 1109 ; son ami, l'archevêque de Cantorbéry, était mort huit jours auparavant, le Mercredi-Saint, 21 avril.

Saint Hugues fut prévenu que sa mort était proche. Un laboureur de l'abbaye, nommé Bertin, avait vu passer un splendide cortège pendant qu'il travaillait. « A la tête marchait une noble dame, raconta-t-il ; derrière elle suivait un vieillard vénérable qui se rangea près de moi, tandis que les autres continuaient leur chemin.

Il me demanda : « A qui ce champ dans lequel tu travailles ? Je répondis : « Ce champ est celui de saint Pierre et du seigneur abbé de Cluny ». — Alors tout est à moi, reprit le vieillard, le champ, le serviteur et l'abbé. Va vite lui dire qu'il règle ses affaires, car la fin de sa vie est arrivée. » Bertin apprit que c'était l'apôtre Pierre qui lui avait parlé et que ceux qu'il avait vus passer avant lui étaient la sainte Vierge et d'autres Saints. Mais il ne put accomplir de suite son message, d'autant que les autres serviteurs le traitaient de visionnaire. C'est près de l'église de Saint-Mayeul que Bertin put parler enfin au seigneur abbé. Plein de joie, Hugues crut ce que lui annonçait Bertin ; il le remercia et se prépara incontinent à la mort.

Saint Hugues avait lui-même auparavant appris par révélation la mort de Guillaume II le Roux, roi d'Angleterre, le persécuteur d'Anselme et il en avait fait prévenir aussitôt son ami. Raynald de Semur, abbé de Vézelay, dont nous avons parlé, était le propre neveu de saint Hugues ; il en eut toutes les vertus. En 1126, il fut élevé sur le siège de Lyon, mais il s'en démit et revint à Cluny où il mourut, en grand renom de sainteté. Il était encore à Vézelay quand, à la prière de ses religieux, il écrivit une vie abrégée de son oncle.

Le véritable historien de saint Hugues a été Hildebert, du Mans, qui lui aussi quitta son siège épiscopal pour entrer à Cluny. Aucun écrivain contemporain ne le surpasse en renommée. Orateur éloquent, savant théologien, versificateur habile, il est surtout connu par son histoire du grand abbé de Cluny. « Célèbre, dit-il, par la réputation de ses grandes et nombreuses vertus, l'homme de Dieu était regardé comme *le plus grand parmi les grands.* »

CHAPITRE V

L'apogée à Cluny

§ I. — La Crise du Monastère (1109-1122).

Sans l'appui de Cluny, ni saint Grégoire VII, ni ses successeurs ne seraient parvenus à extirper la tare honteuse qui souillait le clergé séculier, réduit à l'état de domesticité par les princes. Les empereurs germaniques voulaient être comme les Césars, dont ils se disaient les successeurs, pontifes et rois. La mesquine question des investitures toujours pendante n'est au fond qu'un prétexte ; l'enjeu de la lutte était la liberté de l'Eglise et la dignité de la conscience.

C'est à peine si, sous Urbain II, la croisade avait apporté une diversion aux violences des prélats simoniaques, soutenus par Henri V comme précédemment par Henri IV. Pascal II, autre moine de Cluny élevé au trône pontifical, confirma par un diplôme célèbre les droits et les propriétés de l'abbaye. Il fut heureux de renouveler le privilège des ornements pontificaux, déjà accordé à saint Hugues (1). Un voyage qu'il fit en France lui montra quelles étaient les dispositions du roi Philippe Ier et de son fils Louis qui allait lui succéder ; pasteurs et fidèles lui témoignèrent partout les plus vives marques de respect et d'obéis-

---

(1) *Cf. Bibl. Clun.* Col. 571.

sance. Il n'en était pas de même en Germanie ; rentré à Rome, Pascal se vit en butte aux plus mauvais traitements, de la part des impériaux ; les évêques d'Italie le supplièrent d'obtempérer aux exigences de Henri V, dans la crainte de plus grands maux. Ce fut une faiblesse dont le pape s'accusa lui-même avec larmes en plein concile de Latran (1112) ; il racheta ensuite par une belle mort les imprudentes concessions que l'empereur lui avait arrachées, à force de violences.

Son successeur, Gelase II, n'eut que le temps de quitter Rome déjà investie par Henri V (1118). Il vint se réfugier en France, remonta la Saône jusqu'à Mâcon et de là se fit porter malade à Cluny, où il mourut (1119), dans cette aile du cloître, refaite au XIVe siècle, du vieux monastère qui porte encore son nom. L'archevêque de Vienne y fut élu pape sous le nom de Calixte II et pour un moment l'abbaye de Cluny sembla être le centre de la catholicité et mériter le titre de seconde Rome qu'on lui avait déjà donné. Le concordat de Worms, signé en 1122, mit fin à la querelle, dite des investitures ; elle reprendra sous un autre nom et ne se terminera qu'au XIIIe siècle, avec l'indépendance enfin assurée du Saint-Siège.

Le successeur de saint Hugues, qui avait eu l'honneur d'offrir l'hospitalité au Vicaire de J.-C., était *Pons de Melgueil*, élu en 1109. Issu d'une famille illustre et doué de vertus solides, le nouveau chef de Cluny ne devait pas justifier les espérances que son élection avait fait concevoir. Il s'attira la reconnaissance des habitants de Cluny en complétant et en publiant la charte d'affranchissement donnée par saint Hugues, en 1095, et qui avait pour objet de soustraire le bourg (Notre-Dame) et le faux-bourg

(St-Marcel) aux exactions des seigneurs voisins, de Brancion et de Berzé. L'un d'eux, Bernard Gros, avait cédé à l'abbé de Cluny toutes les personnes libres ou serves qui habitaient à Cluny et dans les environs, et telles avaient été les libéralités de saint Hugues qu'il ordonna « aux plus anciens du dit lieu de se réunir et de disserter ensemble sur les usages établis et confirmés par qui de droit ».

Quelle fut la part de Pons dans l'acte constitutif de la commune ou mieux de la *paroisse* de Cluny, nous ne saurions le dire, mais elle fut importante à en juger d'après les dispositions que les Clunysois ne cessèrent de lui témoigner, comme on le verra bientôt. Le nouvel abbé de Cluny accompagna Calixte II à son retour à Rome, où il reçut lui-même les plus grandes marques d'honneur et en particulier le privilège de la crosse et de la mitre presque à tous les offices de l'année, ce qui mit le comble à sa fatuité. Il ne sortait plus qu'escorté de nombreux cavaliers. Les évêques assemblés au concile de Reims, où il avait été convoqué, lui en firent de vives remontrances ; les populations, témoins de tant de prodigalités, disent-ils, ne cachent pas leur peine ; elles crient au scandale.

Les moines fervents gémissaient en secret ; les autres, fatigués d'une discipline sévère, aspirent à des adoucissements que semble leur promettre le fastueux Pons. Ils le soutiennent au dedans, tandis que les bourgeois l'acclament au dehors ; à la fin, le malaise prit de telles proportions que le bruit en parvint jusqu'à Rome. Pons, à la nouvelle des accusations dont il est l'objet, court en Italie et presse le pape de le relever de sa charge ; il ira finir ses jours en Terre-Sainte. Calixte II essaie en vain d'apaiser son ressentiment. Le voyant inflexible il reçoit son abdication et informe les religieux de Cluny qu'ils aient à se choisir un nouvel abbé.

Hugues II de Semur fut désigné. Il était prieur de Marcigny et avait reçu à la profession Raingarde, mère de Pierre de Montboissier. Neveu de saint Hugues, il allait reprendre les grandes traditions de Cluny, mais il fut emporté par la mort, le 7 Juillet 1122.

Le Chapitre s'assembla de nouveau ; les moines ne parvenaient point à tomber d'accord quand le prieur de Domène se présenta ; c'était *Pierre de Montboissier*. Il n'y eut qu'une voix pour l'acclamer chef de l'Ordre. On le sait humble et modéré, éminent en sagesse, zélé pour la discipline. Les deux partis rivaux oublient sur son nom leurs dissentiments. — « Hugues nous est rendu, s'écrient-ils, il va revivre dans son successeur ». Mais Pierre n'accepte pas sans frayeur la lourde charge qui lui est imposée. Il n'ignore rien du désaccord qui divise ses frères. Il appelle à son aide dom Mathieu, prieur de Saint-Martin-des Champs, dont il connaît la grande autorité et le caractère énergique. Son zèle pour la règle rendait Mathieu merveilleusement propre à remettre en honneur l'ordre et la discipline. Il aurait réussi, s'il n'avait pas été forcé de retourner à Paris où l'attendaient ses religieux. Il se peut aussi qu'on ait hâté son départ dans la crainte de pousser à bout les mécontents. Deux années se passèrent. L'union semblait entièrement rétablie, mais en Aquitaine et dans l'Anjou, les monastères sont fort troublés. Pierre juge qu'il est de son devoir de les visiter. Au même moment, Pons rentre de Palestine ; il erre en Italie et apprend l'absence de son successeur. Celui-ci a laissé à Cluny le grand prieur, Bernard de Brancion, dit le Gros, homme d'énergie qui avait été un vaillant chevalier avant de prendre le froc. Pons, escorté d'une bande de soldats, paysans et bourgeois, auxquels s'étaient joints quelques moines fugitifs, se présente à la porte de l'abbaye. Aussitôt la communauté se partage en deux factions opposées ; l'une veut lui résister jusqu'au bout; l'autre exige qu'on le recevoive comme légitime abbé. Les assaillants brisent les portes, se ruent dans le monastère et mettent en fuite le grand prieur et les religieux fidèles. Le dortoir, l'infirmerie, le Chapitre, l'église tous les lieux réguliers sont envahis par des gens de basse condition et même par des bouffons et des courtisanes. Les ornements de l'église, les reliquaires deviennent leur proie. Pons, transformé en chef de brigands, exerça durant trois mois la pire des tyrannies, celle de la licence la plus effrénée. A cette nouvelle, Honorius II fulmine contre lui l'excommunication. Pons prétend se justifier et court à Rome avec quelques moines de son parti. Ceux-ci furent absous, mais leur chef ne pouvait l'être ; il fut enfermé dans une tour somptueuse, où il mourut sans avoir été relevé de ses censures (décembre 1125). Au fort de la rébellion et tandis que les pillards s'en donnaient à cœur-joie sous le cloître et dans les salles du Chapitre, la voûte de la basilique s'écroula avec un fracas épouvantable. Les habitants de Cluny qui, grâce aux moines, n'avaient pas connu les terreurs de l'an mille, s'imaginèrent cette fois qu'ils touchaient à la fin du monde. C'était une calamité sans nom.

Le premier soin de Pierre le Vénérable, en rentrant au milieu de ses frères, fut de relever cette ruine immense ; mais il eut bientôt d'autres désastres à réparer. Les partisans de Pons n'avaient pas désarmé. Ce sera la grande gloire de Pierre de les amener à récipiscence par la seule force de sa vertu. Le surnom de *Vénérable* lui fut donc donné à cette occasion et au plus juste titre.

§ II. — Pierre le Vénérable (1121-1156).

L'Ordre de Cluny avait pris des proportions gigantesques, étendant ses limites depuis le Mont-Thabor jusqu'à l'Atlantique. L'admission dans son sein d'hommes de mœurs et d'habitudes différentes avait amené peu à peu certains fléchissements dans la discipline. Ils éclatèrent à la première occasion, nous venons de le voir. Ce serait se méprendre cependant que de croire à une décadence irrémédiable et surtout à une dépravation quelconque. Les Clunistes retrouveront avec Pierre le Vénérable leur première ferveur ; ils ne furent, ni à cette date, ni à aucune autre époque de leur longue histoire, des débauchés et des mécréants. Les grands reproches que leurs plus ardents censeurs, parmi lesquels nous trouvons saint Bernard, leur ont adressés portent sur des futilités dans le costume et sur de légers adoucissements dans le régime quotidien. Même alors l'abstinence fut toujours rigoureusement observée. Ces pelisses, ces fourrures tant incriminées étaient d'un usage général aux chœurs des cathédrales et des collégiales ; il en était de même des vêtements de soie et d'écarlate, encore admis dans le costume des prélats et des chanoines. Le plus grand manquement à la règle portait sur le travail des mains. C'est à peine en effet si quelques moines, dans les heures consacrées aux travaux extérieurs, lisaient ou copiaient ; les autres se reposaient ou passaient leur temps à dire des riens et à demander des nouvelles. Quant au cloître, il n'était plus un lieu régulier ; on y parlait sans cesse, et nombre de gens du dehors le traversaient pour aller et venir. Il devenait urgent de porter remède au mal et de réprimer tous les abus. C'est à quoi Pierre va s'employer avec autant de zèle que de bonheur, en 1132 d'abord, puis en 1146.

A peine était-il délivré de la rébellion insensée des Pontiens qu'il eut à se prononcer sur le schisme d'Anaclet, moine de Cluny. Il n'hésita pas à reconnaître Innocent II, dont l'élection avait du reste été très régulière et son sentiment entraîna l'Europe entière. Chassé de Rome, par son compétiteur, Innocent vint se réfugier à Cluny, resté l'asile des Papes proscrits Pierre envoya à sa rencontre un cortège imposant et lui fit un accueil empressé. On était en octobre 1131. Innocent fixa au 25 la dédicace de la basilique hugonienne entièrement restaurée. La cérémonie fut splendide. Les populations du Mâconnais accoururent en foules compactes, pour jouir de ce magnifique spectacle. Le pape resta onze jours à Cluny, où il revint encore au mois de février 1132.

C'est en cette année que Pierre le Vénérable convoqua pour la première fois le Chapitre général de l'Ordre, afin d'introduire dans tous les monastères la réforme qu'il s'était fait un devoir d'opérer à Cluny, dès son entrée en charge. Il y eut 200 prieurs et 1200 pères, au nombre desquels Orderic Vital, le moine historien, qui a fait le récit de ces grandes assises de la Congrégation. La statistique établit que plus de 200 maisons en dépendaient, sans compter 314 églises, collèges ou prieurés, simplement associés. A en croire Ordéric Vital, certains religieux, dans lesquels il voit des Pontiens irréductibles, auraient fait entendre des réclamations à propos des nouvelles constitutions. — Pourquoi, dirent-ils, abandonner les pratiques de nos pères. Saint Hugues et avant lui saint Odilon et saint Mayeul menaient-ils une vie relachée ? Les miracles accomplis par ces saints religieux ne sont-ils pas de sûrs garants de l'excellence et de l'efficacité de la règle qu'ils ont suivie ?

Pierre le Vénérable ne laissa pas que de maintenir sa réforme. Ordéric y voit une concession à la nouvelle observance de Cîteaux qui jetait alors tout son éclat ; mais cette remarque était de nature à lui valoir l'estime de tous les bons religieux.

En 1134, l'abbé de Cluny se rendit avec saint Bernard au concile de Pise, où sa modestie et sa science de l'Ecriture frappèrent d'admiration tous les Pères de l'assemblée. Comme il reprenait le chemin de la France, il fut dépouillé, ainsi que la plupart des prélats français, par les sicaires de l'empereur Conrad III de Franconie qui tenait la campagne. La guerre des Gibelins contre les Guelfes battait déjà son plein.

Pierre le Vénérable, rendu à la liberté, se disposait à rentrer au plutôt à son monastère, quand il apprit la mort de sa mère, Raingarde de Semur, qu'il avait placée au couvent de Marcigny et dont il a raconté (1) avec une délicate tendresse la vie, les vertus et la fin si touchante.

Il perdit encore, peu de temps après, un de ses meilleurs amis, le prieur de St-Martin-des-Champs, devenu le cardinal Mathieu d'Albano qui, au début de l'administration de Pierre, avait fait une si rude guerre aux moines relachés. Sa mort, en 1135, fut marquée par des prodiges extraordinaires que l'abbé de Cluny rapporte avec une grande précision dans son traité *des Miracles* (2).

Il se rendit de nouveau en Italie pour assister au

---

(1) Cf. *Bibl. Clun.* col. 738 et suiv.
(2) Cf. *Ibid*, col. 1313.

concile de Latran (X⁰ général) où fut condamné Arnaud de Brescia, disciple d'Abélard, fougueux démagogue que Frédéric Barberousse devait plus tard envoyer au supplice. Mais la grande pensée qui le suivait partout était la réformation de son Ordre. Quand, pour expier l'incendie de Vitry, Louis VII se résolut à porter secours au royaume chrétien de Jérusalem, saint Bernard et Suger, ministre du roi, prièrent avec instance Pierre le Vénérable de se rendre à Chartres, où l'on devait prendre les dernières dispositions en vue du départ des troupes, puis à Vezelay, prieuré de Cluny, point de concentration des Croisés. Notre sage abbé présenta ses excuses, non certes qu'il ait prévu, comme on l'a dit, l'insuccès de la double expédition en Terre-Sainte des Allemands et des Français, mais parce que au même moment, il convoquait à Cluny le second Chapitre, où il devait promulguer les nouveaux règlements (1146). Les points principaux en avaient été arrêtés avec les plus anciens et les plus sages des frères ; il ne restait plus qu'à les codifier, ce qui eut lieu dans l'assemblée générale des prieurs.

Composé de 76 statuts ou paragraphes, le nouveau règlement ne laisse subsister aucun des abus signalés plus haut. Les vêtements de soie et d'écarlate, les riches fourrures y sont sévèrement interdits, les équipages réduits au nécessaire, l'usage du vin et de la viande établi suivant la règle de saint Benoit. Le travail des mains est imposé selon l'ancienne pratique, ainsi que le silence au cloître. Les gens inutiles qui encombraient le monastère, les enfants, les idiots, les domestiques, laïques effrontés et voleurs, en sont bannis. L'habit monastique n'est donné aux postulants qu'après un mois au moins de probation; les oblats ne le recevront eux mêmes qu'à vingt ans :

les profès à leur tour ne seront ordonnés prêtres qu'à trente-cinq ans.

Ce qu'il y eut de particulier dans les Statuts de Pierre le Vénérable, c'est le commentaire raisonné qui les accompagne. Rien ne peint mieux son grand esprit de sagesse et de modération. Voilà pourquoi il expose à chaque article les motifs des changements introduits dans la règle et l'on ne sait ce qu'il faut le plus admirer dans son œuvre, ou sa sagacité à découvrir les abus ou sa vigueur à les réprimer. Il défend sévèrement le vin mêlé d'épices, dont, paraît-il, certains moines étaient très friands, et il en donne la raison ; mais il permet d'en user le Jeudi-Saint, en vertu d'un antique usage qui avait apporté cet adoucissement, par suite de la longueur des offices de ce jour.

Il y avait alors à Cluny deux classes de religieux, les pères qui avait prononcé les derniers vœux, et les simples frères, oblats, novices, convers. Les premiers formaient contre tout droit une espèce d'oligarchie. Appelés à partager l'administration du monastère en qualité de prieurs, camériers, custodes, cellériers, aumôniers, ils ne se faisaient pas scrupule d'user des ressources mises entre leurs mains. Les autres étaient le menu peuple, vivant chichement et chargé du gros œuvre. Ils mettaient d'autant moins de délicatesse à enfreindre la loi du jeûne que leurs estomacs s'imposaient de plus durs sacrifices. C'est à ce régime de la seconde classe que fait allusion un poète satirique du temps : « Si je me fais moine à Cluny, dit-il, on me donnera à manger des œufs, des fèves et un peu de sel. » Pierre le Vénérable mit bon ordre à cet abus, qui prouve du moins que l'on était loin de faire bonne chère dans ses couvents.

Pour cela il lui fallut reviser l'administration temporelle, asseoir sur des bases fixes ce que nous nommerions le budget de l'abbaye. Les moines étaient mal vêtus, mal nourris, les profès aussi bien que les convers, et les hôtes qui se pressaient à Cluny n'y trouvaient pas toujours les secours que la réputation du monastère leur avait fait espérer. D'où venait un tel désordre ? De la rentrée de plus en plus difficile des redevances ou cens en nature des doyennés. Les tenanciers savaient tous que les abbés ou leurs représentants étaient fort accommodants, et ils n'apportaient au camérier qu'une part souvent très minime de leurs tenures ou fermages. Pierre le Vénérable voulut mettre plus d'ordre dans la gestion des revenus du monastère.

Désormais le *camérier* ou chambrier saura faire, chaque année, une part ou fonds de réserve pour les dépenses imprévues toujours considérables ; quant aux frais courants, ils furent répartis d'une manière uniforme. Le *doyen de Lourdon* dut subvenir à la panneterie du monastère, en raison de la quantité de blé, de seigle et de fèves, que produisait cette obédience ; si la récolte était insuffisante, le camérier aura recours aux doyennés voisins : Laizé, St-Hippolyte, Chevagny, Péronne, Mont-Berthoud.

De cette manière l'approvisionnement qui était de 500 setiers de blé et d'autant de seigle fut augmenté de 60 setiers de froment, destinés principalement à la nourriture des jeunes élèves, clercs et nobles, du collège qui habitaient le bourg de Cluny. Le pain devait être de bonne qualité, c'était au frère meunier de recevoir le grain et d'en surveiller la mouture dans l'enclos du monastère.

Un *custode* fut préposé à la gestion du vignoble ; il eut à s'occuper des vignes de Cluny, de Montrachet

(Savigny) et surtout des vignes de Givry, déjà très productives. Les frais de culture étaient couverts par les maisons d'Angleterre. Désormais le *cellerier* put aisément fournir le vin nécessaire aux malades et aux hôtes, tout en réservant la part de la communauté.

La plantation des vignes nouvelles, l'attribution à chaque doyenné de redevances qui étaient en rapport avec la nature du sol, contribuèrent à perfectionner l'agriculture, à augmenter le produit des terres et à imprimer au travail des champs un merveilleux élan.

Les cens d'Italie et d'Espagne, s'ils parvenaient jusqu'à Cluny, ceux de Provence et d'Aquitaine plus réguliers furent destinés au vestiaire jusque-là fort négligé. Un des *custodes* de l'église eut dans ses attributions le service des chaussures.

Enfin le *doyen de Mazille*, qui autrefois fournissait au camérier la nourriture de tous les chevaux, ne fut plus tenu désormais à pourvoir aux montures des Pères étrangers que pour la première journée du trajet et à celles des hôtes que sur gage. Les religieux de Cluny, obligés à de longs et fréquents voyages, entretenaient aux écuries du monastère de superbes coursiers, dont ils étaient peut-être trop fiers ; c'était là une source intarrissable de critiques. Pierre le Vénérable coupa court à cet abus, en limitant le nombre des montures gratuites aux prieurs de Paray, de Bourbon et de Souvigny. Seuls parmi les étrangers, les moines d'Espagne et d'Angleterre gardèrent cet antique privilège. Les provisions d'avoine devaient être fournies par les obédiences de Beaumont-sur-Grosne, d'Escurolles et de St-Victor. Le camérier prélevait encore pour le même objet une redevance sur les vendeurs d'avoine au marché de Cluny.

Restait à pourvoir aux frais de générales et d'anniversaires. L'office étant plus long, il fallait avancer le lever ; il y avait donc lieu d'augmenter la pitance ordinaire ; aux fèves on ajoutera du poisson, des œufs et une ration de vin. Pierre le Vénérable mit les générales à la charge du *camérier* et celui-ci affecta à ce service une redevance de 500 sols de cent livres, provenant du bourg de Cluny. C'était du reste la seule imposition que l'abbé prélevât sur les habitants des bans sacrés.

Aux anniversaires de chaque moine décédé, il avait toujours été d'usage de faire aux pauvres une large distribution de pain et de vin. Le nombre des anniversaires augmentant d'année en année, il était à craindre que les morts ne finissent par chasser les vivants. Pierre le Vénérable fixa à 50 le nombre des anniversaires et à 50 livres la quantité de pain qui serait donnée aux pauvres en ce jour ; il fut heureux de l'augmenter, non seulement par le revenu des fours banaux que saint Hugues avait établis dans cette intention, mais encore par les restes de pain et de vin recueillis au réfectoire des moines et à l'hôtellerie.

Voilà comment l'abbé de Cluny sut dans sa sagesse parer aux nécessités du présent et assurer l'avenir.

§ III. — Role pacificateur de Pierre le Vénérable.

Nous devons parler ici du différend qui divisa un instant Pierre le Vénérable et saint Bernard, liés cependant d'une si étroite amitié. L'abbé de Cluny ne se départit pas un seul instant de la modération qui faisait sa force ; déjà dans l'affaire du jeune Robert, cousin de saint Bernard, qui de Cluny était passé à Cîteaux puis rentré à Cluny, Pierre le Vénérable aima mieux céder son droit et rendit Robert à son oncle, par amour de la paix. Il tint la même conduite dans le démêlé qui s'éleva entre Gigny et Le Miroir, abbaye cistercienne, et surtout à propos de l'évêché de Langres que saint Bernard fit donner au prieur de Clairvaux, son parent, quoique déjà occupé par un moine de Cluny. Innocent-II, dont Pierre le Vénérable avait soutenu l'élection avec tant de générosité, s'était déclaré dans l'un et l'autre cas pour Cîteaux contre Cluny. Cette fois Pierre ne put se contenir et il écrivit à Rome : « Ce sera donc avec raison que nos ennemis pourront nous dire : « Religieux de Cluny, voilà votre pape, celui que vous avez préféré à Anaclet, votre frère, vous êtes justement récompensés de votre générosité ! »

Venus après Cluny, les Cisterciens se faisaient remarquer par une grande austérité. Ils combattaient les Clunistes en les accusant de relâchement. Pierre le Vénérable répond avec une raison calme, qui contraste avec la manière abrupte et passionnée de saint Bernard. Citons quelques traits de leur polémique : « Vous nous reprochez, dit-il, de négliger le travail des mains : mais l'oisiveté ne s'évite-t-elle pas aussi bien par la prière, la lecture et les saints exercices ?...

« Vous nous reprochez de ne point nous prosterner devant les hôtes, et de ne point leur laver les pieds ; mais si chaque fois qu'il arrive des hôtes, notre communauté s'assemblait pour faire ce que vous exigez, lui resterait-il du temps pour les autres exercices ?... »

Pierre défend ailleurs et non sans succès la propriété monastique. « Tous savent, dit-il, de quelle manière les séculiers traitent leurs serfs et leurs manants. Ils ne se contentent pas du service qui leur est dû, mais ils revendiquent sans miséricorde biens et personnes. Outre les cens accoutumés, ils accablent les gens de services innombrables. Aussi voit-on les habitants de la campagne abandonner le sol natal et fuir en d'autres lieux. Chose plus affreuse ! ne vont-ils pas jusqu'à vendre pour de l'argent, pour un vil métal, les hommes que Dieu a rachetés de son sang ? Les moines (de Cluny) au contraire, quand ils ont des possessions agissent d'autre sorte. Ils n'exigent de leurs colons que les choses dues et légitimes ; ils ne réclament leurs services que pour les nécessités de la vie ; ils ne les tourmentent d'aucune exaction ; ils ne leur imposent rien d'insupportable ; s'ils les voient dans le besoin, ils les nourrissent de leur propre subsistance. Ils ne les traitent ni en esclaves ni en serviteurs, mais en frères ». Il serait difficile de mieux établir la vérité du célèbre adage : *Sous la crosse, il fait bon vivre.*

Quels qu'aient été les torts des moines blancs à l'endroit des Clunistes ou ceux des moines noirs à l'égard des Cisterciens, la bonne entente ne cessa pas de régner entre Pierre le Vénérable et saint Bernard. Il n'en fut pas de même entre les deux Congrégations jalouses l'une de l'autre. Mais les Clunistes furent, en général, plus accommodants ; ils accueillaient les Cisterciens comme des frères ; à Cluny, tous les lieux réguliers leur étaient ouverts, hormis le grand cloître, asile de la Communauté. Il s'en fallait que les moines blancs fussent aussi hospitaliers pour les noirs, qui se voyaient interdite, sous de faux prétextes, l'entrée de l'église, du dortoir, du réfectoire. Pierre souffrait d'une exclusion si blessante ; il pria son ami de s'employer à la faire cesser. Ce n'est que plus tard que Cîteaux inséra dans ses statuts une disposition favorable à Cluny.

Les années 1144 et 1145 avaient été pour Cluny des

plus calamiteuses ; la peste d'abord et la famine ensuite y firent de nombreuses victimes. Pierre le Vénérable dut hâter son retour d'Italie, sans avoir fait à Roger, roi de Sicile, la visite qu'il lui avait promise, mais il lui écrivit une lettre touchante pour lui recommander l'église de Cluny ; le prince normand y répondit par d'abondantes aumônes.

Les séditions fomentées à Rome par Arnaud de Brescia forcèrent, en 1147, le pape Eugène III, à se réfugier en France. Le 26 Mars, il était à Cluny où Pierre le Vénérable lui fit l'accueil le plus empressé.

De mauvaises nouvelles arrivaient de Terre-Sainte. Louis VII en revenait sans armée et sans gloire, laissant la Palestine livrée à elle-même. Il se rencontra à Cluny, à la fin de l'année 1149, avec son grand ministre l'abbé Suger, l'ami commun de Pierre et de saint Bernard.

Le roi venait à peine de s'éloigner que les grands seigneurs reprirent leur vie de rapine. Les couvents surtout étaient en butte à leurs violentes agressions, comme on le verra bientôt.

Nous savons pour quel motif l'abbé de Cluny n'avait pu se rendre, en 1146, à l'assemblée de Vézelay. A défaut du grand Chapitre qu'il devait présider, il aurait été empêché de quitter Cluny par les désordres sans cesse naissants que provoquaient les grands seigneurs, voisins de l'abbaye. Bernard de Brancion avait déjà eu de vives contestations avec Pons de Melgueil. Au moment de partir pour la Terre-Sainte, il était venu dans l'hôtellerie du monastère, et là, en présence de nombreux témoins, chevaliers et moines, il avait renoncé à ses prétentions ; mais ses enfants, Jocerand et Henry, reprirent la vieille querelle. L'archevêque de Lyon intervint, ce fut en vain. Seul l'interdit jeté sur leurs terres put calmer leur humeur guerrière. Bernard de Brancion avait donné aux moines, moyennant mille sols, la permission de prendre, à la forêt du Gousset, le bois nécessaire pour le chauffage du couvent; ce fut la cause de nouvelles et trop vives contestations, pour que la présence, parmi les religieux, de plusieurs chevaliers issus de Brancion put les apaiser entièrement.

Hugues de La Chaux, seigneur de Bussière, avait fait construire, durant le dernier voyage de Pierre à Rome, un château-fort sur une des collines qui dominent Cluny, au sud-est. Les moines de leur côté fortifièrent le village de Clermain qui leur appartenait. La guerre était imminente. Les comtes de Mâcon et de Chalon et leurs vassaux flairant une proie dorée, dit Pierre le Vénérable, tiraient déjà leurs épées quand l'abbé rentra à Cluny. Un accommodement intervint. Hugues de La Chaux fit démolir sa forteresse et s'engagea, en outre, à ne construire aucun château entre son domaine de Bussière et Cluny. Pierre en compensation versa la somme convenue entre les mains de Hugues.

Quoique le traité eût été encore souscrit par l'archevêque de Lyon, par ses suffragants et par le vicomte au nom de Guillaume de Mâcon parti pour la croisade, la paix dura peu. Ce vicomte de Mâcon étant pire que son maître, la terreur continua à régner dans le pays. Les paysans, les laboureurs, aussi bien que les bourgeois vivaient dans l'épouvante. C'est surtout contre les moines que ses attaques étaient dirigées, et spécialement contre l'abbaye de Cluny, réputée la plus riche. Il n'y avait de sécurité nulle part ; princes, ducs, comtes, tous se conduisaient comme de vrais détrousseurs de grands chemins. La paix que l'abbé de Cluny avait réussi à établir au dehors comme au dedans du monastère restait à la merci du moindre incident. A son retour d'Espagne, Pierre le Vénérable dut faire de nouveaux efforts pour l'assurer. Le projet qu'il conçut alors doit être regardé comme le chef-d'œuvre de son gouvernement ; il suffirait à illustrer à jamais sa mémoire.

Pierre forma autour de Cluny une sorte de garde d'honneur, composée des plus hauts barons de la contrée. Par ses soins une assemblée, comprenant les évêques de la province de Lyon et les seigneurs de Bourgogne, se réunit à Mâcon, en 1153, et tint ses séances dans l'église Saint-Vincent, en présence du clergé et des fidèles, accourus en rangs pressés. Les sires de Beaujeu, de Berzé, de Brancion s'unirent dans de grands sentiments de foi avec les autres grands feudataires de Bourgogne pour jurer, la main sur l'Evangile, les portes de l'église ouvertes, qu'ils maintiendront en paix « biens et personnes religieuses ou laïques de l'abbaye de Cluny ». L'acte en fut dressé ; il nous apprend que les confins du territoire monastique déjà indiqués par la Saône, la Loire et le Rhône s'étendent au delà de Chalon, jusqu'au fameux *castrum Carnonis*, nom latin de Château-Chalon, situé entre Poligny et Lons-le-Saunier et dominant la vallée de la Seille. Ce territoire, allant des montagnes du Morvan au nord à celles du Jura à l'est, comprenait en outre le Forez, le Beaujolais, le Bugey, les Dombes, jusqu'au lac Léman. Désormais quiconque traverserait la contrée clunisienne serait en paix, lui et ses biens ; le chemin qui suit le fond de la vallée de la Grosne, étant le plus fréquenté, devait en particulier jouir d'une sécurité absolue.

Les comtes de Chalon et les seigneurs de Brancion s'y engagèrent par serment. De leur côté, les habitants de Cluny, convoqués au synode de Mâcon, jurèrent de prêter main forte aux seigneurs chaque fois qu'ils en seraient requis et pour le même objet. Il arriva ce qui était facile à prévoir, qu'ils eurent à lutter pour le bien de la paix contre ces mêmes comtes et chevaliers qui auraient dû en être les plus fermes soutiens. Mais nous verrons les Clunysois tenir en toute loyauté leurs engagements, vis-à-vis de l'abbaye, dans les circonstances les plus critiques de leur histoire.

§ IV. — Vie intérieure de Pierre et ses écrits

Un soir de 1140, un étranger vint frapper à la porte de l'hôtellerie du monastère. C'était Abélard vieilli, fatigué, qui le bâton de pélerin à la main, arrivait à Cluny, se rendant à Rome, dans le dessein d'en appeler au pape de la sentence du concile assemblé à Sens qui l'avait condamné. Pierre le Vénérable lui avait précédemment écrit à deux reprises pour le presser d'échanger sa vie de luttes stériles et passionnées pour la paix du cloître. Il lui offrait de le recevoir à Cluny, mais le philosophe, ennivré de ses succès, se fit attendre vingt ans. Quand il eut senti l'inanité de ses théories rationalistes, — s'il est permis de placer au XIIe siècle ce mot de facture moderne — il pria l'abbé de Cluny de lui ménager une entrevue avec saint Bernard, son terrible antagoniste. Elle avait eu lieu et quand Abélard se présenta à Cluny, sa soumission à l'Eglise n'était plus qu'une affaire de temps. Il y prit l'habit bénédictin et embrassa la règle dans toute son austérité, partageant son temps entre la prière, la méditation, l'étude et les conférences qu'il adressait aux moines. Pierre le Vénérable crut devoir informer Héloïse de sa vie nouvelle. « Dans la nombreuse communauté de nos frères, je l'obligeais, dit-il, à tenir le premier rang ; son extérieur négligé le faisait prendre pour le dernier de tous. Je l'admirais souvent, surtout dans les processions, lorsque je le voyais marcher devant moi... humble et modeste. C'était la même modération dans le boire et le manger, dans tous les soins du corps.. Il fréquentait les Sacrements et offrait à Dieu le sacrifice de l'immortel Agneau, toutes les fois qu'il le pouvait ». Mais sa mauvaise santé fit qu'Abélard ne put rester à Cluny. Son généreux ami l'envoya à Prissé et à Chevignes, deux obédiences ouvertes aux chaudes haleines du midi. Le malade n'y retrouvant pas ses forces, Pierre le plaça au prieuré de Saint-Marcel, dans un site charmant, aux portes de Chalon et sur les rives paisibles de la Saône. C'est là qu'il mourut, le 21 avril 1142, âgé de 63 ans.

L'abbé de Cluny apporta le même esprit de conciliation dans la lutte toujours ouverte entre le sacerdoce et l'empire. Les droits du roi Roger sur la Sicile, la Calabre et la Pouille, étaient des plus contestables ; mais il avait fait succéder dans ces malheureuses contrées la prospérité à l'anarchie, la paix à la guerre. Pierre n'hésite pas à souhaiter que la Toscane elle-même soit réunie à son paisible royaume.

Hugues de Crécy s'était retiré à Cluny pour y expier dans la plus rude pénitence les crimes de sa vie de guerrier farouche; Pierre l'envoya à la cour de France rétablir la paix entre Louis VII et le comte de Champagne. Mais il intervint personnellement pour réconcilier le même prince avec son oncle Amédée de Savoie. Toutes ces négociations heureuses confirmèrent aux yeux des papes et des rois ce titre de *Vénérable* que ses religieux lui avaient décerné dès les premiers temps.

L'usage et les statuts de l'Ordre voulaient qu'à Cluny, l'abbé ordinaire du lieu, prît soin des intérêts spirituels des habitants, soit par des prêtres séculiers ou chapelains préposés aux paroisses, soit par lui-même et par ses religieux. Pierre le Vénérable demandait parfois aux évêques, ses hôtes, d'évangéliser son peuple. Son ami Aton, évêque de Troyes, fut l'un de ces prédicateurs qui se firent entendre le plus souvent à la grande église. « Souviens-toi lui écrit-il, en 1150, du sermon que tu adressas au peuple assemblé et qui ajouta tant à la solennité du jour, le dimanche des Rameaux. » Le grand abbé quand il parlait aux simples fidèles savait trouver lui-même des accents qui les émouvaient profondément, mais dont ses *Sermons* écrits ne sauraient donner la moindre idée.

C'est surtout comme directeur des consciences que Pierre le Vénérable a été loué. « Il était sans égal sur ce point, dit l'un de ses religieux ; il apportait dans cet art qui est le plus élevé de tous une douceur de piété vraiment incomparable. » Tous les moines voulaient l'avoir pour confesseur, tant il excellait à encourager les faibles, à consoler les affligés, à rendre aux cœurs blessés force et confiance.

Quand il était à Cluny, il ne s'absentait que rarement du monastère, se devant tout à tous ; mais quand il pouvait le faire sans que sa conscience si délicate le lui reprochât, il se retirait dans les ermitages toujours fréquentés et groupés autour d'une chapelle. C'étaient St-Vital, près de Cluny, Ste-Radegonde sur la rive droite de la Grosne, Montmain, St-Jean du Bois, Cotte dans une forêt située sur la paroisse de Donzy-le-Pertuis. De la montagne voisine, son œil embrassait un paysage ravissant ; au midi, la basilique de Cluny laissant pointer ses merveilleux clochers ; au nord, le prieuré de St Gengoux avec son château démantelé, le Mont-St-Vincent couronné d'une forteresse et d'un prieuré. Le mont St-Romain, près des hauteurs d'Uxelles, avait ses préférences ; le voisinage du vieux donjon n'en troublait point la solitude ; aussi le pieux abbé venait-il se reposer, quand il le pouvait, à ce spectacle de la belle nature et détendre son esprit par quelques questions spéculatives ou par des essais de versification. Il avait garde toutefois de trop prolonger avec ses amis ces heures de silence et de méditation. Dans ses lettres et ses discours, il donne toujours la prééminence de la vie cénobitique sur la vie érémitique.

Nous devons ajouter que les ermites de Cluny n'ont été qu'un épisode dans l'histoire du monastère. Les religieux qui se laissèrent tenter par ce genre de vie furent généralement peu nombreux ; ils voulaient se garantir contre les bruits du dehors qui pénétraient dans la grande abbaye, et peut-être aussi protester contre la richesse de l'Ordre. Mais ils ne restèrent pas longtemps isolés. Les cellules se multiplièrent au point de ressembler, selon le mot de Gislebert, l'un d'eux, à une petite ville. Les gens du voisinage venaient consulter les ermites sur leur santé, sur leurs affaires et même sur leurs procès. La plupart des voyageurs qui passaient par Cluny allaient également les visiter ; des messagers de tous les pays venaient y trouver l'abbé, quand il était au milieu d'eux. « Comment peut-on, dit Gislebert, nous donner le nom d'ermites ? » La vie solitaire ne prit pas racine à Cluny ; elle disparut presque entièrement après Pierre le Vénérable. La Chronique de Cluny qui en constate l'existence à la fin du XIIe siècle, n'en fera de nouveau mention qu'au XVe.

C'est plutôt au grand monastère que ses amis aimaient à rencontrer le sage abbé. D'illustres personnages vinrent se placer sous sa direction aussi ferme que douce. Citons parmi eux, les archevêques de Rouen et de Lyon, surtout les évêques de Troyes et d'Autun.

Henri de Blois, frère du roi d'Angleterre, fut le grand ami et le soutien de Pierre. Sa mère, l'avait donné tout enfant à Cluny. Appelé au siège de Winchester, il n'avait cessé de conserver pour son monastère une affection et un dévouement sans limites. Quand les ressources du couvent étaient épuisées, ce qui arrivait chaque fois que l'aumône devenait plus abondante, Pierre le Vénérable avait recours à son ancien novice. Il fut assez heureux pour le voir reprendre sa place à Cluny. C'est entre ses bras que plus épuisé par les travaux que par l'âge, Pierre le Vénérable rendit le dernier soupir, le jour même de Noël en 1156, à l'âge de 63 ans. Il fut inhumé au chevet de la grande église, près de la porte qui conduisait au chœur. Ses grandes vertus l'ont fait inscrire au martyrologe monastique.

Sa mort quoique soudaine arriva, comme il l'avait toujours désiré, à l'heure même où naquit le Verbe fait chair de la Vierge sa mère. Chaque fois qu'il allait visiter ses saints amis, les moines de la Grande Chartreuse : — « Priez, leur disait-il, pour que Dieu exauce mon vœu ». Ce vœu était de finir sa vie le jour et à l'heure où le Sauveur vint au monde.

On lisait sur son épitaphe : « Pierre, de pieuse mémoire, n'est plus ; avec lui sont descendues au tombeau la justice, la paix, la discipline. Pleurons et souhaitons de mourir ».

Le disciple de Pierre le Vénérable qui pénétra le plus avant dans son intimité a été son secrétaire, Pierre de Poitiers, originaire de cette ville et abbé de Moustierneuf. Philosophe, théologien, poète, il s'attacha à l'abbé de Cluny, dès 1125 ; à ses yeux Pierre égalait les plus grands sages de l'antiquité et résumait les talents des plus illustres Pères de l'Eglise. Deux fois, il accompagna son maître dans la visite des monastères d'Aquitaine. Il le suivit en Espagne et l'aida dans sa traduction du Coran.

C'est là une des œuvres capitales de Pierre le Vénérable qui n'épargna ni travaux, ni dépenses pour la rendre digne de son objet, la défense de la foi chrétienne contre les Juifs et les Mahométans. Elle a été la première traduction européenne de ce livre fameux. Pour l'époque c'était une merveille. Au XVIe siècle, elle fut imprimée aux frais de l'empereur d'Allemagne avec des préfaces de Luther et de Mélanchton.

Dès qu'elle fut terminée, l'abbé de Cluny l'envoya à saint Bernard comme étant le plus capable de réfuter l'imposture de Mahomet.

L'abbé de Clairvaux s'étant récusé, Pierre qui avait déjà écrit contre Pierre de Bruys et ses sectateurs, les Pétrobusiens, composa ses deux traités contre les Juifs et les Mahométans que l'on consulte toujours avec fruit et que l'on ne lit pas sans intérêt. Dans son traité *des Miracles*, recueil assez confus de récits merveilleux et de scènes historiques, Pierre raconte un grand nombre de prodiges touchant le mystère du Saint-Sacrement.

Au culte de l'Eucharistie, il unit une tendre dévotion à la Sainte Vierge et on doit le compter au nombre des plus zélés serviteurs de la Reine du ciel.

Ses *Sermons* ne nous sont pas parvenus en entier ; très applaudis de son vivant, ils trouvèrent longtemps encore des admirateurs après sa mort ; s'il n'en est plus ainsi de nos jours, cela tient à la symétrie des phrases et à la cadence quelque peu forcée des mots, d'où résultait une sorte de rhythme qui se prêtait à merveille à la psalmodie religieuse. Les Clunistes chantaient plus qu'ils ne les lisaient, à matines, les sermons du saint abbé et c'est à cette circonstance que nous devons de posséder ce qui en reste. Dom Marthène découvrit les deux derniers dans un vieux livre d'office, à Cluny, au XVIII° siècle.

Commencées et encouragées par saint Odilon les études historiques furent en grand honneur à Cluny, sous Pierre le Vénérable. Richard de Poitiers écrivit une chronique générale depuis le commencement du monde jusqu'en 1455 ; elle servait d'abrégé aux novices qui étudiaient et de *memento* aux religieux. Ordéric Vital qui de Normandie vint à Cluny, y composa son *Histoire ecclésiastique,* d'une valeur sans égale pour l'histoire de France et d'Angleterre ; elle s'arrête à 1141, mais elle contient les renseignements les plus précieux sur les mœurs et les usages des XI° et XII° siècles.

Pierre avait un frère plus âgé que lui, Pons, abbé de Vézelay, dont le caractère hautain et jaloux n'avait pas peu contribué à aigrir les bourgeois de la Commune. L'abbé de Cluny intervint avec une largeur de vues et une facilité de procédés que son frère ne sut pas seconder. Nul doute qu'il n'ait encouragé et applaudi le mouvement communal de son siècle, Pierre avait en effet hérité de l'amour que saint Odilon et saint Hugues avaient pour le peuple et pour les pauvres habitants de la campagne.

Par la culture et la vivacité de son esprit Pierre de Montboissier avait, dès son entrée comme oblat à Sauxillange, attiré l'attention de ses supérieurs. Saint Hugues qui avait prédit à la pieuse Raingarde qu'il « serait un jour consacré à Dieu et voué à saint Pierre », fut heureux de lui donner l'habit, peu de temps avant de mourir. Un des premiers actes de l'abbé

Pons avait été de l'élever malgré sa jeunesse à la charge de docteur des Anciens et de gardien de l'Ordre au monastère de Vézelay. Il fut ensuite appelé à gouverner le prieuré de Domène où son souvenir ne s'effaça jamais. Quand il parlait, ses religieux étaient sous le charme de son éloquence douce et harmonieuse. Il préludait à ce qu'il serait un jour. Ce qu'on louait en lui dès ses premières années de la vie cénobitique fut son assiduité à l'étude et son respect pour la discipline ; son extérieur était plein de grâce et de dignité. D'une taille imposante, on le remarquait pour la régularité de ses traits et la noblesse de son attitude.

« Un grand miracle, dit la Chronique de Cluny (1), témoigna de la sainteté de notre glorieux Père, après que son âme fut séparée de son corps. On se mettait en devoir de laver ses membres vénérés ; à cet effet on les dépouille des vêtements qui les couvraient Quel n'est pas l'étonnement des religieux chargés de cet office à l'aspect de ce corps plus pur que le cristal, plus blanc que la neige, et resplendissant d'une beauté toute céleste ? Qui eût reconnu cette chair si mortifiée que le cilice ne quittait pas, que les jeûnes avaient amaigrie, qui semblait exténuée par les travaux et par les veilles ?... Les frères se pressèrent autour de lui, baisant son front, trempant leurs lèvres dans l'eau qui l'avait touché, se disputant ses moindres effets comme de précieuses reliques ».

( ) *B.bl. Clun.* Col. 1659.

DEUXIÈME PÉRIODE (1156-1457)

CHAPITRE VI

Les abbés princiers.

§ I. — DE HUGUES III A THIBAUT DE VERMANDOIS.

Cluny a jeté tout son éclat. « Il est le trésor de la République chrétienne, disait Pierre le Vénérable, on y a tant puisé qu'on l'avait presque tari ». Nous allons voir qu'il lui restait encore de merveilleuses ressources. Sa mission providentielle n'est pas finie. Il s'en fallait qu'à la mort du réformateur, Cluny ait extirpé de la société féodale tous les vices qui la déparaient ; la simonie s'exerçait moins ouvertement, il est vrai, mais combien de violences et d'injustices dont souffraient encore les petites gens !

Les moines seront de plus en plus leur appui. De nouveaux ordres religieux vont se lever pour prêter aux anciens un concours aussi actif que dévoué.

Cluny gardera longtemps encore son influence sur les événements et sur les principaux personnages du temps. Quand même la grande abbaye ne serait plus — ce qui a été dit à faux — qu'une immense fortune territoriale, elle s'imposerait encore à notre attention. Le moine de Cluny, comme jadis le citoyen romain, portait dans son nom seul la puissance et la considération de son Ordre.

La succession de Pierre le Vénérable fut convoitée, en 1157, par un certain Robert, parent du comte de Flandre. A sa place les religieux élurent *Hugues III de Montlhéry*, arrière petit-fils de Guillaume le Conquérant. Il ne sera pas le seul abbé que la race des Plantagenets donnera à Cluny.

La lutte qui se préparait entre les couronnes de France et d'Angleterre obligera les moines à trouver un appui contre les grandes familles féodales toujours redoutables et qui, soit avant soit pendant la désastreuse Guerre de Cent ans, tiendront le pays tantôt pour un parti tantôt pour un autre. En Allemagne, l'avènement des Hohenstauffen au trône impérial avait ravivé les convoitises des Césariens. Arnaud de Brescia s'était fait leur agent, en luttant à Rome même contre le pouvoir pontifical. Eugène III, nous le savons, à peine élu avait dû s'enfuir de la Ville éternelle. Frédéric Ier Barberousse rêva à son tour de faire de Rome la capitale de ses états, mais la fermeté d'Adrien IV déconcerta son ambition. Alexandre III fut plus énergique encore. Il se mit à la tête de la ligue lombarde pour défendre l'indépendance de l'Italie ; il avait dû toutefois auparavant se réfugier en France, où Louis VII et Henri II Plantagenet lui firent le plus respectueux accueil, à Coucy-sur-Loire. Furieux des honneurs rendus au Souverain-Pontife, Barberousse se dirigea en Bourgogne, à Saint-Jean-de Losne qui sur ce point faisait la limite de l'empire et du royaume. Louis VII s'y rendit également (1162).

Nous ne voyons pas que l'abbé de Cluny qui malheureusement avait hésité entre l'anti-pape Octavien et Alexandre III ait assisté à l'entrevue. Elle se termina à la confusion de Frédéric et de ses partisans. Vaincu à Légnano (1176), Barberousse franchit les monts, pénétra de nouveau en Bourgogne et tint une diète à Besançon. Hugues III y serait venu, selon quelques historiens, grossir le nombre de ses flatteurs, au grand scandale de ses religieux. — « En voilà assez sur Hugues », disent les chroniqueurs de Cluny, dans la notice très courte consacrée à sa mémoire.

L'administration de Hugues de Montlhéry fut marquée par un violent incendie qui détruisit en partie le bourg, groupé le long de l'abbaye. Wido ou Guy, évêque de Belley est cité au nombre des personnages qui, à cette époque, vinrent revêtir l'habit monastique à Cluny. Le prieur claustral Léger, fervent religieux et ancien chanoine de Mâcon, en était alors la gloire ; il fut pendant vingt ans le Gardien vigilant de l'Ordre. C'est lui qui fit construire l'église St-Marcel, sur l'emplacement où saint Hugues avait fait élever, moins d'un siècle auparavant, une chapelle en l'honneur de saint Odon. Elle devint peu à peu le centre du faubourg, dit de St-Marcel, situé en dehors de la première enceinte.

Thibaut, prieur de St-Martin-des-Champs, n'avait pas vu sans une extrême douleur le successeur de Pierre le Vénérable hésiter à reconnaître Alexandre III. A son défaut, il soumit tous les monastères au pape légitime. Alexandre III ne tint pas rigueur au timide abbé Hugues. Celui-ci commit une seconde faute en retournant à la cour de Frédéric Barberousse, lorsqu'il se rendit en Allemagne pour la visite des maisons de l'Ordre. Le chancelier de l'empire, Christiern, archevêque de Mayence, chargé de négocier la réconciliation de l'empereur avec Alexandre, obtint également la grâce de l'abbé de Cluny. Hugues fut atteint, en cours de ses visites en Allemagne, par la maladie dont il mourut.

Il put néanmoins rentrer dans le Comté de Bourgogne et trépassa à Valles ou Vaux, prieuré de l'Ordre, près de Poligny. Les moines de Cluny n'ayant pas réclamé son corps, il y fut inhumé. Alexandre III avait en sa faveur renouvelé tous les privilèges du monastère et notamment l'exemption des bans sacrés. On lit dans la bulle de ce grand pape « que l'Ordre de Cluny brille sur la terre comme un autre soleil ». En l'absence de son chef, la paix n'avait pas cessé de régner dans l'abbaye et les moines procédèrent régulièrement après sa mort à l'élection d'*Etienne de Boulogne*, prieur de St-Marcel-les-Chalon (1163).

Fils du roi d'Angleterre de ce nom, le nouvel abbé appartenait par sa mère à la Maison de France. Ses vertus éminentes, l'amour de ses religieux plus encore que son illustre origine semblaient promettre des jours prospères à l'abbaye, quand tout-à-coup elle fut attaquée par le comte de Chalon, Guillaume Ier. Oublieux des engagements qu'il avait jurés au synode de Mâcon, ce seigneur turbulent avait lancé son fils, à la tête d'un corps de Brabançons, contre le monastère. Le château de Lourdon était tombé en son pouvoir (1170). En vain les bourgeois de Cluny, fidèles à leur parole, se portent-ils en armes contre les audacieux agresseurs, ils furent dispersés ; les moines espéraient les fléchir en s'avançant à leur rencontre, la croix en tête et revêtus de leurs ornements sacrés. Mais rien ne put apaiser la fureur des pillards. Etienne lui-même eut à peine le temps de rentrer au monastère ; ses religieux tombèrent sur le chemin, massacrés en très grand nombre.

La nouvelle d'un tel attentat provoqua dans toute la contrée une indignation si vive contre Guillaume et son fils qu'ils durent s'enfuir honteusement, à travers les montagnes du Charollais. Les traînards furent impitoyablement tués et pendus aux arbres des chemins, tant avait été grande la terreur qu'ils avaient inspirée sur leur passage ! Mais en se retirant le comte de Chalon rançonna Saint-Gengoux et s'empara du château-fort de Mont-St-Vincent, deux obédiences de Cluny ; les prieurés de Paray et de Marcigny furent pareillement saccagés. Louis VII pénétra avec une armée en Bourgogne, reprit Mont-St-Vincent et rétablit l'ordre dans la vallée de la Grosne. L'abbé de Cluny céda par reconnaissance au roi la moitié de St-Gengoux qui prit de ce fait le qualificatif de *royal.*

Animé des mêmes sentiments de gratitude et de bienveillance pour les habitants de Cluny, il promulgua, en 1172, la charte d'affranchissement du bourg, connue sous le titre de *Statuta privilegiorum villæ Cluniacencis*, mais dont l'origine remonte à saint Hugues. Les bourgeois pourront désormais avant de porter leur action devant le magistrat du lieu vider directement entre eux leurs démêlés ou les soumettre à l'arbitrage de prud'hommes ou à celui de leurs voisins. Citons encore cette clause : « Si quelqu'un meurt intestat, sans laisser ni héritier, ni épouse, ses biens seront dévolus à la paroisse (la communauté) de Cluny ».

Etienne de Boulogne fut admirablement secondé dans ses œuvres de zèle par le prieur claustral, Jean de Bapaume, qui était l'un des custodes et sacristain de l'église. C'est à cette époque que Rodolphe, disciple de Pierre le Vénérable, écrivit sa vie, dans laquelle il affirma n'avoir rien dit « qu'il n'ait vu ou entendu de témoins oculaires ».

Atteint de la maladie dont il mourut l'année suivante, Etienne Ier se démit, en 1173, de sa charge et eut pour successeur *Rodolphe de Sully*, prieur de La Charité-sur-Loire, que l'on confond quelquefois avec Rodolphe, l'historien dont nous venons de parler.

Le nouvel abbé était neveu de Henri de Winchester, mort peu d'années auparavant ; son règne ne devait pas être de longue durée ; il fit statuer dans l'intérêt de l'Ordre par le pape Alexandre III que nul ne pourrait disposer des biens du monastère qu'avec le consentement du Chapitre général. Le prieur Humbert, qui durant trente ans avait été camérier, accrut le territoire monastique par de nouvelles acquisitions dans la banlieue de Cluny, notamment par la grange de Vacherie et par celle de St-Didier. Le doyenné de Berzé fut grevé de plusieurs anniversaires, aux frais desquels plusieurs chevaliers du voisinage voulurent contribuer généreusement.

Rodolphe abdiqua ses fonctions, en 1176, pour aller mourir à son ancien prieuré de La Charité.

Gauthier de Châtillon lui succéda, mais il ne garda sa charge qu'un an ; il fut enlevé par une mort subite à ses religieux, dont il était tendrement aimé et vénéré.

Le couvent était de nouveau obéré de dettes. Gauthier n'ayant pas eu le temps de remédier à un tel état de choses, *Guillaume I*ᵉʳ *d'Angleterre* s'y employa avec activité. Sa grande fortune lui en fournissait les moyens ; mais il ne fit lui aussi que passer sur le trône abbatial. La mort le surprit, le 7 janvier 1179, à La Charité-sur-Loire, en cours de visites.

Le véritable successeur d'Etienne de Boulogne devait être *Thibaut de Vermandois*, l'un des plus grands personnages de son temps. On peut dire que son gouvernement s'il avait eu la même durée que celui des premiers abbés il en aurait eu l'éclat et la prospérité. Il acheva les travaux commencés par Guillaume d'Angleterre à la basilique Hugonienne et au cloître de St-Marcel-de-Chalon. Etienne, riche bourgeois de Cluny, lui vint en aide par ses libéralités à l'égard des religieux ; il embrassa leur vie, dès qu'il le put.

La fin du XII° siècle a été une période désastreuse pour l'abbaye. L'accord qui était intervenu, grâce au pape Alexandre III, entre les comtes de Chalon et les religieux de Cluny ne fut que d'une courte durée. A la mort de Louis VII, Guillaume II voulut profiter du changement de règne pour reprendre à son profit la guerre qu'il avait déjà faite à l'abbé de Cluny, au nom de son père (1180). Il avait commé alliés son beau frère, Jocerand de Brancion, et le sire de Beaujeu. Le comte Girard de Mâcon prit aussi les armes contre son évêque. La situation devenait de jour en jour plus critique. Prévenu par Thibaut de Vermandois, Philippe-Auguste fit aussitôt entrer des troupes dans le comté de Chalon, soumit les rebelles et les obligea à restituer les biens dont ils s'étaient emparés ; il fut même décidé que Guillaume II et Jocerand Gros II accompagneraient le roi à la croisade que l'on préparait contre Saladin. Mais avant de partir, le comte de Chalon dut se rendre au château de Lourdon avec quelques-uns de ses chevaliers, pour terminer enfin le différend toujours pendant entre l'abbé de Cluny et lui. L'importance de cette assemblée donne la raison de la publicité dont elle fut entourée. Non seulement Guillaume reconnut ses torts à l'égard du monastère, mais il sut se plier aux tendances nouvelles qui se manifestaient de toutes parts. Les libertés communales existaient déjà à Cluny ; elles ne tarderont pas d'être données à Paray et à d'autres bourgs. En attendant, le comte accorde libéralement l'exemption des péages aux religieux d'abord, pour les charettes du monastère qui amenaient du Chalonnais le vin nécessaire à la communauté, et fait aux habitants de Cluny remise de toutes redevances sur ses terres. Il y eut d'autres concessions non moins précieuses que la charte elle-même attribue aux comtes Hugues et Thibaut, ancêtres de Guillaume II, au XI° siècle. Les comtes de Chalon auraient donc été en Bourgogne les précurseurs des libertés communales, tantôt sollicités dans cette œuvre civilisatrice par les abbés de Cluny, tantôt arrêtés par eux sur la pente des revendications injustes.

Guillaume confirme tout ce qui a été discuté tant en son nom qu'en celui de sa fille Béatrix et d'Etienne de Bajé, son mari.

Thibaut de Vermandois s'estima heureux d'avoir mis fin aux déprédations des comtes de Mâcon et de Chalon et de leurs voisins. Le traité de Lourdon, signé en 1181, fut ensuite ratifié par le pape Alexandre III et Philippe Auguste. En vertu de cet accord, Cluny et ses prieurés de Paray et de Marcigny étaient placés sous la protection directe du roi et du duc de Bourgogne ; leurs franchises municipales recevaient les mêmes garanties. Mais les leçons du passé étaient trop instructives pour que l'abbé de Cluny ne prît pas ses mesures contre des coups de main toujours à craindre de la part de batailleurs invétérés. Il crut donc sage d'entourer de remparts l'abbaye et le bourg, dit de Notre-Dame. Il fit tracer les plans et jeta les fondations de ces hautes et épaisses murailles dont on voit encore à Cluny les dernières ruines. Elles étaient percées de huit portes et défendues par quinze tours ; la principale porta le nom de *Fouettin* (1) ; elle fut la véritable citadelle de la ville. De larges fossés complétaient le système des nouvelles

---

(1) Ce nom de Fouettin lui vint des seigneurs Fouet de Montillet, possesseurs des terrains sur lesquels les murailles de la ville furent construites au midi.

fortifications. L'enceinte propre à l'abbaye formait une sorte de bastille intérieure dont les murs avaient été mieux conservés jusqu'à nos jours. Vers la fin du XVII⁰ siècle, les abbés permettront aux habitants d'appuyer leurs constructions sur le côté méridional du rempart, à partir de la tour du Moulin jusqu'au carrefour du Merle. L'enceinte fortifiée mesurait alors 3800 pieds communs. Thibaut, ordinaire des bans sacrés, s'occupa avec la même sollicitude des intérêts spirituels des habitants ; l'abbé de Cluny eut seul le droit, par concession du pape Lucius, en date du 11 avril 1179, d'autoriser les religieux étrangers à s'établir dans les paroisses de la petite ville.

L'année suivante, il fut créé cardinal et évêque d'Ostie ; avant de s'éloigner de sa chère abbaye, il avait eu la consolation de l'enrichir de très précieuses reliques qu'il avait lui-même apportées de Terre-Sainte et qui accrurent le trésor de l'église abbatiale. Le concours des pèlerins qui venaient les vénérer, ira grandissant de siècle en siècle ; il ne contribuera pas peu à accroître l'importance de la petite ville.

§ II. — DE HUGUES DE CLERMONT A GUILLAUME DE PONTOISE

Hugues IV de Clermont succéda, en 1180, à Thibaut de Vermandois. Il appartenait à la Maison royale de France. Les dix-neuf années de son gouvernement remédièrent aux désordres que des changements trop rapides d'abbés n'avaient pas manqué d'introduire dans la discipline monastique. Cependant c'est à son successeur qu'il laissera le soin de rédiger et de promulguer les statuts de réforme dont il sentait la nécessité. Le roi Philippe Auguste avait Hugues de Clermont en une telle estime qu'il lui confia les missions les plus délicates dans ses démêles avec Jean sans Terre. Celui-ci le choisit à son tour comme arbitre entre son fils Richard et lui. La Chronique du monastère fait le plus grand éloge de Hugues IV et dit qu' « il était d une éloquence suave et d'une discrétion prudente ». Elle rapporte, à la dix-huitième année de son gouvernement, un miracle eucharistique qui eut lieu au prieuré de Rosette-en-Brie. A la messe, la consécration achevée, les espèces du pain et du vin firent visiblement place au corps et au sang de la divine Victime, à la grande édification des assistants. La nouvelle en parvint jusqu'à Cluny où elle fut consignée dans les archives de l'Ordre.

L'administration de Hugues IV fut en outre marquée par une grande prospérité commerciale à Cluny, qui contrastait avec une certaine gêne matérielle au monastère, dont les causes sont toujours les mêmes.

Il ne sera pas hors de propos de rappeler à cette occasion quelle était alors l'organisation administrative de la cité. La bulle d'Urbain II adressée à saint Hugues, en 1095, qualifiait de bourg la paroisse de N.-D. et de faubourg celle de Saint-Marcel. Etienne de Boulogne, en promulguant les anciennes coutumes établies par son grand et saint prédécesseur, avait invité, comme nous l'avons vu, les anciens de Cluny à délibérer sur les usages d'où devait sortir le statut municipal de la ville qui réglerait les rapports des habitants entre eux. Les franchises que saint Hugues leur avait accordées supposent en effet une justice secondaire placée au-dessous de la justice seigneuriale de l'abbé ; elle était administrée par un juge et par des magistrats électifs, chargés en outre de défendre les privilèges communs. Le curé de Saint-Mayeul, qui était par sa fonction chapelain de l'abbé de Cluny, figure dans une transaction de 1378, au premier rang parmi les bourgeois et quelques-uns d'entre eux sont déjà qualifiés de prévôts (*præpositi*) (1).

Néanmoins les habitants restaient sous la juridiction de l'abbé. Le bourg était l'œuvre des moines ; c'étaient eux qui avaient développé l'industrie locale, qui entretenaient le commerce et l'aisance et qui en temps de disette subvenaient largement aux besoins de tous. Il en résulta un régime tout paternel, en vertu duquel la commune resta la pupille de l'abbaye. Aussi la charte, donnée en 1188, par Hugues de Clermont, « au chapitre de Cluny avec l'assentiment de tout le couvent », prouve-t-elle l'impuissance des habitants à changer leurs usages, sans l'autorisation de l'abbé. Lui seul possédait la puissance législative. Cette charte introduisit dans le droit coutumier de Cluny le bénéfice de la prescription trentenaire ; elle interdit aux habitants de se faire assister par des légistes dans leurs procès. Toute contestation devait être terminée par leurs propres juges, selon les anciens usages de la ville. Ainsi la charte de 1188 donne pour la paix et la prospérité de la ville les mêmes garanties que les statuts précédents, mais en les précisant et en les développant dans le sens de la liberté individuelle.

A Hugues de Clermont succéda, en 1199, *Hugues V d'Anjou*, dont l'aïeul maternel avait occupé le trône de Jérusalem. Il était abbé de Radinge, après avoir été prieur de Saint-Pancrace de Londres, quand les suffrages de ses frères l'appelèrent à remplacer Hugues IV de Clermont. Son élection combla de joie tous les fervents religieux. Il avait été élevé à Cluny,

---

(1) Le curé de Saint-Marcel paraît aussi, quelquefois, dans ces assemblées.

comme oblat puis comme novice. Il n'ignorait pas dans quel état précaire se trouvait la communauté qu'il était appelé à diriger. De Radinge, il avait à trois reprises différentes renouvelé le vestiaire du grand monastère par des étoffes et des toiles d'Angleterre. La maison était grevée de dettes, tandis que la ville grandissait en importance. Hugues d'Anjou réussit à rembourser trois mille cinq cents marcs. Mais il fallait couper le mal dans la racine ; aussi dans les statuts qu'il établit prescrit-il de ne placer à la tête des prieurés que des religieux discrets et prudents, revêtus du caractère sacerdotal.

Les points particuliers de sa règle font connaître les abus contre lesquels il eut à sévir. Comme au temps de Pierre le Vénérable, une foule de curieux, d'oisifs, de quémandeurs et même des dévotes envahissaient les parloirs et les cours du monastère. Hugues V les écarte tous impitoyablement ; il défend à ses religieux de recevoir les offrandes de quelque nature qu'elles soient qui peuvent leur être faites. Les prieurs et custodes apporteront désormais une grande fermeté pour que le silence soit observé aux heures et dans les lieux règlementaires ; ils veilleront avec non moins de soin sur la réception fréquente des Sacrements de Pénitence et d'Eucharistie. Le pieux abbé n'hésite pas à blâmer hautement les religieux nonchalants qui n'offrent que rarement le saint sacrifice ; cette négligence est pour lui le sujet d'une amère douleur.

Il ne permet pas que la messe matutinale soit chantée par un prêtre étranger ni par un jeune religieux, quelque bons choristes qu'ils soient. Le soin qu'il apporte pour que la psalmodie ait toute sa gravité, que l'on préfère à tout autre le chant traditionnel de Cluny et que l'entrée au chœur soit digne et recueillie montre quel fut son zèle pour la splendeur de l'office divin. Hugues V maintient tout ce que Pierre le Vénérable avait établi pour l'admission des novices et la réception des Ordres sacrés.

Il entre dans les plus minutieux détails, quand il parle des soins journaliers à donner aux malades et aux infirmes ; mais il ne transige ni sur le jeûne, dit de saint Benoît qui va du 14 septembre à Pâques, ni sur la pratique de l'abstinence. Comme tous ses prédécesseurs, il regarde les aumônes distribuées aux malheureux à la porte du couvent comme la grande obligation des moines de Cluny ; en retrancher la moindre partie serait commettre une rapine contre Dieu. Le digne successeur des grands abbés se montre impitoyable pour les *Girovages* ou moines errants ; on exigera d'eux des lettres testimoniales et ils paieront leurs frais de séjour jusqu'au dernier liard.

Faiblesse ou manie inconcevable chez des moines, les Clunistes aimaient à s'affubler de mille superfluités. Hugues supprime tout ce qui a été ajouté au costume bénédictin ; il règlemente de nouveau et de la manière la plus précise le nombre des chevaux — autre vanité de nos bons cénobites, — qui seront donnés aux religieux en voyage.

Nul d'entre eux n'ira outre-mer ni au-delà des monts, sans une autorisation expresse : mais il approuve et encourage l'usage des brefs, portés de maison en maison par deux moines, en faveur des défunts. Au Chapitre chacun fera sa proclamation ou coulpe, à commencer par les prieurs et les camériers. Un des articles les plus pieux de sa règle a pour objet les intentions de prières proposées aux religieux, quand ils distribuent les aumônes ou qu'ils récitent l'office. Outre les intérêts généraux de l'Eglise et ceux des princes catholiques, ils recommanderont à Dieu les religieux de Cluny et ceux de Cîteaux, les Chartreux, les Templiers, les Hospitaliers, tous les autres ordres, les fondateurs et les bienfaiteurs des maisons, vivants et morts.

La vigilance de Hugues V s'étend au moindre détail de sa vaste administration spirituelle et temporelle. Mais nous ne pouvons pousser plus loin l'analyse même sommaire de ses statuts. Il semble qu'il se soit proposé pour modèle dans sa réforme Pierre le Vénérable. Comme lui il sut faire aimer par sa modération la nouvelle règle qu'il imposait. Il fut également cher aux religieux Anglais, Allemands et Espagnols qu'il eut à visiter dans la suite.

En 1204, il ajouta à ses statuts cette disposition destinée à parer aux inconvénients de ses absences. Le prieur claustral, suppléant de l'abbé, ne devait rien ordonner d'important sans prendre l'avis des Séniеurs, *seniores*, qui étaient les douze moines les plus réputés de la maison pour leur sagesse. A la longue, ce petit sénat deviendra le célèbre *Conseil de la Voûte* qui aura sous le régime commendataire la plus grande part au gouvernement de l'Ordre.

L'année suivante, Béatrix, comtesse de Chalon, mit la dernière main à l'œuvre de pacification de son père Guillaume, qui, rentré de la Croisade, s'était fait moine à Cluny.

Jocerand II Gros avait été lui aussi, à l'exemple de ses ancêtres, la terreur de Cluny ; il mourut pénitent avant le départ de la croisade qui devait être commandée par Philippe Auguste. Sa veuve, Alix de Chalon, quoique mariée en secondes noces avec Ulric de Bagé, garda le titre de dame de Brancion. En 1204, les bourgeois de Cluny s'étaient plaints des maux innombrables qu'ils enduraient de la part de ses fils et de leurs soudards. Ils descendaient en armes des châteaux de Nanton, d'Uxelles, de Brancion ; d'autres arrivaient même de Sassangy, mettant tout à feu et à sang. Béatrix et l'évêque de Chalon, par leurs vives remontrances, finirent par calmer leurs fureurs. C'est de cette pieuse princesse que l'abbaye reçut les terres situées sur les confins-sud du comté de Chalon et comprenant les villages de la Guye moyenne, dont le prieuré de Maizeray (1) sera plus tard le centre.

Hugues V vit s'étendre les possessions de l'abbaye du côté où il semblait moins l'espérer. Le fameux Raymond VI, comte de Toulouse, déjà gagné à la secte des Albigeois, lui fit hommage, en 1203, pour St-Saturnin-du-Port.

C'est aussi vers cette époque qu'Innocent III adressa à l'abbé de Cluny une bulle célèbre où il confirma les possessions, privilèges et les statuts de l'Ordre. Après une énumération rapide de ses monastères, répartis en six grandes provinces françaises, le pape cite une à une les abbayes d'Espagne, d'Angleterre et d'Italie qui s'y rattachent. Il renouvelle l'exemption de l'Ordinaire donnée à Cluny, établit de rechef les limites des bans sacrés et sanctionne le droit pour l'abbé de porter les insignes pontificaux, aux processions et aux solennités de l'Ordre. Innocent III fait une mention spéciale du droit de battre monnaie, accordé au monastère dès sa fondation par le roi Robert. Louis VII, devenu souverain de St-Gengoux, avait déjà déclaré, en 1166, que la monnaie de Cluny aurait seule cours dans cette prévôté. En 1212, Béatrix, comtesse de Chalon, stipula à son tour que la monnaie frappée aux noms de St Pierre et de St Paul à Cluny serait acceptée dans toutes ses terres, y compris le Charollais, mais excepté la ville de Chalon.

---

(1) Hameau de St-Martin-du-Tartre, canton de Buxy.

CHAPITRE VII

Les abbés grands feudataires

§ I. — DE GUILLAUME II A YVES DE VERGY (1206-1320).

Après avoir joui d'une paix profonde, durant les dernières années du XII⁰ siècle, l'Ordre de Cluny retomba dans les agitations déjà occasionnées par une succession trop rapide de ses chefs. De 1207 à 1244, huit abbés vont se remplacer à la tête de l'ordre ; c'est une moyenne de quatre années par règne. Cependant la réforme de Hugues IV fut maintenue, grâce à la fermeté des Sénieurs dont l'influence heureuse commençait à se faire sentir. Aussi n'eut-on pas de grands abus à déplorer.

Saint Louis allait monter sur le trône presque en même temps que Grégoire IX ceignait la tiare. Ce pontife octogénaire était le neveu du grand Innocent III, dont il eut toute l'énergie. Nous verrons bientôt quel zèle il déploiera à l'endroit de Cluny, pour lui rendre son ancien lustre. Les abbés feudataires qui vont se succéder au XIII⁰ siècle sont au nombre de douze. Le premier fut *Guillaume II d'Alsace* qui remplaça Hugues, en 1207. C'était le temps où un grand nombre de seigneurs qui avaient pris part à la croisade dite de Venise, rentraient en France. Parmi eux se trouvaient Dalmace de Sercy et un chevalier, Ponce de Bussière. Durant leur séjour à Constantinople, ils entreprirent de se procurer des reliques qui seraient une sorte de compensation pour le pèlerinage qu'ils n'avaient pu accomplir en Terre-Sainte. Un prêtre de Chalon, nommé Marcel, qui comme eux avait été obligé de rester chez les Grecs, leur apprit qu'un couvent, situé dans la banlieue de Constantinople, possédait dans son trésor le corps entier de saint Clément, pape et martyr. Dalmace et son ami réussirent au prix de mille stratagèmes à obtenir le chef du saint Pontife. Dès leur retour en Bourgogne, ils vinrent l'offrir aux religieux de Cluny qui furent heureux de le placer dans l'une des chapelles de leur basilique.

Presque la même année, en 1208, un second incendie détruisit une grande partie de Cluny. On croit que les vieilles maisons des XIIᵉ et XIIIᵉ siècles qui subsistent encore à Cluny ont été bâties ou refaites à cette occasion. La plus remarquable, qui semble avoir été une dépendance du monastère, est la maison dite *hôtel de la Monnaie*, dans la rue d'Avril. Le rez-de-chaussée est percé de deux arcs gothiques, ouverts dans un mur d'une très grande épaisseur et supportant tout l'édifice.

Guillaume III se démit de sa charge, en 1215, le mercredi saint, et le même jour les religieux le remplacèrent par *Gérold de Flandre*, apparenté avec les Maisons de Champagne et de Bourgogne. Gérold réussit à payer les dettes de l'abbaye et la délivra ainsi de la tyrannie des usuriers.

Nous sommes au temps où l'on préparait la croisade d'André de Hongrie (1217) et à cette occasion la Chronique de Cluny rapporte plusieurs phénomènes célestes qui frappèrent les esprits en Allemagne. Gérold, ayant été sacré évêque de Valence, partit, en 1220, pour la Terre-Sainte, et fut nommé Patriarche de Jérusalem. C'est là qu'il mourut plein de jours et de mérites ; il n'avait été à la tête de l'Ordre que cinq années à peine.

Rolland de Hainaud lui avait succédé, en 1220. Il descendait de cès races belliqueuses des Pays-Bas qui s'étaient illustrées à la conquête de la Palestine.; mais il resta fidèle à la vie cénobitique à laquelle il s'était consacré dès sa jeunesse et garda sa charge, malgré l'entraînement général qui portait clercs et fidèles à la délivrance du Saint-Sépulcre. Le concours des pèlerins qui depuis saint Hugues affluaient à Cluny ne se ralentissait pas ; la basilique de Saint-Pierre, malgré ses proportions gigantesques, ne suffisait plus pour les recevoir dans l'espace qui leur était réservé, en dehors du chœur. Rolland se vit dans l'obligation de construire à leur intention une église antérieure ou *Narthex*, à trois nefs et dont l'entrée sera plus tard surmontée de deux clochers, connus sous le nom de tours des Barabans. Il pria ses frères d'agréer, en 1228, sa démission qui peut-être lui avait été demandée.

Son successeur fut *Barthélemy de Floranges*, allié comme lui aux Courtenay et aux comtes de Flandre. Les réformes que Grégoire IX se proposait d'introduire à Cluny n'auraient pas trouvé plus ferme appui que Barthélemy, quand il fut frappé par la mort, en 1230.

Les religieux nommèrent à sa place *Etienne II de Berzé* de la maison de Brancion. Les seigneurs de ce nom étaient les plus puissants et les plus fiers barons de la contrée. Voisins de l'abbaye, ils étaient depuis longtemps en relations fréquentes avec les moines, tantôt pour les combler de bienfaits, tantôt pour les molester. Plusieurs d'entre eux quittèrent la cotte de maille pour le froc. Deux des fils de Bernard Gros 1er étaient religieux à Cluny, en 1270 ; l'aîné, Bernard, prieur de Saint-Marcel, devint grand prieur et chambrier à Cluny. Les donations que leur père et leur mère firent alors à l'abbaye étendirent tout autour de Cluny le territoire monastique. Lourdon, Collonges, Bray, Aynard, Malay, Saint-Hyppolyte, Nogles, Chissey, Prayes, Sercy, Culles, dont les sires de Brancion se dépouillèrent, accrurent singulièrement les revenus de l'abbaye ; mais quelles que fussent leurs libéralités, ils n'en restaient pas moins par tradition de père en fils les ennemis des Clunistes ; du haut de leur échauguette, ils épiaient les étrangers qui se rendaient à Cluny et ne craignaient point de les détrousser ; les religieux n'étaient pas plus épargnés que les marchands et les pèlerins. Nous avons vu Jocerand de Brancion prêter main-forte aux comtes de Chalon dans leur entreprise contre Lourdon. Il avait, en 1208, fait sa paix avec les moines. Etienne II élu abbé était son petit-fils. Il avait été auparavant prieur à Souvigny et il y rentra, après avoir occupé six ans seulement le trône abbatial.

Pour la troisième fois, en 1233, l'incendie dévora Cluny et atteignit les bâtiments conventuels, *monasterium nisi de plano*. Cette expression semble indiquer qu'il ne resta debout que l'église dont les voûte servaient de charpente. Elle était ainsi à l'abri du feu.

Jocerand Gros III, frère de l'ex-abbé, lui céda en fief, le 25 mai 1234, ses terres et ses possessions sises entre la Grosne et la Guye. Précédemment Béringard de Chaumont avait déjà donné la villa de Perrecy avec ses dépendances, au nombre desquelles se trouvaient les villages de Santagny, de Germagny et des terres à Culles.

Après la retraite de l'abbé Etienne de Berzé, son parent, Jocerand Gros III, ne mit pas un terme à ses munificences en faveur des moines. En 1234, il leur céda le fief de Flagy, les manses de Sirot, de Massy, les bois de Surplace, de Montaudon, de la Dent-Turge et Replaine ; il s'engagea en outre à ne construire ni château ni forteresse sur les hauteurs voisines. Ces postes avancés avaient jadis fait naître de nombreuses contestations entre sa famille et l'abbaye. Véritable nid d'aigles, le château d'Uxelles, qui relevait de Brancion, barrait la route de Cluny à Chalon ; celui de Boutavent, bâti juste en face de Lourdon, à une lieue du monastère, était aussi une menace continuelle. D'un commun accord, en mars 1237, Jocerand Gros abandonna aux moines Boutavent et ce qui en relevait, à Bray et à Cortambert.

Le 16 avril suivant, Achard de Massy qui devait l'accompagner à la croisade donna à son tour des terres, situées à Bésornay et à Saint-Vincent-des-Prés. A la fin, Jocerand, mû par de grands sentiments de religion, céda tout ce qu'il avait acquis près de Saint-Laurent d'Andenay, au pied de Mont-Saint-Vincent. et sur la rive droite de la Guye, à Genouilly. Ces différentes transactions avaient pour objet de préparer la croisade « li passage des barons », qui eut lieu en 1239. On n'a pas rangé cette expédition, exclusivement française, au nombre des croisades, à laquelle cependant les moines de Cluny portèrent le plus vif intérêt. La plupart des seigneurs qui partirent alors allaient réparer en Palestine leur faute de s'être ligués contre Blanche de Castille et son fils, le pieux Louis IX ; les barons du Mâconnais avaient en outre à expier leurs nombreux méfaits contre les églises et les monastères. Jocerand Gros surtout voulait racheter les torts de ses ancêtres à l'égard de Cluny. Dix ans plus tard, il s'enrôla de nouveau, en 1249, sous la bannière royale, emmenant avec lui son fils Henry. Il fut « li un des meilleurs chevaliers qui fut dans l'ost » et mourut glorieusement à la bataille de la Mansourah, en 1250.

Henri Gros II son fils, rentré en France, disposa, en 1258, du fief de Villeret, situé non loin de Vitry, en faveur de Cluny. Ce fut le dernier présent de la famille de Brancion, car elle ne devait pas tarder de disparaître ; mais elle avait eu une trop grande place dans l'histoire de la Bourgogne aussi bien que dans celle de l'abbaye pour que nous puissions la passer sous silence. Les moines inscrivirent Jocerand Gros III au nombre de leurs plus insignes bienfaiteurs.

De nouveaux statuts leur avaient été imposés par Grégoire IX. La présence au vieux monastère de nombreux novices ou postulants, issus de familles opulentes, y avait fait introduire certaines mitigations à la règle ; ni les uns ni les autres n'avaient oublié le bien-être de leur enfance. De moins en moins les moines noirs, malgré le nombre et l'importance de leurs monastères, ne pouvaient supporter la comparaison avec les Cisterciens. Ceux-ci avaient trouvé une grande force dans leur célèbre *Charte de charité* qui les unissait tous en un corps puissant ; l'unité de gouvernement se complétait chez eux par une sorte d'assemblée représentative, d'importation anglaise, qui se réunissait chaque année et qui savait couper court à tous les abus.

A Cluny, l'action personnelle des abbés n'opposait qu'une faible barrière au relâchement et, quand ils voulaient le combattre, ils ne trouvaient pas toujours dans leurs religieux un concours dévoué et persévérant. Aussi aspiraient-ils à déposer le trop lourd fardeau qui pesait sur leurs épaules.

Hugues VI de Courtenay qui avait remplacé Etienne II, en 1236, accepta douze ans après l'évêché de Langres ; il prit ensuite la croix, mais il ne put pénétrer en Palestine, car il mourut au moment où il abordait à Damiette avec saint Louis. Avant son départ, il avait été convoqué par Grégoire IX au concile que ce pontife voulait assembler à Rome pour les affaires générales de l'Eglise.

Tout en travaillant à la restauration des Ordres religieux, Grégoire IX, en digne successeur de Grégoire VII et d'Alexandre III, sut démasquer les prétentions schismatiques de Frédéric II. Avec plus d'habileté que son aïeul, Barberousse, l'héritier des Hohenstaufen et des princes Normands, avait dissimulé ses ambitions tant que vécut Innocent III, son bienfaiteur insigne. Dès qu'il fut mort, Frédéric se déclara omnipotent dans les affaires spirituelles aussi bien que dans l'ordre temporel. A l'exemple des princes Saxons, le nouveau César voulut être à la fois empereur et pontife. Grégoire IX se posa intrépidement, malgré son grand âge, comme le défenseur des consciences opprimées et, quoique affaibli par l'échec de la seconde ligue lombarde, en 1236, il frappa le coupable, après avoir attendu son repentir pendant trois ans.

Quelle part eurent les abbés de Cluny du XIIIe siècle à cette reprise de la lutte du sacerdoce et de l'empire ? Leur trop rapide succession, en leur enlevant tout prestige, ne leur permit pas sans doute d'exercer quelque influence sur la marche des événements. Hugues VI s'étant rendu à Rome fut du nombre des prélats français qui a leur retour tombèrent aux mains de l'empereur, mais saint Louis sut parler haut et ferme à Frédéric II qui se disait son allié, et l'abbé de Cluny put rentrer parmi les siens. Il ne garda pas rancune à Frédéric, car peu de temps après il accepta la mission de négocier le mariage d'Isabelle sa fille avec Conrad, élu roi des Romains. Il était encore abbé de Cluny, en 1231, quand la bulle de Grégoire IX du 28 juillet lui prescrivit, ainsi qu'à ses religieux, la tenue régulière des chapitres généraux et établit dans l'Ordre les visites canoniques.

§ II. — Nouvelle constitution monastique.

Si ces deux puissants organes de la vie cénobitique ne faisaient pas défaut à Cluny, ils fonctionnaient mal, parce que l'abbé était tout. Les visites qu'il faisait ou plutôt qu'il ne pouvait pas faire, les Chapitres qui le mettaient de temps à autre en rapport avec les prieurs ne suppléaient qu'imparfaitement aux lacunes de son action personnelle. Grégoire IX et après lui Nicolas IV inscrivirent dans les statuts de l'Ordre la convocation régulière des Chapitres généraux et la visite annuelle des monastères. La Chronique de Cluny fait allusion à cette réforme, en disant discrètement « qu'en 1244 il y eut de grands changements dans l'Eglise de Cluny (1) ».

Les Chapitres généraux de Cluny ont été une conséquence naturelle des visites, établies dans l'Ordre en 1233, sous le pontificat de Grégoire IX. Il est vrai que Hugues V, en 1200, avait déjà réglé dans ses statuts la forme et l'époque du Chapitre général, dont l'origine remonte aux premiers temps de l'Ordre. Grégoire IX y ajouta le Définitoire ou juridiction spéciale, devant laquelle étaient lus les rapports des visiteurs ; le nombre des définiteurs fut porté à quinze par Nicolas IV, en 1289.

Tous les abbés, prieurs et administrateurs des couvents de l'Ordre étaient obligés de se rendre au Chapitre général, fixé au 3me Dimanche après Pâques, sauf avis contraire. Ils devaient arriver à Cluny, le samedi, la veille de l'ouverture du Chapitre, et y

---

(1) Cf. Bibl. Clun. col. 1625.

rester jusqu'à la fin. La salle où ils s'assemblaient « est un lieu voûté, rapporte un mémoire du XVIIᵉ siècle, situé sous le grand dortoir, entre le cloître et la chapelle de N.-D. de l'Infirmerie ». Le Définitoire était un appartement joignant celui des hôtes, situé à l'entrée du monastère et composé de quatre chambres.

Les délibérations qui avaient lieu aux Chapitres généraux portaient surtout ce qui intéressait l'Ordre. Voici l'ordre des travaux : élections du secrétaire, des visiteurs du monastère de Cluny, du procureur général, des deux auditeurs des causes et des deux auditeurs des excuses ; lecture du rapport des visiteurs de l'année précédente, expédition par les définiteurs des affaires pendantes, puis élection des visiteurs de l'année présente et enfin comparution des visiteurs de Cluny qui donnent leur rapport sur la situation actuelle du monastère. Le Chapitre se terminait par l'élection des visiteurs de l'année suivante, à raison de deux par province ; les avis des capitulants et les décisions des définiteurs avaient pour objet tous les intérêts généraux et particuliers de l'Ordre : le paiement des dettes, la culture des terres, la défense des droits des religieux, leur régime domestique, le culte divin, l'entretien du chœur et des ornements de l'église.

La tenue fréquente des Chapitres généraux et surtout la présence de nombreux étrangers que la renommée de la grande abbaye y attirait, les foules qui se pressaient toujours sous les pas des évêques, des rois et des papes avaient, dès le XIIIᵉ siècle, donné à l'ancien bourg toutes les apparences d'une petite ville ; des marchands, des artisans, des hôteliers s'y étaient établis. Les maisons trois fois dévorées par l'incendie s'étaient relevées dans un style plus recherché, mais sans plan préconçu. On ne connaissait pas encore le rigide alignement des rues, ni la symétrie des carrefours. L'architecture de ces anciennes constructions est empruntée le plus souvent au style de la grande église, celui du XIIe siècle ; quelques unes remontent au XIe. Au rez-de-chaussée, s'ouvre une large baie ogivale, quelque fois un arc surbaissé, donnant accès à une salle qui servait de boutique. Un mur d'appui, destiné à étaler la marchandise, laissait bien un passage, mais le négociant ou l'artisan communiquaient directement avec les acheteurs qui se tiennent dans la rue. A côté du magasin, une petite porte s'ouvre sur un vestibule qui aboutit à un escalier ménagé, non sans un certain luxe d'ornementation, dans une tour octogone ou ronde et qui conduit aux étages supérieurs. Les plus anciennes maisons n'ont qu'un escalier droit qui reçoit le jour d'un *oculus* carré. Sur la façade règne souvent une galerie, éclairée par une suite d'arcades romanes très élégantes. Ces antiques demeures rappellent encore une vie de travail, d'aisance et de sécurité. Au temps où nous sommes arrivé, elles étaient dans toute la fraîcheur de leur belle architecture. Les étrangers, qui ne se lassent pas de les admirer, auront à leur tour des imitateurs dans les gentilshommes qui doivent composer l'escorte des seigneurs, à l'entrée solennelle de saint Louis roi de France, en 1245.

§ III. — Le roi saint Louis a Cluny.
1245.

En prescrivant ses nouveaux statuts, Grégoire IX avait recommandé à Hugues VI de recourrir aux bons offices des moines de Cîteaux, pour initier ses religieux au fonctionnement des Chapitres généraux qu'il venait de rétablir. Quel fut le succès de cette initiative, nous ne le savons pas. Tout ce que l'on peut affirmer c'est qu'après la démission volontaire ou forcée de Hugues VI, Raymond, prieur de Moissac, élu à sa place, déclina l'honneur qui lui était fait, d'autres disent le fardeau qu'on voulait lui imposer. Le grand prieur Odon fut lui-même remplacé par *Regnaud*, qui avait longtemps appartenu à l'ordre des Chartreux et qui jouissait d'une grande réputation d'austérité. Les relations entre les Chartreux et les Clunistes avaient toujours été empreintes de la plus grande cordialité ; les lettres de Pierre le Vénérable, qui de Domène se rendait souvent à la grande Chartreuse, en font foi.

Guillaume III de Pontoise, petit-fils de Philippe Auguste, recueillit la succession de Hugues VI, en 1244. Il avait été élevé à Cluny et s'y était fait remarquer par son aménité et sa science des Ecritures. Prieur de La Charité, il fut appelé par le choix de ses frères, sinon à inaugurer, du moins à poursuivre le mouvement de la réforme prescrite par les Souverains Pontifes. La Chronique n'y fait aucune allusion ; elle se borne à dire que Guillaume était très libéral à donner, affable avec les étrangers, discret dans ses paroles, modeste au commandement et circonspect dans les conseils. Il occupa le trône abbatiat pendant 24 ans. Jean de Dreux, comte de Chalon et de Mâcon avait, en 1238, vendu au roi saint Louis le Mâconnais et ses dépendances. Cette circonstance décida le pieux monarque à visiter Cluny, où il devait se rencontrer avec Innocent IV, mais disons quelle en fut l'occasion.

Lorsque Grégoire IX mourut, en 1241, Frédéric II qui n'avait tenu aucun de ses engagements, voulut empêcher les cardinaux de lui donner un successeur. Ce ne fut qu'en 1243 qu'il permit au conclave de se réunir. L'élu fut un prélat gibelin de Gênes, ami de l'Empereur ; « mais, dit celui-ci, aucun Pape ne peut être gibelin ». Innocent IV en effet ne fut pas moins zélé que ses prédécesseurs à défendre les droits de l'Eglise. Le concile qui avait été précédemment convoqué à Rome ne put s'assembler qu'à Lyon, en 1245. De cette ville, le pape vint à Cluny négocier avec le roi de France la pacification de l'Italie. Ce fut dans la deuxième semaine de novembre que Louis IX fit son entrée dans la célèbre abbaye. Il avait passé les fêtes de la Toussaint à St-Gengoux, où le souvenir de ses bienfaits reste encore la plus chère tradition du pays. « Ils furent avec lui, dit Guillaume de Nangis, ses trois frères et Madame Blanche, la reine, leur mère (1)... Se vous vissiez comment sa gent étoit glorieusement en armes, ordonnée par diverses parties et troupeaux entour de lui, vous dissiez certainement que ce fut un host ordonné à la bataille. Devant alloient cent sergents, bien montés et appareillés, les arbalestres aux mains, et autres cent les suivoient, les hauberts vêtus, les haumes aux têtes et les targes à leurs cols pendues. Après ces deux cents, venoient devant le roi cent autres armés de toutes armes, les glaives au poing, forts et reluisants ; et le roi venoit après en la quatrième rangée, environné de grande multitude de chevaliers armés et entra ainsi dans l'abbaye de Cluny où le pape estoit. »

Blanche de Castille, en partant pour la Bourgogne, avait obtenu de Rome la permission d'entrer à Cîteaux

---

(1) La Chronique de Cluny range, au nombre des suivantes de la reine Blanche une sœur de lait de saint Louis, Pernette. veuve d'un marquis nommé Guichard. Cette princese, ayant demandé à rester à Cluny, y trouva quinze ans de repos. Elle mourut, en 1286, et fut inhumée dans la grande église. Son tombeau était l'une des sépultures les plus curieuses du monastère.

avec douze suivantes. Elle eut le même privilège, à Cluny. Dès qu'Innocent IV fut prévenu que le roi approchait, il sortit du monastère avec tout son clergé et alla au devant de lui. Le prince était dans sa trentième année, avec tout l'éclat et la fraîcheur de sa récente guérison; il s'inclina devant le Souverain-Pontife. Celui-ci le releva et l'embrassa tendrement. Les négociations commencèrent aussitôt ; la première qui avait pour objet la croisade ne présenta aucune difficulté. Mais quand le roi voulut parler de l'empereur et proposer quelques accomodements, il ne trouva pas, prétend l'abbé de Choisy (1), la même facilité. Saint Louis s'employa, il est vrai, à réconcilier l'empereur avec le pape, mais cherchant toujours à obtenir la soumission du premier, jamais celle du second.

Innocent IV officia pontificalement, le jour de saint André apôtre, dans la grande église du monastère, assisté de douze cardinaux, d'un grand nombre d'évêques et d'abbés. Parmi ces derniers on remarquait l'abbé de Cîteaux, au milieu de plusieurs religieux de son Ordre. Les princes n'avaient pas été les moins empressés ; à côté du comte d'Artois, frère du roi, se trouvaient l'empereur de Constantinople, les fils des rois d'Aragon et de Castille, le duc de Bourgogne, le comte de Ponthieu, tous les chevaliers du conseil du roi de France, les sires de Beaujeu, de Bourbon. Le concours du peuple était immense. C'est à peine si la basilique et son narthex suffisaient à contenir la foule des pèlerins accourus de tous les points du royaume.

« Il faut savoir, reprend le chroniqueur (2), que

---

(1). Cet auteur suit l'opinion erronée du moine anglais, Matthieu (de) Paris 1259.

(2) Guillaume de Nangis, moine de Saint-Denis. Cf. *Spicilegium* de d'Achery.

dans l'intérieur du monastère, reçurent l'hospitalité le seigneur pape, avec ses chapelains et toute sa cour, les évêques de Senlis, de Soissons (et de Langres) avec leurs maisons. Et cependant les moines ne furent point dérangés de leur dortoir, de leur chapitre, de leur réfectoire, ni d'aucun des lieux réputés conventuels. »

Guillaume III et ses religieux, profondément touchés de la bienveillance que leur avait témoignée Innocent IV, prirent l'engagement de célébrer la sainte messe à ses intentions. Ils fondèrent en outre un anniversaire à l'autel de saint Clément ; deux fois par an, une aumône générale devait être faite à cent pauvres, le tout au nom et en faveur du Souverain Pontife, leur hôte.

L'imposante entrevue du pape et du roi, en 1245, laissa un tel souvenir que le franciscain fra Salimbene, passant par Cluny plusieurs années après, en recueillit les échos et les consigna dans sa chronique.

L'année suivante, en 1246, Innocent IV et le roi de France se rencontrèrent de nouveau à Cluny, aux fêtes de Pâques. Pendant les négociations, Frédéric menaça d'assiéger Lyon pour s'emparer de la personne du Pape. A cette nouvelle, saint Louis leva des troupes. Blanche de Castille et ses trois autres fils, imitant l'exemple du roi, se déclarèrent prêts à marcher au secours du Souverain Pontife ; déjà les comtes d'Artois, de Poitiers et d'Anjou convoquaient leurs chevaliers. Que l'empereur franchisse les Alpes et toutes les forces de la France s'avanceront jusqu'aux bords de la Saône et du Rhône. Frédéric, qui avait en vain cherché par ses délégués à se justifier devant le concile, rentra en Italie, où il mit tout à feu et à sang, n'épargnant ni ses conseillers, ni ses propres enfants. A la fin, il mourut à Palerme, réconcilié avec l'Église par l'évêque de cette ville, selon les uns et d'après les autres, obstiné et donnant tous les signes du désespoir.

La fortune des Hohenstaufen ne lui survécut pas. Conradin son petit-fils périt sous les coups de Charles d'Anjou, en 1268. La querelle séculaire du sacerdoce et de l'empire, à laquelle les abbés de Cluny avaient pris une si grande part, était enfin terminée. Elle reprendra, il est vrai, sous un autre prétexte que les investitures, mais Cluny ne sera plus ni le seul ni le principal appui de la papauté. Saint Louis qui avait pris la croix à la suite de sa guérison, en 1244, revint une troisième fois à Cluny, avant de s'embarquer pour l'Egypte, à Aigues-Mortes. Ce fut au grand monastère qu'il se sépara de sa mère qu'il ne devait plus revoir. Mais, à son retour de la Terre-Sainte, Louis IX n'oublia pas Cluny. Les bourgeois de Charlieu, ayant violé les droits des moines, encoururent la condamnation du conseil royal. Ceux de Cluny, au contraire virent leurs privilèges de nouveau sanctionnés par le grand monarque. Saint Louis obligea, en 1258, son bailli à venir prêter serment entre la main du Seigneur abbé de Cluny, avant d'exercer à St-Gengoux ses fonctions judiciaires et financières.

A cette date, Guillaume de Pontoise avait résigné ses fonctions ; nommé évêque d'Olives, en Achaïe, il avait suivi le mouvement de la croisade et était mort en Palestine. Mais avant de s'éloigner de Cluny, il avait fait la visite de ses monastères d'Angleterre. Innocent IV l'avait muni d'une lettre pour le roi Henri III, l'ombrageux fils de Jean-sans-Terre. Le Souverain Pontife priait le prince de favoriser l'abbé de Cluny dans son office, quand même il ne lui prêterait pas serment, « les moines de l'Ordre n'ayant jamais juré foi et hommage à aucun seigneur temporel. »

Ainsi les abbés de Cluny, nous l'avons remarqué, avaient conservé avec les nouveaux statuts toutes leurs prérogatives et le droit personnel de visite ; ils présidaient les Chapitres qui avaient lieu tous les ans. Le premier dont on a conservé le compte-rendu est celui de 1259 ; les omissions furent rares ; mais par contre les absences des prieurs et des abbés étaient fréquentes ; de nouvelles mesures furent proposées et adoptées pour les rendre impossibles. Dans ce but, les maisons furent distribuées en provinces ; il y en eut neuf ; à la tête de chacune d'elles, se trouvait un vicaire général de l'abbé de Cluny qui portait le nom de *Chambrier* (*camerarius* du mot de *camera*), sous lequel les provinces étaient souvent désignées elles-mêmes. On complétera cette organisation dans la suite, en envoyant un procureur de l'Ordre, à Rome, ou à Avignon, auprès du pape, et un autre auprès du roi, avec mission de prendre en mains les intérêts de Cluny et de ses monastères.

Munie de tous ses agrès, l'embarcation de St-Pierre et de St-Paul de Cluny aura à traverser sous peu de gros orages qui s'amoncelaient déjà à l'horizon de la société chrétienne. La disparition des Hohenstaufen fut suivie dans tout l'Empire d'une anarchie telle qu'elle sembla à plusieurs être la fin de l'Allemagne ; on lui a donné le nom de grand interrègne. Ce fut en vérité la fin du *Saint Empire Romain*. Il n'en resta qu'un vain titre que les Allemands vendirent à des princes étrangers. A la fin, sur les instances du pape et devant les progrès de l'anarchie, les électeurs se décidèrent, en faveur d'un prince allemand, Rodolphe de Habsbourg ; mais ni le fondateur de la Maison d'Autriche, ni ses successeurs n'eurent l'ambition de jouer le rôle des grands empereurs du moyen-âge. Si la papauté y gagna en indépendance, elle eut la douleur de voir tomber le bel élan des croisades. Aucun effort ne réussit à le ranimer. Ni Cluny, ni Cîteaux n'auront le prestige suffisant pour réveiller l'ardeur des chevaliers chrétiens. Saint Louis, en mourant sous Tunis, emporta dans la tombe ce qui avait été l'idéal de toute sa vie. La France, grâce à ses vertus, grâce aussi à l'esprit de suite des rois, ses prédécesseurs, se trouvait être l'Etat le plus puissant et le plus prospère, celui dont l'influence était prépondérante dans la société chrétienne, comme dans le monde musulman.

§ IV. — Etat géographique de l'Ordre

Les bans sacrés de Cluny avaient été tracés une première fois, en 1079, par saint Grégoire VII et de nouveau, en 1144, par Lucius II.

Ces derniers plus étendus étaient indiqués : par une 1ère borne, sur le chemin de la Motte, au-dessus de Berzé, — par une 2e, sur l'ancienne voie romaine de *Luna,* au midi, près d'un moulin situé sur la Valouse, — par une 3e, au midi de Bordes (Château), — par une 4e, à la Croix-Micaud, — par une 5e, près de la Dent-Turge, sur le chemin de Cluny au Mont-St-Vincent, — par une 6e, sur la voie romaine, près de Merzé, — par une 7e, sur le chemin de Cluny à Brancion, au nord de Varanges, au-dessus du bois Bannard, — par une 8e, sur le chemin de Cluny à Tournus, à l'est de Donzy-le-Pertuis, sur le ruisseau de Mouge, — par une 9e, au-dessus du bois de Boursier, sur le chemin de Cluny à Péronne et par une 10e, au-dessus du *plastre* de Montmain, où existait l'ancienne chapelle de Ste-Radegonde, sur le chemin de Cluny à Igé.

Les bans assignés par la bulle de 1079 comprenaient les limites actuelles de Cluny, où étaient situées les trois anciennes paroisses. La bulle de 1144 indique plutôt le territoire affranchi de la juridiction temporelle. Il est traversé par la Grosne et limité, à l'est et à l'ouest, par les deux chaînes de montagnes qui enserrent son bassin, à droite et à gauche ; c'était un territoire mesurant 10 kilomètres de chaque côté, de l'est à l'ouest et du sud au nord. Cluny en occupait le milieu, au fond de la vallée.

Il serait temps, si la chose était possible, de dresser l'état géographique de l'Ordre de Cluny. C'était un vaste empire spirituel, qui s'étendait de l'Ecosse jusqu'en Terre Sainte ; la grande abbaye en était le centre. La simple énumération de ses possessions en Europe occupe 47 colonnes in-f° (col 1705 à 1752) du précieux recueil édité, en 1614, par dom Marrier, moine de St-Martin-des-Champs. Nous ne pouvons que renvoyer le lecteur à cette très curieuse nomenclature (1). Bornons-nous à donner un rapide tableau des provinces de France et à jeter un simple coup d'œil sur les divers États de l'Europe, où Cluny multiplia ses fondations. La province de *Lyon* renfermait : Cluny, dont le monastère, au XIII° siècle, ne comptait pas moins de 250 religieux ; Paray, prieuré de 25 moines : Marcigny, double prieuré, l'un de 99 religieuses (la sainte Vierge étant de droit Notre-Dame Abbesse) l'autre de 12 moines ; Gigny, 25 moines ; Nantua et St Marcel, autant ; le doyenné de Vergy, 20 moines et le prieuré d'Ambierle autant.

La province de *France* venait en second lieu, mais elle était la plus active et la plus zélée. L'abbaye de Beaulieu en Argonne datait de 642 ; c'est le pape

---

(1) Le présent état dressé, vers la fin du XV° siècle, n'est qu'un abrégé du précédent. Il donne le nombre des principales maisons avec le nombre des religieux *ab antiquo*.

Urbain II qui l'avait unie à l'Ordre de Cluny, en lui conservant son titre abbatial ; venait ensuite La Charité-sur-Loire, au diocèse d'Auxerre, avec 80 moines ; quoique la dernière en date, elle était la première des filles de Cluny. Son prieur était le premier de l'Ordre ; chaque année, il réunissait en Chapitre les prieurs de ses maisons et assistait avec quatre d'entre eux au Chapitre général ; il prenait rang après le grand prieur de Cluny.

Saint-Martin-des-Champs, fondation du roi Philippe Ier partagea avec La Charité le privilège d'augmenter la fécondité de l'Ordre. De son cloître, construit en 1369, sortirent des moines et des évêques éminents. Citons Ymar, prieur de La Charité, créé cardinal par Innocent II, deux abbés de Cluny Guillaume Ier et Guillaume III.

Une foule de savants, qui ont étudié ou professé à St-Martin des Champs, n'ont pas peu contribué à la renommée de Cluny et de l'Ordre bénédictin tout entier. Vingt-six prieurés en France, trois en Angleterre, des chapelles, des cures nombreuses, dans le diocèse de Paris et dans les diocèses voisins, attestaient, au XIIIe siècle, sa richesse et son influence.

Pithiviers dans l'Orléanais, Longpont, au diocèse de Paris, étaient au nombre des grands prieurés qui vers cette époque furent donnés à Cluny. La liste en est aussi longue que glorieuse. Citons quelques noms. St-Pierre de Coïncy comptait 36 moines ; Lihons en Santerre, 26 moines ; St-Pierre d'Abbeville et St-Leu d'Esserent, 24 ; St-Arnoul de Crépy-en-Valois, 28 ; Nogent-le-Rotrou, 27 ; St-Saulve de Valenciennes, 28 ; Sainte-Marguerite d'Elincourt, 13 ; Sainte-Marie de Nanteuil, 13 ; Montdidier, 12 ; Ste-Marie de Caye, 20 ; St-Réveriens de Nevers, 13 ; Ste-Marie de Donzy-le-Pré, 13 ; St-Fidès de Longueville, 36 ; St-Pierre et

St-Paul de Rueil, 25 ; autre prieuré de même vocable à Bonny, 12 ; Sté-Marie de Gournay-sur-Marne autant. Nevers possédait en outre Saint-Etienne et un grand nombre de petits prieurés moins importants.

Le doyenné de Paray, effacé en quelque sorte par le voisinage de Cluny, reliait Souvigny (40 moines) et Sauxillange avec l'abbaye dont ils avaient été les premières fondations. Marcigny était à ses portes ; de là on pénétrait en Auvergne, berceau de Guillaume le Pieux ; toutefois cette religieuse contrée regardait Cluny plus comme sa fille que comme la mère de ses nombreux couvents. Sauxillange avec 49 moines et sa célèbre école de grammaire et de théologie soutenait la gloire des temps passés ; mais Marsac et d'autres prieurés se détachèrent de Cluny, au XIII° siècle.

Restèrent : Mosac avec 41 moines ; Thiers, 20 moines ; La Voulte, 25 moines ; et le prieuré de Riz, 20 moines.

La province voisine de *Gascogne* qui s'étendait de Mende aux Pyrennées avait également perdu son ancienne importance. On comptait encore Carennac avec 12 m. ; Moissac, 30 m. ; Campredon en Catalogne ; Arles-sur-Tech, Saint-Orens, Eysses, Layrac, Lézat, avec 25 moines ; Figeac 40 m. et le prieuré de La Daurade en avait 25.

En *Provence* une ligne presque continue de plus de quarante prieurés conduisait d'un coté à St-Gilles près de la mer, de l'autre à Valensolles, patrie de saint Mayeul. Citons St-Saturnin-du-Port avec 30 m. ; Tornac avec 15 m., Lagrand, Rompont, St-Marcel de Die, Ganagobie, Domène, Faillefeu, St-Victor et Contamines, à Genève, sont des maisons de 10 à 12 m.

La province d'*Allemagne* comptait des maisons très prospères : La Balme, Payerne, Romain-Moutiers, Vaux-sur-Poligny et St-Alban de Bâle. Celle d'*Italie* ne conservait plus que l'abbaye de Padolirone et les prieurés de Saint-Mayeul à Pavie, et de St-Jacques de Pontido. Ces maisons ne comptaient pas moins de 25 religieux en moyenne.

La province *d'Angleterre* et d'Écosse possédait St-Pancrace de Londres qui était une des quatre filles de Cluny, avec 26 m., l'abbaye de Paisley, 24 ; les prieurés de Linton avec 22 m. ; de Montaigu avec 24 ; de Thetford, 22 ; de Bromholm avec 16. Les prieurés de Bermondsay, 24 ; de Wenlock, 40 ; d'Arthingon, 25 ; de Pontefract, 22 ; de Mendham, 9 ; de Pittwerell, 14 ; de Farleigh, 20 ; de Clifford, 11 ; de Crossagnier, au diocèse de Glasgow ; de Castle-Acre avec 26 m.

En *Espagne* on comptait Ste-Marie de Najera avec 30 m. ; St-Pil de Carrion, 25 ; St-Isidore de Valencia, 12 ; St-Marie de Ratès, 15 ; en *Portugal*, St-Pierre de Cacerès, au diocèse de Viseu, 10.

Les couvents de moniales sont moins nombreux : Salles, au diocèse de Lyon, a 30 religieuses ; même nombre à St-Victor de Cey (Liège). Marsac, Lavenne, Courpiere, dans la province *d'Auvergne*, ont respectivement 50, 80 et 20 religieuses ; à Lavennes, il y a en outre 20 jeunes filles et un petit prieuré de 4 moines.

En Italie, Canturio, au diocèse de Come, avec 40 religieuses ; St-Colomban, à Pontido, 20 ; et en Espagne, St-Christophe de Layre, au diocèse de Pamplune, a 17 religieuses.

L'auteur de cet état ajoute qu'il y avait à Cluny 260 religieux avant la grande mortalité de 1346, dite *peste de Florence* ; mais que leur nombre diminua ensuite en même temps que les grandes abbayes se détachaient de l'Ordre.

CHAPITRE VIII

Les abbés féodaux.

§ I. — DE YVES DE VERGY A BERTRAND DU COLOMBIER (1257-1308.)

Yves Ier de Vergy ou de Poyson succéda, en 1257, à Guillaume de Pontoise. Il était fils de Hugues de Beaumont-sur-Vingeanne et avait été prieur de St-Marcel-les-Chalon. Gérard d'Auvergne qui écrivait de son temps a fait d'Yves un pompeux éloge : « Il fut, dit-il, le héraut du Verbe de Dieu, la trompette de l'évangile... l'œil de l'aveugle, la langue du muet, le pied du boiteux, le soleil de la terre, la lumière de la patrie... Sa conversation était l'école de la délicatesse, l'appui des bonnes mœurs, un moyen de salut. D'un jugement droit, il parut un ange terrestre ; tout entier aux œuvres de miséricorde, il donnait abondamment et agissait avec sagesse... » La Chronique de Cluny ajoute que ces traits ne sont que l'expression de la vérité.

Nous arrivons à une époque de transition. Le moyen-âge touche à sa fin. Aux croisades, expéditions héroïques dirigées contre l'ennemi commun de la foi chrétienne, vont succéder les guerres particulières entre peuples voisins. L'idéal de Charlemagne n'est plus qu'un souvenir.

L'Ordre de Cluny eut alors à subir des pertes énormes. Les progrès de son organisation ne purent rien contre la force des événements politiques.

L'Europe chrétienne se désagrège ; les nations obéissent à des rivalités qui opposent d'insurmontables obstacles au caractère catholique de la famille bénédictine par excellence. Les monastères anglais d'abord, ceux de l'Allemagne ensuite, puis les maisons de Suisse et enfin celles d'Espagne et d'Italie trouvèrent pénible et humiliant leur dépendance d'une abbaye française. Voilà le pénible spectacle qu'il nous reste à contempler, durant les XIV° et XV° siècles. Les Chapitres généraux essayeront en vain, avec les abbés de Cluny, d'arrêter cette décadence que le grand schisme d'Occident rendra irrémédiable.

Yves de Vergy fut l'homme de la Providence pour guider sagement l'Ordre de Cluny dans les voies nouvelles où il allait entrer. Par ses soins une paix profonde et une grande régularité ne cessèrent de régner tant au grand monastère que dans toutes les maisons de l'Ordre. Le nombre des religieux résidant à l'abbaye dépassa souvent deux cent quarante ; il ne descendit pas au-dessous.

La prudente administration d'Yves Ier lui permit d'éteindre une grosse dette qui de nouveau grevait le monastère. C'était, on le sait, le souci perpétuel des abbés de Cluny d'équilibrer le budget de la maison ; les aumônes qu'on distribuait étaient à la fois si importantes et si nombreuses que les ressources ordinaires suffisaient rarement. Yves de Vergy réussit à les accroître, grâce à la donation que lui fit le seigneur de La Marche des vignes qu'il possédait à Givry et en retour de laquelle il fonda pour sa famille un solennel anniversaire. Le successeur d'Yves Ier complètera cette acquisition importante par la cession que lui fit Eudes IV, duc de Bourgogne, de Gevrey, dans les montagnes, dites de la Côte. Terres, serfs et le château lui-même tout fut donné à Cluny. Les vignes de Mont-Rachet, près de Saint-Gengoux que Constantin, bourgeois de cette ville, offrit au monastère entrèrent aussi sous Yves Ier dans le domaine de Cluny, avec une rente de vingt-cinq livres, provenant du doyenné de Saint-Gengoux et destinée à fournir aux frais de l'anniversaire du pieux abbé. Apparenté à la famille ducale, il en obtint de larges gratifications qui lui permirent d'orner la basilique de Cluny de nombreuses statues d'or et d'argent, d'ornements, de croix, de candélabres et de vases sacrés ; il fit copier à l'usage de ses moines de beaux livres liturgiques dont il était amateur, et en même temps il réussit à enrichir la bibliothèque ou *librairie* de vingt-deux manuscrits précieux qui furent, selon la coutume, enchaînés, dans la crainte qu'on ne vînt les prendre ou les disperser.

Mais ce qui a le plus contribué à illustrer le nom d'Yves Ier fut la fondation à Paris du collège de Cluny, en 1269. Jusqu'en 1260, les scholastiques de Cluny n'avaient pas à Paris de résidence fixe. Le chapitre de l'Ordre ayant décidé de créer pour eux une maison d'études, Yves de Vergy acheta de l'Hôtel-Dieu un vaste terrain, où il fit bâtir à la fois le collège qui reçut dès lors le nom de Cluny et un oratoire que les successeurs d'Yves remplaceront par une admirable chapelle, en pur style ogival, souvent comparée à la *Sainte-Chapelle* de saint Louis elle-même.

L'hospitalité que les étrangers recevaient dans cette maison lui fit donner aussi le nom d'*Hôtellerie de l'Europe*. C'était le temps où florissaient Duns Scott, Vincent de Beauvais et saint Thomas d'Aquin. L'Université de Paris livrait déjà une guerre acharnée aux religieux qui enseignaient dans la ville. La querelle du monopole contre la liberté remonte ainsi à cette époque reculée. L'abbé de Cluny n'hésita pas à mettre entre les mains de ses religieux la *Somme théologique* et son exemple entraîna Cîteaux ; c'était introduire la philosophie péripatétitienne dans l'enseignement de la théologie, et l'on sait quelle nouvelle force de démonstration cette méthode a donné à l'enseignement de la foi.

A Cluny, Yves Ier augmenta les bâtiments conventuels, répara ceux qui tombaient de vétusté, éleva des greniers et construisit la *tour du Moulin*, qui s'élève encore sur le mur méridional de l'abbaye. Les moines mieux nourris eurent des rations de poisson et de vin, à certains jours de fête ou quand l'office de nuit durait plus longtemps. L'abbé préleva sur son patrimoine pour leur procurer en hiver des capuches de mouton fourrées. Il resserra les liens qui unissaient déjà Cluny à St-Bénigne de Dijon, et sa sagesse le fit choisir comme juge dans la question toujours pendante de La Balme et de Cluny.

D'autres litiges monastiques qui s'étaient élevés au midi de la France, et surtout la grosse querelle de l'archevêque de Lyon, Philippe de Savoie, avec ses chanoines furent soumis à son arbitrage. Le règne d'Yves Ier a été le plus remarquable du XIIIe siècle. Alphonse de Poitiers, fils de saint Louis, donna à l'abbé de Cluny des preuves réitérées de son dévouement. Escurolles en Auvergne fut la principale de ses fondations que le saint roi s'empressa de ratifier. En 1270, le droit de patronage de Cluny sur Péronne ayant provoqué des troubles dans les obédiences de Dommange et d'Igé, Yves Ier sut les apaiser au gré de l'évêque de Mâcon et des curés intéressés.

Yves II de Chassant, son neveu, lui succéda en 1275, et marcha sur ses traces. Ces deux règnes ont donné à Cluny une période de trente deux années de calme et de prospérité.

Les moines en profitèrent pour fortifier les châteaux de Boutavent et de Bézornay qui protégeaient les approches de Cluny l'un au sud, l'autre au nord. Yves II acheva les constructions du collège de Cluny à Paris, en lui donnant un cloître et en l'entourant de murs.

Il sut, comme son prédécesseur, mériter la confiance des rois et des seigneurs. C'est durant les années 1278 et 1279 que de nouvelles chartes de donation complétèrent les premières possessions de Cluny à Corpeau, Meursault et Puligny, et que l'abbaye reçut aussi des droits de *blairies* sur Malay, Cortamblain, Gugy et Bissy. Les expressions dont se servent à l'égard d'Yves II, Jean de Blanot, seigneur d'Uxelles, et Bouillon de Guincey respirent les sentiments de la vénération la plus profonde.

Quelques adoucissements purent ainsi être apportés à l'ordinaire des religieux, aux fêtes des saints abbés de Cluny, de sainte Madeleine et aux funérailles d'un moine ; ce dernier usage rappelle une coutume ancienne conservée dans les populations bourguignonnes, qui consiste à célébrer par un festin les funérailles d'un parent. Philippe le Hardi, fils de saint Louis, désireux à son tour de témoigner à l'abbé de Cluny la bienveillance qu'il lui portait, défendit, par un diplôme de 1281, de faire battre monnaie à St-Gengoux, au préjudice de la monnaie abbatiale qui y avait cours. Les émoluments perçus par les tabellions revinrent désormais au roi et à l'abbé par égales parts.

C'est alors, en 1280, que les Cisterciens affilièrent à leur Ordre l'abbé de Cluny et sa congrégation. Chaque année leur Chapitre général fit à l'avenir mémoire d'eux dans les prières solennelles de clôture.

Guillaume IV d'Izé n'occupa le siège abbatial que

fort peu de temps ; il avait été définiteur du Chapitre de 1263, puis prieur de St-Marcel. C'est lui qui accorda aux religieux des bas de toile blanche. On voit que les temps des rigides observances sont passés. Mais cet adoucissement à la règle fut appouvé par le Chapitre qui se tint en 1295.

Guillaume IV mourut la même année et *Bertrand du Colombier* lui succéda : il remontait par sa mère à Philippe Auguste. La Chronique loue sa science et son éloquence. Il sut maintenir une grande paix au monastère durant les treize années de son gouvernement. Maîtres Etienne Bordot et Perrenet Paillard de Cluny lui vendirent des vignes qui permirent de compléter le tènement du clos, dit de St-Lazare. A Péronne, une tour et de nouvelles maisons doublèrent l'importance de cette obédience. L'hôtellerie du monastère, reçut également les gracieuses galeries (1) qui continuèrent si bien au midi la façade du cloître, qui a conservé le nom du pape Gélase II.

Bertrand fut heureux surtout d'embellir de nouvelles décorations l'église abbatiale et de l'enrichir des précieuses reliques qu'il avait apportées de Rome ; le corps de saint Philippe et une manche de la sainte Vierge furent alors déposés dans le trésor de la basilique de Saint-Pierre, dont nos pieux cénobites étaient si fiers. C'est aussi à cette époque qu'ils édifièrent une chapelle, en l'honneur de saint Louis que Boniface VIII venait de canoniser.

Ce pontife, accompagné de neuf cardinaux, vint passer quinze jours à Cluny ; il en renouvela tous les privilèges et plaça sous l'autorité de Bertrand les monastères de Beaulieu-en-Argonne, de Fécamp et de Luxeuil. Boniface VIII nomma l'abbé de Cluny

---

(1) Elles ont été sottement détruites sous la Révolution.

son légat en France ; il se rendit ensuite à Rome pour le jubilé de l'an 1300, qui vit affluer auprès du tombeau des saints Apôtres des multitudes de pèlerins, mais qui devait être bientôt suivi de l'attentat sacrilège de Nogaret sur la personne même du Pape, à Agnani. La vieille querelle du pouvoir temporel et de l'autorité spirituelle prit en France cette nouvelle forme de la violence. Pour avoir rappelé à Philippe le Bel et à ses légistes la doctrine constante de l'Eglise sur la subordination des princes au regard de la conscience, Boniface VIII se vit en butte aux plus mauvais traitements. Quel ne fut pas l'étonnement de la cour de Rome, lorsque l'on sut que l'abbé de Cluny s'était joint aux membres du Clergé de France et avait pris parti pour le roi contre le Pape ! Bertrand du Colombier siégea aux premiers États généraux que Philippe le Bel avait réunis à Paris pour défendre, disait-il, les droits de la couronne. En 1302, ce prince vint avec ses deux fils aînés et son frère, Charles de Valois, visiter Cluny et témoigner à l'abbé toute sa satisfaction.

Les grands seigneurs de France et de Bourgogne l'accompagnèrent, ainsi qu'une multitude d'évêques et d'abbés. Bertrand de Goth, archevêque de Bordeaux, fut du nombre. Quand il eut été élu pape sous le nom de Clément V, il revint une seconde fois visiter Cluny, en 1305. Il arrivait de Lyon où avait eu lieu la cérémonie de son sacre. Les habitants de Cluny ayant encouru la peine de l'interdit pour s'être révoltés contre le seigneur abbé, la présence du pape au milieu d'eux devint l'occasion d'un repentir général, aussitôt suivi d'un pardon généreux.

§ II. — Henri de Fautrières (1308-1319)

Bertrand du Colombier mourut à Avignon, où il était allé rendre sa visite à Clément V. Cependant la pacification des esprits ne fut complète à Cluny que sous *Henri de Fautrières* (1) son successeur, élu en 1308.

Le nouvel abbé appartenait à la première noblesse du Charollais ; ses ancêtres, alliés aux Courtenay, s'étaient illustrés aux croisades, mais ce qui valait mieux, Henri de Fautrières se distinguait par toutes les vertus qui font les saints religieux. Il fut successivement prieur de Froville au diocèse de Toul, puis procureur général de l'ordre à la cour pontificale à Rome d'abord, et ensuite à Avignon. Il était encore en cette charge quand il fut élevé à la dignité abbatiale.

Dès son arrivée au grand monastère, il obtint des Clunysois un serment de fidélité qui fit oublier les séditions et les mutineries des années précédentes. De son côté, le roi avait accru les privilèges des habitants durant son séjour à Cluny ; tout était donc à la joie et à l'espérance quand Henri Ier prit en main le gouvernement de l'Ordre. Les statuts de Grégoire IX, en 1233, et de Nicolas IV, en 1289, avaient conservé à l'abbé le pouvoir de faire telles ordonnances qui lui sembleraient nécessaires. C'est à quoi Henri de Fautrières s'appliqua avec autant de fermeté que de douceur.

Il n'y a pas lieu toutefois de s'étonner de la nécessité de ces réformes successives. Elles étaient réclamées tantôt par des besoins nouveaux, tantôt par des circonstances particulières. Les statuts de Henri de Fautrières sont des plus remarquables

---

(1) Fautrières, ancienne paroisse annexée à Palinges.

et donnent un aperçu très juste des coutumes monastiques, au début du XIV° siècle.

Les observances spéciales à Cluny sont toujours l'hospitalité offerte très largement aux pèlerins, aux religieux voyageurs, et l'aumône qui ne connut jamais les détresses financières du monastère. Henri Ier rappelle les prescriptions de ses devanciers sur le bon ordre de la maison, sur le soin à donner aux malades, sur la tenue des religieux soit au dedans soit au dehors de la maison. L'abus des étoffes précieuses avait disparu ; il n'est pas moins proscrit de nouveau.

Le vestiaire était à la charge du Chambrier qui devait se fournir chez les drapiers et les corroyeurs, car on ne confectionnait pas d'étoffes à l'abbaye. Lorsque le Chambrier faisait un achat, il lui était recommandé de payer quelques deniers en sus du prix stipulé ; s'il vendait, il devait au contraire ajouter à la quantité convenue. Saint Benoit prescrit dans sa règle à ses moines de vendre toujours plus bas prix que les séculiers. Henri de Fautrières prend en outre les mesures les plus efficaces pour empêcher l'esprit de lucre ou de négoce de s'introduire parmi ses religieux.

Que les heures canoniques soient chantées avec piété et sans précipitation, chacune en son temps, de façon que l'intelligence soit pour la louange de Dieu en parfaite harmonie avec la voix. Tous les jours, une messe conventuelle sera célébrée en grande solennité. Mais, voyant que les longs offices de la nuit, pendant l'Avent et le Carême, fatiguaient beaucoup les religieux et leur causaient de nombreuses infirmités, il les fit abréger.

Chaque religieux prêtre doit offrir le saint sacrifice, au moins une fois par semaine ; les simples frères suivront la même règle pour leurs communions. Henri Ier recommande avec force la dévotion à la sainte

Vierge et prescrit le chant du *Salve Regina*, à la fin de la journée, selon l'usage de Cîteaux.

La fête de saint Louis sera ajoutée aux grandes solennités de l'ordre, à titre de *festum in cappis*. Son nom fut inséré au martyrologe, au calendrier et dans les litanies des saints qui se récitaient chaque jour.

Henri de Fautrières fut convoqué, en 1431, au Concile de Vienne (XV° général) et prit une part active à l'épineuse affaire des Templiers. Le pape Clément V confirma sur sa demande les privilèges de la grande abbaye bourguignonne. Le Concile ayant renouvelé les prescriptions d'Urbain IV, en 1246, relativement à la fête du Saint-Sacrement, l'abbé de Cluny en rendit la célébration obligatoire dans tout l'Institut, avec la même magnificence que les cinq plus grandes fêtes de l'année ; le temps n'est pas éloigné où les religieux de l'abbaye formeront avec les fidèles des trois paroisses de Cluny un cortège splendide, au monastère et dans la ville, pour honorer la divine Eucharistie.

Au XIV° siècle, bon nombre de prieurés avaient encore charge d'âmes. Henri de Fautrières veut que les religieux employés au ministère pastoral ne se laissent pas distraire de leur office ; il les exhorte vivement à travailler au salut des pécheurs, à temps et à contre-temps. Il réglemente de la manière la plus précise la tenue des Chapitres généraux et insiste sur le petit nombre des montures qui seront données aux capitulants ; chaque prieuré payera les frais de voyage de son député, jusqu'à ce que le Chapitre ait réglé et approuvé cette dépense.

Les statuts de Henri de Fautrières ont aussi pour objet la conservation et l'emploi des biens monastiques. Il est défendu de les vendre ou de les aliéner, à quelque titre que ce soit ; une grande modération est prescrite dans le nombre des serviteurs et des chevaux ; toute spéculation commerciale demeure interdite ; on ne fera aucun emprunt aux Juifs, à moins d'une urgente nécessité ; si on a dû s'adresser à eux, en cas de besoin pressant, on doit rendre le plus tôt possible.

Mais ce qui complète heureusement les statuts de Henri Ier, c'est la précision avec laquelle il fixe le programme des études au collège de Cluny, à Paris ; rien n'est oublié depuis le choix consciencieux que les prieurs et abbés doivent faire des jeunes religieux qu'ils enverront à Paris, jusqu'à la préparation des examens et à la collation des grades de Bacheliers et de Maîtres en Théologie.

Les moines de Cluny durent à Henri Ier une innovation, dont ils lui furent reconnaissants ; jusqu'alors ils se faisaient mutuellement la barbe et la tonsure ; c'était plutôt, dit le chroniqueur, une *écorcherie* qu'une barbe. A l'avenir deux barbiers salariés furent chargés de ce soin, Henri Ier crut devoir également attribuer quelques petits émoluments aux officiers claustraux et aux circateurs ou surveillants des dortoirs, au grenetier, au cellerier et aux réfectoriers, qui étaient presque constamment en fonctions. C'est à lui que l'on doit le Grand-Etang de Cluny, dont la construction coûta plus de 1.500 livres, somme énorme pour le temps.

Les seigneurs de Berzé-le-Châtel et d'autres gentilshommes de la contrée firent à Henri Ier d'importantes donations soit en terres, soit en argent ; les unes et les autres furent affectées à des fondations d'anniversaires pour leurs familles.

Sur la fin de sa vie, Henri de Fautrières se démit de ses lourdes fonctions et accepta l'évêché de Saint-Flour que Jean XXII lui offrait ; il y mourut peu de temps après. Son successeur *Raymond de Bonne*, neveu du Souverain Pontife, avait été prieur de Saint-Marcel-les-Chalon.

Elu en 1319, il ne garda sa charge que deux ans ; s'étant, sur un avis du pape rendu à Avignon, il y décéda, en 1322, et fut inhumé à l'église Notre-Dame des Doms.

§ III. — DE PIERRE DE CHASTELLUX A RAYMOND DE CADOÈNE (1322-1416).

Pierre II de Chastellux qui succéda à Raymond de Bonne, gouverna l'Ordre de Cluny pendant douze années avec une sagesse qui lui permit d'éteindre une dette de 80.000 livres, ce qui ne l'empêcha pas de réunir le prieuré de Paray à la manse abbatiale. Il put de même construire de nouvelles chapelles à la grande basilique et l'orner des célèbres statues de saint Odon, saint Odilon, saint Mayeul et saint Hugues, si chères à la piété des moines. On lui attribue aussi la seconde tour des Barabans dans laquelle il plaça les grosses cloches de ce nom ; une septième flèche fut élevée sur le côté méridional de la basilique pour y placer une horloge, dont celle de Lyon ne fut qu'une imitation ; elle contenait un calendrier perpétuel marquant l'année, le mois, la semaine et le jour avec les heures et les minutes, et un calendrier ecclésiastique pour désigner les fêtes de chaque jour. On voyait encore représentés tour à tour dans une niche aux divers jours de la semaine, la Passion, la Résurrection de N.-S., la fête du Saint-Sacrement, la sainte Vierge, saint Hugues et saint Odilon. Les heures étaient annoncées par un coq qui battait des ailes et chantait à deux reprises ; un ange ouvrait alors une porte et saluait la Vierge Marie, tandis que le saint Esprit descendait sur sa tête sous la forme d'une blanche colombe et que le Père Eternel la bénissait. Combien ce spectacle intéressait les étrangers toujours nombreux à Cluny, il est superflu de le dire.

Les abbés de Cluny logèrent d'abord à Paris dans leur collège, près de la Sorbonne. En 1340, Pierre de Chastellux acheta les ruines du palais des Thermes pour en faire sa résidence et celle de ses successeurs, durant leur séjour dans la capitale ; cette demeure servit aux procureurs de l'Ordre et plus tard aux nonces du pape accrédités près du roi.

Nous verrons bientôt, Jean de Bourbon la restaurer somptueusement et la cour y recevoir des personnages illustres, Jacques V Stuart, roi d'Ecosse, et Marie d'Angleterre, (veuve de Louis XII), sœur d'Henri VII. Mais c'est Jacques d'Amboise, second abbé commendataire, qui en acheva le reconstruction, en 1505. Disons de suite que l'hôtel de Cluny servit de refuge aux religieuses de Port-Royal, quand en 1625 elles furent obligées par la guerre civile d'abandonner leur couvent de Chevreuse.

Ce ne fut pas seulement à Paris que l'abbé de Cluny offrait l'hospitalité aux étrangers. Tous ceux qui visitaient la grande abbaye y étaient généreusement hébergés il faudra bientôt aménager, à l'usage des hôtes, tout un quartier qui recevra le nom curieux de *La Malgouverne* en raison de leur humeur bruyante.

Le troisième fils de Philippe le Bel, Charles IV, surnommé aussi le Bel, fut, on le sait, le véritable successeur de saint Louis, son aïeul. Quoique très court, son règne fut la plus glorieuse période du XIV° siècle. L'abbaye de Cluny lui est redevable d'un acte solennel qui confirma son autonomie ; le bailli de Mâcon eut défense de recevoir les appels des jugements rendus par le juge-mage, qui furent désormais portés au Parlement de Paris.

En 1340, Philippe de Valois vint avec la reine sa femme et ses deux fils visiter Cluny, dont il admira les splendeurs. La réforme de Henri de Fautrières portait ses fruits ; les religieux étaient nombreux et édifiants. Combien parmi eux arrivaient du siècle, désireux de trouver pour leur vieillesse la paix et les saints exemples du cloître ! Citons un évêque de Valence et l'historien anglais, Jean du Bourg. Robert II, duc de Bourgogne, fonda vers ce temps son anniversaire à la grande basilique de saint Hugues.

Pierre de Chastellux crut devoir obtempérer aux désirs de Clément VI (l'ancien seigneur Roger ou cardinal Blanc) et accepta le siège de Valence. Il avait assisté, en 1336, comme premier conseiller-né, au Parlement de Paris.

Ytier de Mirande, docteur des décrets, et *Hugues VII* de Fabry, tous les deux neveux du pape, montèrent au trône abbatial; mais ils ne firent que passer à Cluny ; le premier élu en 1350, à Avignon, y mourut trois ans après ; le second fit construire sur le rempart de l'abbaye, au nord, la belle tour qui porte encore son nom. Il abdiqua ensuite et alla s'enfermer à la chartreuse du Val-Sainte-Marie. Une contestation s'étant élevée entre les habitants de Paray et le prieur du lieu, Ytier, autant par sa modération que par sa science du droit, termina le différend à la satisfaction des deux parties. C'est vers ce temps aussi que l'abbé de Cluny fut appelé à siéger à la Cour des pairs et nommé *conseiller d'honneur* à la Grand'chambre. La justice se rendait en son nom par le juge-mage, à Cluny, comme les fonctions spirituelles étaient conférées par son archidiacre aux prêtres ou chapelains des bans sacrés.

Audroin de la Roche succéda à Hugues de Fabry, en 1351. La guerre de Cent ans était commencée. Aux désastres de Crécy et de Poitiers vint se joindre la peste qui désola Cluny pendant trois année de suite en 1346, 1347 et 1348. Audroin fit bénir son administration par les secours en vivres et en argent que ses religieux distribuèrent largement aux malheureux habitants de toute la contrée.

En 1359, un corps d'Anglais pénétra en Bourgogne et ne se retira qu'après avoir rançonné le pays. Froissart nous apprend « que furent envoyés vers le roi d'Angleterre qui chevauchait par devers Galardon en Beauce avec Messire Guillaume de Montaigu, deux clercs de grande prudence, dont l'un était abbé de Cluny et l'autre le Maître des Frères Prêcheurs. Si parlèrent ces deux prélats au Roy d'Angleterre et commencèrent à traiter paix avec lui et ses alliés ». De son côté, l'anglais Thomas Wolsingheim raconte qu'en 1362 l'abbé de Cluny, le futur cardinal Androin, vint à Londres, vers la fin d'Avril, pour traiter avec le roi et son conseil de la réduction de la rançon du roi Jean. En effet, l'heureuse issue des négociations en France et à Londres valut la pourpre à l'abbé de Cluny. Quelques années après, Innocent VI l'envoya en Bretagne, à titre de légat, pour mettre aussi un terme à la *guerre des deux Jeanne* qui désolait ce pays. Pieux et modeste, Androin de la Roche gardait son costume de Bénédictin ; il demanda à être dispensé de porter dans ses voyages les insignes de sa nouvelle dignité ; mais, quoique appartenant encore à l'ordre de Cluny, il siégeait au conclave et concourut à l'élection d'Urbain V, le plus éminent des papes français.

Fier de ses succès, le roi Edouard III voulut se montrer bienveillant à l'égard de l'abbé de Cluny, quand celui-ci passa en Angleterre, pour visiter les maisons de son Ordre qui étaient nombreuses et puissantes. Androin fut nommé l'exécuteur testamentaire du roi Jean II et de Philippe de Rouvre, dernier duc capétien de Bourgogne. C'est à ce titre que Charles V lui remit une somme de deux mille livres que son père lui avait léguée, comme à « son ami fidèle ». Quoique absent souvent de son monastère, l'abbé de Cluny ne négligeait aucun des intérêts de l'Ordre. C'est à lui que l'on doit la création des collèges de Saint-Martial à Avignon, et de Saint-Jérôme, à Dôle. Ces deux maisons furent de fécondes pépinières monastiques et préparèrent d'excellents sujets au collège de Cluny, à Paris. Mais Urbain V, désireux de replacer le Saint Siège à Rome, chargea notre cardinal de se rendre dans les Romagnes afin de tout préparer pour son retour.

Androin ne put s'accquitter de sa mission. Il mourut de la peste à Viterbe, après avoir institué pour son héritière universelle l'abbaye de Cluny. Il l'enrichit de ses livres, de ses ornements pontificaux et de ses collections précieuses. Il demanda en retour à être inhumé dans la grande église de St-Hugues, qui lui restait toujours chère. Urbain V, qui l'affectionnait, avait lui-même été moine de Cluny et doyen d'une des maisons de l'Ordre. Il fit prêcher en vain une croisade contre les Turcs ; puis, écœuré de la versalité des Romains, il rentra à Avignon, à la grande douleur des vrais fidèles qui voyaient recommencer l'exil de la papauté. Sainte Brigitte fut de ce nombre ; la Chronique fait une mention spéciale de cette sainte fondatrice, sans dire si elle passa à Cluny, en se rendant en Italie.

Simon de la Brosse qui succéda à Androin, en 1361, avait été conseiller de Charles V. Depuis Henri de Fautrières, les papes avaient indiqué eux-mêmes au choix des religieux le candidat qui leur semblait le plus digne du siège abbatial. Les rois de France voulurent agir de même et intervinrent à leur tour dans l'élection des abbés. C'est la commende qui commence, discrète d'abord, puis impérieuse et à la fin tyrannique.

Simon de la Brosse, qui était un docteur éminent en théologie s'occupa activement du collège de Cluny à Paris, déja organisé par Henri de Fautrières. Les mesures les plus sages sont prises pour stimuler l'ardeur des jeunes étudiants et les maintenir dans la pratique fervente de leurs devoirs religieux. Le collège devint aussitôt pour l'Ordre de Cluny ce que nous nommerions une Ecole de Hautes-Études philosophiques et théologiques ; mais le petit collège que les moines dirigeaient à Cluny resta purement classique et l'on continua d'y recevoir les jeunes élèves de la ville et des environs.

Simon mourut à Paris, en 1369, au milieu de ses chers scholastiques. Son successeur, devait être Guillaume de Pommiers élu par les moines ; mais le pape désigna *Jean du Pin*, prieur de St-Martin-des-Champs, qui régna à peine cinq ans.

La Chronologie des abbés de Cluny donne comme successeur à Jean du Pin, *Jacques de Caussant*, religieux de St-André, à Avignon. Il avait été, comme son prédécesseur, nommé par le pape et occupa sans gloire le siège abbatial de 1374 à 1383. Grégoire XI désigna ensuite un de ses petits neveux, *Jean II de Damas-Cosan* qui avait été élevé parmi les enfants de chœur de Cluny, tous choisis, on le sait, parmi les familles les plus honorables du pays et destinés par vocation au service des autels dans la grande église.

Le nouvel abbé présida, dès son arrivée à Cluny, le Chapitre général qui s'assemblait, en 1383 ; il se fit ensuite prêter le serment de fidélité par les habitants de la ville et reçut l'hommage féodal des seigneurs vassaux de l'abbaye. L'événement le plus remarquable de son règne fut la visite que lui fit, en 1389, Charles VI, tandis qu'il se rendait à Avignon. Le roi était accompagné par son frère, le duc d'Orléans et ses oncles les ducs régents. Quelques cardinaux, plusieurs évêques et barons faisaient partie du cortège royal ; ils furent tous hébergés au monastère, dont ils admirèrent la géante église et sa riche ornementation.

Ce fut durant ce voyage que Charles VI voulut s'affranchir de la tutelle que ses oncles faisaient peser sur lui. Le duc de Bourgogne attribua cette détermination au frère du roi. Il en conçut un tel ressentiment, à Cluny même, que l'on put craindre dès lors la guerre civile qui éclata peu après entre les maisons d'Orléans et de Bourgogne. D'autre part, la rupture était consommée entre Urbain VI et Clément VII (1) ; le schisme allait s'aggravant de plus en plus.

L'Eglise ne courut jamais de plus grands dangers et, si elle n'eût été d'institution divine, elle aurait péri ; mais la barque de Pierre est immersible, même sur les flots les plus orageux. Jean de Damas mourut, à l'aurore de ce XVe siècle qui devait-être si calamiteux.

Les moines de Cluny crurent le moment opportun pour ressaisir la liberté de leurs élections. Ils choisirent donc pour abbé *Raymond de Cadoène*, prieur majeur du monastère, et l'évêque de Chalon vint, en 1400, le bénir solennellement ; la cérémonie emprunta aux circonstances malheureuses où l'on se trouvait un relief de plus que la Chronique ne manque pas de signaler.

---

(1) Tous les deux élus en 1378 l'un à Rome, l'autre à Fondi (Naples).

Pour soutenir la lutte, Pierre de Lune (*alias* Benoit XIII), qui avait été élu après la mort de Clément VII, taxa fortement Cluny et toutes ses maisons. Ce fut l'abbé de Tournus qui reçut mandat de percevoir le subside ; la chose ne semble pas avoir été aisée, car la somme exigée s'élevait à six cent mille florins et les ressources de l'abbaye n'y suffisaient pas. Raymond sut par une administration très sage de seize années remettre les finances de l'Ordre en état, tout en continuant régulièrement les aumônes et les distributions générales aux pauvres du pays et aux étrangers indigents.

Le bourg et le faux-bourg de Cluny doivent à Raymond divers embellissements importants. Une seconde enceinte murée fut construite pour mettre Saint-Marcel à l'abri d'un coup de main. Dans ce but le cours de la Grosne fut reporté plus à l'est, et le Pont-de-l'Etang devint une sorte de boulevard avancé pour la petite cité ; mais le premier lit non tari de la Grosne servit à alimenter un déversoir puissant qui prendra bientôt le nom de *Ruisseau des quatre moulins* (1), sous lequel il est encore connu.

Arrivé à l'enceinte murée, ce ruisseau coule souterrainement sous les maisons bâties au midi, au pied de la colline Saint-Odile. Mais avant de s'engouffrer dans le clos de l'hôpital, le gros de ce déversoir continue son premier cours, en suivant l'ancien lit de la Grosne, dite désormais la *petite rivière*, longeant les nouveaux murs et leur servant de fossés. La porte qui, au midi, donnait entrée dans le faubourg de Saint-Marcel, reçut de ce fait le nom de *Porte de la chaîne*, parce que le pont jeté sur la

---

(1) Il mettait en mouvement quatre moulins, dont le plus important était celui du monastère.

rivière était barré la nuit par une chaîne ; un autre pont situé à égale distance du pont Bouillon (1) et de la porte de Mâcon, s'appela pont de *l'Ange*. La rue, dite de l'hôpital, le traverse dans toute sa largeur sans changer de niveau.

Ce système de fortifications devait permettre aux habitants de Saint-Marcel de se défendre contre les incursions des soudards qui ne devaient pas tarder à attaquer Cluny de tous les côtés à la fois, mais surtout à l'est et au midi. C'est au pied de la grosse tour qui défendait la *Porte, dite de Mâcon* et de la forteresse du Fouetin qu'auront lieu les combats des assaillants.

§ IV. — DE ROBERT DE CHAUDESOLLE A ODON II DE LA PERRIÈRE (1416-1455).

LES GUERRES CIVILES.

Le schisme d'Occident dura presque cinquante ans; la Chrétienté se trouva ainsi partagée en deux obédiences rivales ; mais si l'unité fut brisée de fait, les fidèles ne connaissaient qu'un seul pape, comme il n'y a qu'une seule Eglise. Pour rétablir l'union, divers moyens furent proposés par l'Université de Paris, regardée alors comme « le concile permanent des Gaules ». On s'arrêta à la convocation d'un concile général qui prendrait une mesure décisive. La première assemblée se tint à Pise, en 1409 ; n'ayant pas été convoqué régulièrement, ce concile ne servit qu'à aggraver le mal ; au lieu de deux papes, on en eut trois.

Jean XXIII présida le concile de Constance qui fut

---

(1) Ainsi appelé du cardinal de Bouillon, bienfaiteur de l'Hôtel Dieu. *Vide infra*, CHAP. X.

très solennel (1). L'abbé de Cluny y fut convoqué, mais retenu par son grand âge, Raymond de Cadoène sefit remplacer par le prieur, Robert de Chaudesolle, qui avait déjà assisté au concile de Pise. L'empereur Sigismond était à Constance ; il donna au prieur de Cluny des lettres de recommandation pour les prélats et les princes de l'Allemagne. Elles servirent aux religieux, chargés de faire la visite des maisons *utriusque sexus*, toujours nombreuses et prospères dans l'Empire.

Pierre de Lune (Benoît XIII) s'obstinait dans sa *papalité*, tout en se montrant particulièrement bienveillant pour Cluny. Il voulut surtout faire oublier la mission qu'il avait donnée à Guerguenon, abbé de Tournu, qualifié par lui « de conservateur perpétuel du monastère de Cluny ». Ses condescendances furent telles pour les infractions aux règles monastiques que toute vie cénobitique eut été impossible, si elles avaient été maintenues.

Raymond de Cadoène voulant compléter le système défensif de Cluny et de ses dépendances, avait obtenu, en 1411, du conseil royal de Charles VI l'autorisation de clôre le château de Mazille et de l'entourer d'un mur fortifié, dont on trouve encore des restes.

A sa mort, les religieux, usant de leur droit électif, choisirent pour abbé ce même *Robert de Chaudesolle*, leur ancien prieur qui avait assisté aux délibérations de Constance et concourut à la déposi-

---

(1) Le concile de Constance (1414-1418) après une longue et minutieuse enquête, déclara douteuse l'élection des deux concurrents, Urbain VI et Clément VII, et par suite la légitimité de leurs successeurs respectifs. « Il n'y eut jamais, dit Gerson, une si raisonnable et si véhémente cause de doute dans aucun schisme. »

« Dieu peut être, ajoute Lecoy de la Marche, voulut qu'il en fût ainsi pour donner un avertissement salutaire à cette vieille société chrétienne, si unie jadis, que divisaient maintenant des luttes homicides et qu'allaient diviser bientôt des hérésies plus meurtrières encore ».

tion de Jean XXIII et de Benoît XIII. Il y siégea de nouveau, devenu abbé de Cluny, avec le titre et le rang de cardinal, et ce fut en cette qualité qu'il prit part à l'élection de Martin V (1417). Il n'était encore que simple prieur, lorsque les Pères de Constance le firent prier d'envoyer de la Bibliothèque de Cluny les ouvrages, dont ils avaient besoin pour leurs travaux, et ce n'est point là une médiocre louange pour la force et l'étendue des études à Cluny.

Déjà au concile de Lyon (XIII⁰ général), en 1245, Innocent IV, en prévision des guerres et des ravages qui en sont trop souvent la conséquence, avait fait faire une triple copie des titres et des chartres de donations faites à l'Eglise Romaine. Cluny eut dès lors l'honneur de recevoir en dépôt dans ses archives (1) l'une de ces copies collationnées et signées par les principaux membres de l'Assemblée conciliaire.

A la crise de l'Eglise se joignit bientôt la crise du royaume. La défaite d'Azincourt, en 1415, avait déchaîné sur tout le pays d'affreuses calamités; après la guerre contre l'anglais, Henri V, survint la guerre des Armagnacs et des Bourguignons. L'abbaye de Cluny essaya de se tenir entre les partis, mais obligée de se prononcer, elle se déclara pour Jean sans Peur. C'était s'exposer aux représailles du duc de Bourbon qui guerroyait en Charollais pour Charles VII. Robert de Chaudesolle donna des ordres, afin de tenir en état les forteresses avancées de Cluny et fit renouveler par les habitants leur serment de fidélité. Ils le prêtèrent avec d'autant plus d'enthousiasme que le duc de Bourgogne avait, par de fréquentes largesses, gagné toutes leurs sympathies. Cependant

---

(1) Placées dans la tour des Barabans, située au Nord.

Robert ne vit point commencer la guerre civile. *Odon II* ou *Ode de la Perrière* le remplaça, en 1423, à la tête de l'Ordre.

Elevé dès sa jeunesse au grand monastère, il en avait rempli toutes les fonctions depuis les plus modestes jusqu'aux plus élevées ; il était prieur de Souvigny, lorsque les suffrages de ses frères le firent monter sur le siège abbatial. Il devait être le dernier abbé régulier de Cluny. Son âge avancé ne lui permit pas de mener à bonne fin les réformes qu'il avait projetées et que le malheur des temps avait rendues nécessaires. Il ne put pour le même motif assister au concile de Bâle (1) en 1431, ce dont il eut à se féliciter grandement, lorsqu'il connut les tendances schismatiques de cette assemblée. Les membres du conciliabule lui envoyèrent plusieurs citations qu'ils prétendaient corroborer par des peines canoniques. Ce fut en vain ; Odon de la Perrière ne se départit pas de sa ligne de conduite ; Eugène IV d'abord, puis Calixte III lui en témoignèrent à maintes reprises leur haute satisfaction. Cluny redevenait le bras droit de la papauté.

C'est vers ce temps que naquit à Cluny, sur la paroisse St-Mayeul, Jehan Germain qui fut évêque de Chalon-sur-Saône, puis chancelier de la Toison-d'Or. D'après une tradition, la duchesse de Bourgogne, se trouvant à Cluny, avait remarqué le petit porteur d'eau bénite à l'abbaye. Elle voulut le voir, le prit en affection et l'envoya étudier à l'Université de Paris. Devenu évêque, Jehan Germain n'oublia pas sa modeste origine. Il se fit représenter sur le vitrail de sa chapelle, à St-Mayeul, encore existante, offrant un chaperon rouge à sa mère qui garde les pourceaux.

---

(1) Le 26 décembre 1432, le Concile de Bâle reconnaît avoir reçu en prêt de l'abbaye de Cluny deux vol. de saint Augustin.

L'évêque de Chalon avait été député à Bâle, en 1481, par le duc de Bourgogne pour l'ouverture du Concile.

En cette même année, mourait Jeanne d'Arc, à Rouen. Les merveilles opérées par la Pucelle avaient eu leur retentissement jusqu'au fond des montagnes du Mâconnais ; la Chronique de l'abbaye n'inscrit même pas son nom dans ses colonnes, sans doute par discrétion, car la mission de la vierge de Domrémy ne fut bien comprise en Bourgogne que plus tard. Cependant son procès inique et son affreux supplice avaient scandalisé les bourgeois et les habitants de nos campagnes ; chacun trouvait que le désir de venger le meurtre de son père avait entraîné trop loin Philippe le Bon, duc de Bourgogne. Les royaux (*alias* Armagnacs) avaient franchi, en 1430, les collines qui séparent au midi la Grosne de la Saône et Cluny fut menacé. L'abbé Odon de la Perrière fit élever la tour dite des *Fèves* sur le rempart méridional particulier au quartier de la *Malgouverne* ou logis des serviteurs et des hôtes de l'abbaye. L'entrée de la basilique fut protégée par les deux tours des Barabans dont le parapet reçut des créneaux.

Le maréchal de Bourgogne, comte de Fribourg, et Antoine de Toulongeon arrivèrent au secours du monastère et de la ville, ils ne purent toutefois empêcher l'investissement du château de Mazille qui fut pris (27 août 1430). A la fin de septembre, Antoine de Toulongeon se rendit à Cluny avec un grand nombre de cavaliers ; de là il marcha sur Mâcon, mais repoussé par les Armagnacs, il entra en négociation avec eux et obtint l'évacuation de Mazille et des autres villages situés près de Cluny.

L'année suivante, les royaux revinrent en forces ; au mois d'avril, « ils sont sur les marches du Masconnois et du Charolois » ; une diversion heureuse de

Toulongeon les attira dans le Barrois où ils furent battus, à Brugneville. Les populations effrayées eurent alors recours à l'abbé de Cluny qui réussit à faire signer une trêve, à Bourg-en-Bresse (17 septembre 1431). Philippe le Bon la ratifia à Lille, le 13 décembre suivant.

Malgré cette trêve, les Armagnacs qui s'étaient ravitaillés dans le Forez reparurent dans le Charollais. en 1433 ; ils occupèrent le Bois-Ste-Marie et, le 4 janvier suivant, Rodrigue de Villandrando s'empara de Mont-St-Vincent ; ces deux obédiences de Cluny furent entièrement saccagées. Odon de la Perrière unit ses efforts à ceux des évêques ; de nouvelles conférences, engagées à Pont-de-Veigle, aboutirent enfin au traité d'Arras (1435) qui rendit la paix à toute la chrétienté.

Modèle admirable du vrai religieux, Odon II observait rigoureusement tous les points de la règle. Il couchait au dortoir commun dans un petit lit, sur lequel il s'étendait tout habilé. Jusque dans sa plus grande vieillesse, il ne manqua jamais d'assister aux matines et aux autres exercices de la communauté. Son renom de sainteté fit oublier à Charles VII que dans les derniers troubles Cluny avait résisté aux Armagnacs.

Par des lettres patentes signées en 1442, le roi assura sa protection à l'abbé Odon et à ses religieux, dont le nombre s'était accru. Ce secours arrivait fort à propos pour éloigner les *Ecorcheurs* ou Routiers, soldats licenciés par les belligérants de France et de Bourgogne. Ils s'étaient mis en campagne et faisaient la guerre pour leur propre compte.

Villandrando, l'un de leurs chefs, s'établit au prieuré de Maizeray, entre la Grosne et la Guye: delà il dirigea le second siège de Mont-Saint-Vincent ; mais pendant ce temps il vécut aux dépens de tout le pays environnant. Quand les Ecorcheurs voulurent pénétrer en Mâconnais, ils se heurtèrent à l'armée bourguignonne et furent entièrement défaits, au pont d'Epinay, le 29 mai 1439, sur le chemin de Cluny à Chalon. L'orage qui menaçait l'abbaye alla ainsi se fondre dans les montagnes du Mâconnais. Les habitants de Cluny attribuèrent aux prières de leur saint abbé la sécurité dont ils n'avaient cessé de jouir durant l'Ecorcherie qui, comme on le sait, causa partout ailleurs d'affreux dommages.

Le prieur, Jacques de Moussiac, était lui-même un moine d'une haute vertu, un modèle pour tous ses religieux. La Chronique signale le soin qu'il mettait à éviter toute fréquentation avec les personnes du monde ; il ne recevait même pas ses proches parentes, tant sa modestie était délicate. Les ravages occasionnés par les guerres (*guerrarum voragines*) lui causaient de telles alarmes que l'abbé crut devoir l'envoyer au collège de Saint-Martial, à Avignon. C'est là qu'il mourut après avoir donné d'incessants sujets d'édification. Il avait fondé, à Cluny, une messe quotidienne qui devait être dite par les dignitaires de l'Ordre. Il en établit une seconde, au prieuré de la Voulte qu'il avait entièrement restauré et enrichi de vases et d'ornements précieux.

Vers le même temps, un autre saint religieux, dom Etienne Bernadotte, donnait à ses frères l'exemple de toutes les vertus. Sa patience surtout était admirable; non seulement il ne se souvenait jamais des torts qu'on avait pu lui faire ; mais s'il arrivait qu'on lui adressât un reproche immérité, il témoignait aussitôt sa joie par un gracieux sourire. Sa charge de cellerier le mettant en rapports quotidiens avec les gens de la maison et les étrangers, il ne violait pas la règle du silence pour leur répondre ; mais il savait admirablement se faire comprendre par signes.

Dès sa jeunesse il s'était fait un devoir de réciter, chaque jour, les psaumes pénitentiaux ; le dimanche, il y ajoutait l'office de la sainte Vierge. Il continua cette pratique au couvent, même après que l'office canonial fut devenu sa constante obligation de jour et de nuit. On comprend qu'une prière aussi assidue ait écarté du monastère les malheurs de la guerre civile et que des faveurs extraordinaires aient été la récompense de la sainte vie de nos pieux ascètes.

Pierre de Bono, l'un d'eux, avait été dans le monde un riche marchand de Cluny. Après la mort de sa femme, il entra dans les ordres ; au bout de quelque temps il tomba malade à son tour et trépassa. Les siens firent porter son cadavre à l'église ; on allait procéder à son inhumation, quand ont le vit se lever de son cercueil resté découvert, selon l'usage de l'époque. Pierre de Bono rentra chez lui, plein de vie et de santé, à l'étonnement de la ville toute entière ; il reprit le cours de ses pieux exercices et demanda ensuite l'habit religieux. Il devint un moine aussi fervent qu'il avait été bon chrétien et pieux ecclésiastique. La Chronique atteste les faveurs extraordinaires dont il avait été l'objet et qui ne faisaient doute pour personne. Sa dévotion pour le Saint Esprit lui mérita de mourir le jour de la Pentecôte, tandis que le chœur chantait à la grande église le *Veni Creator Spiritus*, d'après la règle établie par Saint-Hugues.

L'abbé Odon de la Perrière donnait lui-même l'exemple de l'ascétisme le plus parfait ; jusqu'à la fin de sa vie il se fit un devoir d'assister à tous les offices de nuit et de jour. Un jeune novice, fort dissipé, se convertit généreusement à la vue d'une piété si ardente et devint à son tour un religieux exemplaire.

Odon de la Perrière mourut, le 2 novembre 1457, après avoir gouverné l'Ordre de Cluny, durant près de trente quatre ans. On était revenu au temps des grands abbés. Odon fut le dernier élu par le libre choix de ses frères. Il vécut assez pour promulguer à l'abbaye la sentence de réhabilitation de Jeanne d'Arc, proclamée à Rouen, le 7 juillet 1456, et qu'un édit de Charles VII fit lire dans toutes les églises du royaume.

Nous allons entrer avec Jean de Bourbon, successeur d'Odon II, dans la période des abbés commendataires, qui reçurent leur nomination du roi de France, avec l'agrément du souverain Pontife.

Mais arrêtons-nous un instant au monastère lui-même, tel que saint Hugues l'avait laissé à ses successeurs. Ceux-ci avaient apporté à leur tour, nous l'avons vu, maints ornements à la grande église ; le cloître avait été agrandi ; de dévotes chapelles s'étaient élevées dans les parties retirées du vaste enclos. Toutefois l'ensemble de l'abbaye restait le même. Vue du fond de la vallée, l'abside s'élève d'étages en étages au clocher des *lampes* à la croisée du petit transept, puis à celui du *Chœur* qui se dresse au milieu du grand transept et qui de chaque côté voit profiler dans l'azur du ciel deux élégantes flèches octogones, le clocher des *Bisans* au nord, et celui de *l'eau-bénite* au midi.

Les pèlerins qui franchissent l'enceinte sacrée admirent la grande nef, dont les voutes hardies s'appuient sur de puissants pilastres, qui donnent ouverture aux nefs latérales, deux à droite et deux à gauche.

Le cloître était si beau et si vaste que déjà son aspect seul, au temps de saint Pierre Damien, invitait les moines à y séjourner ; le dortoir est suffisant pour tous les frères, trois lampes l'éclairent la nuit ; le réfectoire, remarquable par son austère simplicité, est assez spacieux pour que les frères puissent y prendre la réfection commune. Dans tous les endroits où l'eau est nécessaire, des canaux admirablement construits sous terre l'amènent et la déversent en abondance.

Les religieux qui se pressent nombreux observent un ordre admirable sous leurs chefs aimés et vénérés. Au dessous de l'abbé ou du grand prieur, son suppléant, tout s'ordonne par la vigilance du prieur claustral, gardien-né ou custode de l'observance ; par l'activité du chambrier, dont relèvent le cellerier, l'hôtelier, l'infirmier et le connétable.

Comment décrire la pompe des messes solennelles à laquelle coopère toute une légion de moines ? L'*armarius* préside aux cérémonies et aux chants ; sous sa direction, les rites s'accomplissent avec une précision, une ampleur qui impressionne vivement tous les assistants.

L'office terminé, commence le travail des mains, qui dans une communauté aussi vaste ne devait pas manquer, sous une forme ou sous une autre. Beaucoup de moines pratiquent des arts ou des métiers utiles au couvent. Mais nous savons quelle large part est faite aux travaux de l'esprit. Les copistes de Cluny étaient célèbres ; plusieurs savaient le grec et arrivaient à collationner eux-mêmes les variantes des œuvres qu'ils transcrivaient. Les moines apprennent l'allemand, l'abbaye ayant des rapports fréquents avec l'Empire. La langue arabe fait en outre l'objet d'une étude spéciale pour les religieux, destinés à se rendre en Espagne ou en Terre-Sainte. L'anglais est d'un usage fréquent, tant en raison des maisons situées en Grande-Bretagne qu'à cause des seigneurs et généraux anglais que la guerre attire sur le continent.

AUTRE VUE DE L'INTÉRIEUR DE L'ÉGLISE DE CLUNY
du côté de l'entrée
Le narthex.

VUE DE L'INTÉRIEUR DE L'ÉGLISE DE CLUNY
La grande basilique.

3ᵐᵉ PÉRIODE 1455 - 1810

CHAPITRE IX

Les abbés Commendataires

§ I — Jean de Bourbon (1455-1481).

Si la guerre de Cent Ans s'était terminée au profit de la France, en assurant l'indépendance nationale, elle n'eut pas moins les suites les plus désastreuses pour tout le pays et pour l'Ordre monastique en particulier. Au milieu de dangers sans cesse renaissants, l'esprit religieux s'affaiblit dans un grand nombre de communautés; les préoccupations surnaturelles et élevées s'effacèrent trop souvent devant les nécessités matérielles ; la lutte pour la vie était aussi âpre dans les couvents qu'au sein des familles. La papauté, par suite d'inextricables difficultés, s'était elle-même ralentie dans sa lutte contre les abus, qui sont de tous les temps.

Cédant au besoin urgent où ils étaient de se créer des ressources, les papes d'Avignon surtout levèrent des décimes énormes sur les abbayes et les prieurés (1) ; ils usèrent ensuite du droit de réserve, qui leur permettait de par leur autorité souveraine de nommer directement les supérieurs de ces maisons,

---

(1) « Le système financier adopté à Avignon, dit Pastor, a contribué plus qu'on ne le croit généralement à détruire le prestige de la papauté et a singulièrement facilité la besogne à nos ennemis. » (*Hist. des papes depuis la fin du moyen-âge.* Tome 1 p. 87.

sans se préoccuper du consentement des moines. L'usage des réserves apostoliques devint ainsi peu à peu la règle générale ; les princes ne tardèrent pas à les revendiquer pour eux-mêmes.

Charles VII choisit pour abbé de Cluny l'évêque du Puy, *Jean de Bourbon*, fils naturel de Jean Ier, duc de ce nom ; nous devons ajouter de suite qu'il eut la main heureuse.

Les évêques et les cardinaux, qui remplirent au XVe et au XVIe siècles un rôle politique considérable et presque toujours glorieux, acceptèrent eux-mêmes avec empressement le titre abbatial des grands monastères, dans l'espoir d'atténuer les exemptions contre lesquelles ils avaient lutté en vain si longtemps, à l'exemple des évêques de Macon.

Ne pouvant les supprimer, ils cherchèrent à s'en servir par la commende ; il est vrai que cet expédient se retourna contre eux, car les chanoines ne furent pas moins ardents que les religieux à réclamer à l'assemblée de Bourges, en 1438, le rétablissement des élections canoniques.

C'est à cette époque surtout que Cluny perdit ses monastères situés hors de France. Les efforts tentés pour les maintenir dans la Congrégation furent impuissants. Il y eut même des tendances séparatistes dans quelques communautés de nationalité française. Fort heureusement les Chapitres généraux qui s'assemblaient chaque année réagirent avec succès. Les maisons qui voulurent rompre disparurent presque toutes, tôt ou tard, dans la sécularisation (1). Mais avant de subir ces pertes douloureuses, Cluny eut cruellement à souffrir au dehors et au dedans. On

---

(1) Ce fut le cas de Saint-Martial de Limoges, de Moissac, de Migeac d'Ainay, de Saint-Gilles, de Vézelay. Cf., dom Besse. *op. cit.* p. 12.

eut à déplorer d'abord un fléchissement dans les vocations soit comme nombre, soit comme qualité.

La guerre et surtout la grande mortalité de 1346 avaient ruiné et dépeuplé un grand nombre de prieurés et même quelques abbayes. Les dix provinces qui restaient à Cluny à cette date ne comptaient plus en tout que 3372 religieux et moniales, dispersés entre 324 monastères.

Au sortir de la guerre de Cent Ans, les Chapitres généraux et les abbés de Cluny essayèrent à plusieurs reprises d'introduire des réformes qui ne furent pas sans quelques succès. Mais elles ne pouvaient aboutir. Par leurs relations de famille ou en raison de leur situation personnelle dans le monde, les abbés commendataires, même les plus pieux, comme Jean de Bourbon et ses successeurs immédiats, furent trop mêlés à la politique, pour bien comprendre les conditions indispensables à une réforme. L'esprit particulier de l'Ordre, dont ils étaient les chefs, leur manqua trop souvent aussi. « Ils voyaient, dit dom Besse (1) que nous suivons dans cette étude, les choses de loin et par le dehors, et une réformation se fait surtout par l'intérieur. »

Si la commende eut sa raison d'être, ainsi que nous l'avons dit, elle n'en fut pas moins un abus. Elle correspond, selon le même auteur, « à une déviation profonde de l'esprit religieux ». Elle donnera naissance à « ces coureurs de bénéfices » qui ont été la grande plaie de l'Eglise Gallicane et dont l'histoire impartiale a fait justice.

Jean III de Bourbon, nommé en 1455, était, nous l'avons vu, digne de la faveur que le roi son parent lui faisait. Il s'attira de suite par sa grande piété et

---

(1) Dom Besse, *op. cit.* p. 13.

sa bienveillance la vénération de ses religieux. Ceux-ci lui donnèrent tous unanimement leurs voix, à son arrivée à Cluny, pour légitimer sa nomination. L'évêque-abbé ne portait pas leur habit, mais il eut leur esprit. Quoique chargé du diocèse du Puy et durant quelque temps de l'archevêché de Lyon, il s'appliqua avec zèle à maintenir la forte discipline établie par ses prédécesseurs. Il rédigea ou fit rédiger par les prieurs et par les *Sénieurs* de la Voûte des statuts qui furent approuvés par le Chapitre général de 1458, et qui renouvelaient en partie les prescriptions d'Hugues V et de Henri de Fautrières (1). Les additions faites à ces textes, en 1307, par Bertrand du Colombier sont expressément rappelées, en même temps que les points visés par les bulles de Nicolas IV, pour la visite des maisons et la tenue des Chapitres généraux. Des peines sévères sont édictées contre les prieurs qui ne s'y rendraient pas.

L'œuvre réformatrice de Jean III porte sur tous les points de la règle, mais elle s'étend longuement sur l'office divin et sur la célébration du Saint Sacrifice ; les moines doivent vaquer à l'œuvre de Dieu *attente, humiliter et devote*. Nous nous bornons à noter l'inclination profonde qu'ils feront à ces mots du *Te Deum* : « *Non horruisti Virginis uterum* », à ceux de saint Jean : « *Et Verbum caro factum est* » et à ceux-ci de la Passion : « *Inclinato capite emisit spiritum.* »

Certaines particularités curieuses reflètent les mœurs du XVe siècle. Les guerres continuelles qui avaient troublé, durant de si longues années, la paix de nos pieux cénobites avaient introduit parmi eux certaines allures militaires ; défense leur est faite de porter désormais épée, casque et cuirasse. Mêmes

---

(1) Voir plus haut p. 105, 106, 139, 140 et suiv.

prohibitions leur sont intimées au sujet des chiens entretenus au monastère surtout des faucons et autres oiseaux de proie. Le costume monastique est ramené à sa simplicité primitive ; toutes décorations ou insignes de chevalerie en sont bannis.

La barbe et les longs cheveux devront de même disparaître ; tous porteront la tonsure. L'évêque réformateur se montre surtout sévère pour les sorties et les voyages. Il inflige les peines les plus sévères à ceux qui violeront la clôture ; les moines qui rentreront à Cluny, après les trois coups de cloche qui marquent le coucher de la communauté, doivent aller demander un gîte à la cure de Saint-Mayeul, sous peine d'excommunication. Les laïques ne seront jamais reçus dans les lieux réguliers ; sauf l'abbé et les hôtes de distinction, tous les religieux doivent coucher dans un dortoir commun et manger au même réfectoire.

Nous ne savons ni quand ni comment les anciens ermitages de Cluny s'étaient de nouveau peuplés de solitaires ; mais défense est intimée à qui que ce soit de troubler leurs prières et leurs pieuses contemplations. Un silence absolu doit régner sous le cloître comme à l'église et il n'est permis à personne de s'absenter, sous quelque prétexte que ce soit, même pour raison d'étude, sans la permission du prieur claustral.

Le plus grand abus, qui semble s'être introduit à l'abbaye par suite des rapports plus fréquents qu'ils avaient avec les gens du dehors, consistait dans l'habitude que les religieux avaient contractée de recevoir des dons en argent ou en nature ; quelques-uns percevaient même, sous forme de pensions viagères, les amodiations ou rentes dues au monastère et ils en usaient trop souvent pour leurs avantages personnels. La peine d'excommunication est portée contre tous ceux qui commettraient de telles infractions à la règle de saint Benoit. A plus forte raison, sont déclarés excommuniés ceux qui recevraient à la vêture ou à la profession religieux ou moniales, moyennant une componende pécuniaire.

Jean de Bourbon rappelle à cette occasion quelles sont les conditions d'âge, de naissance et de santé pour admettre les postulants au noviciat. Son zèle pour le culte divin et la pauvreté religieuse lui fait renouveler cette prohibition, toujours observée jadis, de recevoir des honoraires pour les messes et les anniversaires célébrés par les religieux prêtres.

L'ordre des préséances est minutieusement réglé par Jean de Bourbon ; dans les cortèges et les processions, la marche est ouverte par les novices et les frères convers; puis viennent les simples moines suivis des prêtres, des docteurs en droit et des maîtres en théologie ; les dignitaires de l'abbaye, le grand prieur, le prieur claustral, le chambrier ont le pas sur les prieurs des quatre filles de Cluny, et enfin, fermant la marche et revêtu de ses ornements pontificaux, vient l'abbé, le bâton pastoral à la main.

Les moniales ou religieuses de l'Ordre ne sont pas oubliées dans les statuts de Jean III. S'étaient-elles écartées des antiques observances ? On le peut supposer, puisque le zélé réformateur leur impose à nouveau la clôture ; elles ne doivent pas avoir de cellules ; mais des appartements communs pour le coucher et le manger. Elles ne sortiront jamais seules, la règle prescrit qu'elles soient toujours au dehors accompagnées de la Mère prieure, ou à son défaut par une sœur professe. Les dames ou demoiselles ne pénétreront pas au couvent ; il n'y a d'exceptions que pour les postulantes.

Jean de Bourbon se servit de son alliance avec la famille royale pour rétablir et assurer la paix dans le Mâconnais. Lorsque le dauphin Louis se jeta dans Paray avec l'intention de se retirer à Grenoble, l'abbé de Cluny fut assez influent pour écarter les pillards de son monastère. Il fut moins heureux en 1471. Le duc de Bourgogne, Charles le Hardi (*alias* le Téméraire), irrité contre Louis XI, avait formé, en 1472, une nouvelle coalition pour le forcer à tenir ses engagements ; l'abbé de Cluny ne voulut pas en faire partie. Claude du Blé, seigneur de Cormatin, se jeta alors au nom de Charles sur les possessions des moines; les châteaux de Boutavent et de Lourdon furent pris et pillés. Louis XI ne sut pas défendre son fidèle allié, mais son fils, Charles VIII, donnera plus tard (1485) à l'abbé des lettres de garde qui confirmaient les droits des Clunistes et leur assuraient sa protection. C'est vers ce temps que le chapitre de Lyon vint prier Jean de Bourbon d'occuper le siège épiscopal de cette ville. Fidèle imitateur de saint Odilon, Jean III refusa l'honneur qui lui était fait et préféra se consacrer avec une nouvelle ardeur au bien de l'Ordre de Cluny. Il voulut faire bénéficier les monastères de Savoie, d'Allemagne et d'Angleterre, restés fidèles, des heureuses réformes qu'il venait d'introduire à l'abbaye de Cluny ; nous savons pourquoi ses louables efforts furent parfois impuissants.

La construction et la restauration de nouveaux édifices monastiques ne sont pas la partie la moins intéressante de son gouvernement. L'entrée de l'abbaye pouvait être forcée par un coup de main ; Jean fit élever près de la porte principale, en face de la rue d'Avril, une tour qui servirait en même temps de défense au palais abbatial. Ce logis fut lui-même agrandi et orné d'un cloître pour la réception des hôtes, toujours fort nombreux. Il est resté en partie debout ; les archéologues admirent la belle ordonnance de l'intérieur, en même temps que les vastes fenêtres qui s'ouvrent au midi.

Les abbés de la maison de Guise compléteront cette première abbatiale par une seconde à l'est, ornementée sur sa façade d'arabesques en albâtre ; la porte d'entrée ménagée à l'ouest, dans une tour octogone, est non moins remarquable que celle de l'hôtel de Cluny, à Paris ; des escaliers à noyau conduisent aux étages supérieurs.

Animé d'une tendre piété, Jean de Bourbon fit élever, à l'extrémité méridionale du grand transept de l'église, un merveilleux oratoire dans le style ogival flamboyant du XIV° siècle, qu'il dédia à la sainte Vierge et à saint Eutrope. L'armée révolutionnaire, en 1793, le mutila odieusement. On remarque encore le petit appartement tout en pierres d'assises, d'où l'abbé assistait à l'office célébré par son aumônier dans la dévote chapelle.

C'est aussi Jean de Bourbon qui fit revêtir tous les clochers de la géante église de belles et fines ardoises, amenées d'Angers par la Loire jusqu'à Digoin et transportées ensuite par les chars du monastère à Cluny. En 1462, il fit venir de Tournon par le Rhône et la Saône une provision de vin, afin de parer à l'insuffisance de la récolte du Mâconnais. Ce qu'il donna pour orner la basilique de Saint-Pierre et de Saint-Paul fait dans la Chronique de Cluny l'objet d'une description fort longue et très intéressante ; nous nous bornons à signaler la pyxide en or dans laquelle était enfermé le Saint-Sacrement, au-dessus de l'autel majeur.

La forteresse de Lourdon fut entièrement réparée, ainsi que celle de Boutavent. Le sage abbé y fit même ajouter d'importants travaux de défense, qui devaient être bientôt d'un grand secours aux religieux de

Cluny. Leurs frères de Paray virent s'élever à la même date, sur le côté méridional du prieuré, deux grosses tours aux angles du *château* qui servait de palais aux abbés dans la petite ville, restée depuis l'origine leur résidence favorite.

La liste des livres en latin et en français que Jean de Bourbon laissa à la bibliothèque des moines est trop considérable pour être donnée ici, même en abrégé : elle ne fait qu'attiser nos regrets que de si précieux ouvrages aient été la proie des bandes calvinistes, qui viendront bientôt piller l'abbaye et dont les terroristes de 1793 ne suivront que trop les exemples.

Le travail des mains avait été remplacé à Cluny, nous le savons, par l'étude et par la transcription des manuscrits. Jean de Bourbon fit achever les copies dont son prédécesseur, Odon de la Perrière, avait eu besoin pour ses religieux de chœur. C'étaient des livres liturgiques, fort importants et très nombreux, dont la transcription remontait à Raymond de Cadoëne (1400 1416). Citons les gros antiphonaires avec notes, douze psautiers magnifiques et très complets, un grand bréviaire et un psautier à l'usage de l'abbé, des graduels, d'autres livres pour les malades à l'infirmerie, un pontifical, etc., etc.

Mais l'invention de l'imprimerie va, sinon interrompre, du moins ralentir les travaux de nos patients copistes et enlumineurs. Jean de Bourbon songea en effet à établir, non loin de son palais, à l'ancien hôtel des monnaies, un atelier typographique, pour les besoins sans cesse renaissants de l'abbaye. Ce projet ne fut réalisé que par son succesesur. Michel Wensler, imprimeur, vint de Bâle à Cluny, en 1493, « plus par esprit de dévotion que par amour du lucre ». On lui doit le premier Missel et le Bréviaire de ce millésime. Le second Missel typographié de Cluny est de 1553.

Jean III connut avant de mourir quel serait son successeur, *Jacques II d'Amboise*, frère du cardinal de ce nom, qui lui avait été donné comme coadjuteur, en 1481. Enfant de chœur à l'abbaye, puis novice, le nouvel abbé avait reçu l'habit religieux des mains d'Odon la Perrière. Il s'efforça de suivre les traces de son prédécesseur qui alla finir ses jours à St-Rambert, près de Lyon, mais ses restes furent apportés à Cluny. Jacques II donna l'ordre à Dom François de Rives de composer la Chronique du monastère qu'il arrêta à Jean III. Jacques d'Amboise ne fut pas moins heureux dans ses rapports avec le pape qu'avec la cour de France. Les statuts dressés par Jean de Bourbon, déjà revêtus de la signature de deux notaires royaux, furent approuvés par lettres patentes du roi. De son côté, Innocent VIII les avait sanctionnés de son autorité. De précieuses indulgences furent accordées par lui à tous ceux qui visiteraient la basilique de Cluny et aux religieux qui viendraient aux Chapitres généraux.

Jean de Bourbon n'ayant pu mettre la dernière main à la restauration de l'hôtel de Cluny à Paris, Jacques d'Amboise s'y employa, en 1505, avec autant de zèle que de bonheur. On sait que l'édifice tout entier repose sur les fondements pétris en ciment romain des Thermes de Julien ; c'est sur ce rocher du III° siècle que les artistes de la Renaissance ont élevé le monument qui éternise à Paris le nom de Cluny. La chapelle à laquelle on arrive par un escalier à noyau, dans une tourelle à jour, est l'un des plus beaux spécimens du gothique flamboyant. Son abside est bâtie en encorbellement sur l'un des côtés de l'hôtel. Le fini de ce pieux sanctuaire produit une vive impression, quoique les douze niches de l'intérieur, comme les consoles de St-Eutrope à Cluny même, soient dépouillées des statues dont Jacques d'Amboise les avait ornées. On y remarque encore les armes d'Amboise et les attributs de saint Jacques, indiqués par des bourdons et des coquillages de pèlerins. L'ensemble de l'oratoire, aujourd'hui transformé en salle de musée, a été caractérisé d'un mot célèbre : « c'est la prière fixée ». Quoique très petite, la chapelle de l'abbé d'Amboise passe pour un chef-d'œuvre d'élégance et de bon goût.

Jacques II eut pour Paray les mêmes prédilections que ses prédécesseurs. Il devait y mourir, durant l'une des visites qu'il fit à ce prieuré. Il avait fait élever au milieu du cloître un jet d'eau, dont la vasque, placée aujourd'hui dans l'église, porte encore ses armoiries.

Jacques d'Amboise ayant été appelé en 1514 à l'évêché de Poitiers, son neveu *Geoffroy* fut désigné pour lui sucéder ; il eut un règne très paisible. Comme son oncle, il avait des liens qui le rattachaient antérieurement à l'Ordre, ayant été prieur de Souvigny.

A sa mort, en 1518, les religieux voulurent reprendre l'exercice de leurs anciens privilèges et élurent *Jean de la Madeleine*, grand prieur, qui avait été le bras droit de Jean de Bourbon. Le Concordat qui étendit la commende à tous les bénéfices de France venait d'être signé à Pise entre Léon X et François Ier. Celui ci fit annoncer aux moines de Cluny qu'il avait réservé le trône abbatial pour *Aymard II de Boissy* et Jean de la Madeleine s'inclina modestement. Il allait être le plus ardent champion parmi ses frères, de la foi catholique que Luther attaquait déjà avec toute l'impudence d'un apostat.

Aymard de Boissy se montra à peine à Cluny ; il transmettait ses instructions aux religieux par l'intermédiaire de ses vicaires généraux. Il mourut, en 1528, après avoir résigné ses fonctions à *Philippe de Cossé*, moine de St-Denis, qui ne put prendre possession.

Une bulle de Léon X de 1518 avait accordé aux Clunistes le droit, dès qu'ils connaîtraient la vacance du siège abbatial, par la mort ou la démission du titulaire, de lui nommer un successeur. Aymard ayant abdiqué, ils élurent l'un d'entre eux, Jacques Le Roy, sans s'inquiéter des prétentions de Cossé. Mais François Ier enleva Jacques Le Roy à Cluny, en le nommant à l'archevêché de Besançon et mit à sa place le cardinal *Jean de Lorraine*, déjà archevêque de Reims, de Lyon, évêque de Metz, Luçon et Verdun, Tels étaient les beaux-fruits de la commende.

Jean IV de Lorraine, ne vint pas à Cluny ; ses vicaires généraux gouvernèrent en son nom ; parmi eux se trouvait heureusement Jean de la Madeleine, l'abbé dépossédé de 1518. La vénération des religieux continua à l'entourer jusqu'à sa mort qui arriva le 17 avril 1537. On dit qu'avant d'expirer il prédit, avec larmes et avec l'accent d'un prophète, tous les maux qui devaient arriver à la « maison de Cluny ».

§ II. — LES ABBÉS DE LORRAINE
ET LES GUERRES DE RELIGION

Le cardinal Jean de Lorraine se donna pour coadjuteur de Cluny, en 1548, son neveu Charles, plus tard également cardinal, archevêque de Reims, premier pair de France, etc. Le premier abbé de Lorraine mourut en 1550. Il passe dans la Chronique pour le premier commendataire. C'est du moins par lui que Cluny devint, par un compromis abusif, comme l'apanage des Guises. Charles, second cardinal de Lorraine, était l'oncle de Marie Stuart et sa vie appartient plus à l'histoire générale de la France qu'à celle d'une abbaye, quand même cette abbaye serait celle de Cluny.

Une ère nouvelle se lève pour notre monastère avec les Guises ; ce ne sera pas la plus brillante de son histoire. Le cardinal mêlé par sa position à toutes les affaires politiques et religieuses, occupa une grande place dans les événements généraux de l'époque. On sait que les doctrines de Luther et de Calvin s'étaient répandues sur plusieurs points du royaume, grâce à la protection de Marguerite de Navarre, du prince de Condé et des grands seigneurs de la cour, tous avides de ressaisir une influence qui leur échappait de plus en plus. Dès 1542, l'Université de Paris avait condamné les nouvelles doctrines ; mais François Ier, qui d'abord avait poursuivi les sectateurs de Calvin, les ménagea ensuite par raison d'Etat. Henri II fut plus sévère ; les guerres de religion ne commenceront qu'en 1562.

La nièce des Guises, Marie Stuart, avait quitté la France après la mort de François II, son époux. Ce prince, trop jeune pour régner, laissa prendre à sa mère Catherine de Médicis une influence néfaste ; cependant les Guises conservèrent leurs charges. Le chef de cette maison était gouverneur de Bourgogne, et à ce titre il opposa une vigoureuse résistance aux menées protestantes qui se faisaient jour dans le duché.

Son frère, le cardinal abbé de Cluny, eut un rôle important au concile de Trente, assemblé dès 1545 et repris de 1552 à 1563. La cour provoqua en 1561 la réunion du colloque de Poissy, sorte de synode gallican ; le cardinal de Lorraine y parla après Théodore de Bèze. Il réfuta le fougueux calviniste avec une modération et une force qui lui firent le plus grand honneur. Quand il reprit sa place à Trente, il parla avec non moins d'énergie contre l'abus des commendes, déclarant que pour sa part il était prêt à résigner tous ses bénéfices ecclésiastiques. Il profita de la bienveillance que les Pères du concile ne cessaient de lui accorder pour obtenir la confirmation des privilèges de son abbaye. En son absence les Chapitres généraux s'assemblèrent régulièrement, mais rien ne se décidait sans son approbation. On trouve dans les définitoires de 1548, de 1565 et de 1572, après les noms des visiteurs des provinces, ceux des visiteurs des couvents de moniales. L'intérêt que portait Charles de Lorraine à tout l'Ordre de Cluny lui valut l'affection de ses religieux ; ils le témoignèrent hautement par de vifs regrets, lorsqu'ils apprirent sa mort, arrivée le 26 décembre 1574. Ils perdaient en lui un puissant protecteur.

Mais les ravages que la commende devait exercer parmi eux commençaient à se faire gravement sentir. La plus grosse part des revenus passaient à l'abbé dont les charges croissaient avec les dignités. Aux moines il laissait de quoi vivre et réparer leur église, leurs bâtiments, leurs étangs, leurs jardins ; le surplus constituait ce que l'on appellera désormais la *manse* abbatiale, l'objet de tant de critiques, fausses le plus souvent et toujours exagérées. Il est facile de penser toutefois qu'avec un tel système la splendeur du culte et la tenue régulière du monastère eurent fort à souffrir. Le nombre des religieux déjà restreint par les guerres précédentes, par une épidémie, en 1520, et surtout par l'affaiblissement de l'attrait jadis si puissant pour la vie cénobitique ira sans cesse en diminuant. Les vocations cependant ne firent pas défaut à Cluny, où jusqu'à la fin les moines gardèrent une régularité édifiante, et menèrent une vie simple et frugale.

Mais de nouveau des cris de guerre retentissent tout autour du monastère. Dès 1562, au lendemain de l'attentat que les Calvinistes appelèrent le massacre de Vassy, le vicomte de Polignac, un de leurs chefs, s'empara de Mâcon, tandis que ses dignes lieutenants, Misery et Jean-Jacques, pénétraient dans Cluny, où ils se livrèrent à toutes les fureurs. Ils n'eurent aucune peine à s'emparer de la ville ; ils coururent ensuite à l'abbaye qui offrait une riche proie à leur avidité. « Ils commirent tant d'horreurs dans le sanctuaire de Dieu, dit un témoin oculaire, que des démons eux-mêmes en auraient frémi et n'auraient osé le faire. » Quand les complices de Misery eurent entièrement saccagé l'église, brûlé les statues, déchiré les tableaux et foulé aux pieds les reliques, ils pénétrèrent à la *librairie*, « où il restait, dit Théodore de Bèze, grand nombre d'anciens livres écrits à la main (et qui) furent en tout détruits et les livres partie rompue, partie emportée en pièces... » « C'étaient tous livres de la messe », ajoutèrent les nouveaux barbares avec mépris.

Ils avaient eu le champ libre pour commettre leurs dévastations, les moines s'étant enfuis les uns en Charollais à Perrecy et jusqu'à Paray-le-Monial, les autres au château de Lourdon ou dans les maisons de la ville. Il n'était resté dans l'abbaye qu'un seul religieux, dom Olier, qui a consigné lui-même dans ses mémoires le récit des tortures qu'il eut à endurer. « Le dixiesme d'Aoust... il célébroye la messe au grand hostel de la dicte église, assisté des frères convers frère Jean Rebourgeon, de Thésé, et frère Benoist Ducret, de Jalogny, tous deux revêtus d'aubes.

... « Le onziesme du dict moys les captaines Payen, correur génevois et Misery, bouchier de Mascon entrarent avec leurs troupes dans Cluny par la porte des prés, et le treiziesme après du dict moys, moy, estant avec trois aultres religieulx en la maison du sire Jehan Penet, fusmes saisys d'iceulx huguenaulx et amenés en l'abbaye, pour nous contraindre de desceler les trésors et reliques de l'église. Mais eux estant frustrés de leur attente, le seizième... fusmes à la parfin... menés et réduict au plus hault de la tour de Barraban avec intention et propons délibéré de nous faire descendre sans eschelier. Toutes foys Dieu ayant pitié de nous... ils nous laissèrent aller saincts et saulves (1) ».

Ce que le bon moine ne dit pas c'est que sa retraite à Cluny avait été dénoncée aux ennemis par le sieur Filoux, juge et procureur fiscal, vendu aux ennemis. Mais ceux-ci, apprenant l'arrivée du duc de Nemours, déguerpirent au plus vite ; ils continuèrent leur route sur Saint-Gengoux, où ils firent brûler à la porte de l'église au milieu des missels et des ornements sacrés, M. d'Oy, concuré et ses six mépartistes. Le même supplice avait déjà été infligé, au mois d'avril précédent, au curé de Berzé, autre obédience de Cluny.

Cependant le château de Lourdon n'avait pas succombé et avait gardé quelque chose du trésor monastique. C'est à Lourdon que Tavannes avait pu concentrer ses troupes pour soutenir Nemours dans sa marche sur Mâcon ; les Calvinistes y rentrèrent, quelque temps après, en 1563, comme nous le verrons. Le cardinal de Lorraine était encore à Trente quand éclata cette première guerre de religion ; il l'avait

---

(1) Voir le texte complet dans Lorain (1ᵉʳ édition, page 28).

prévue et en conséquence il avait fait transporter à Auxonne, ville forte sur la Saône, ce qu'il avait de plus précieux à Cluny.

Moins de deux ans après, les hostilités recommencèrent, au mois de novembre 1565. Le huguenot Poncenac avait, à la réquisition de Condé, levé des troupes en Bourbonnais. La Loire franchie, il s'empara de Paray où, en 1562, avaient eu lieu les mêmes désordres qu'à Cluny. Tout avait été mis en pièces au prieuré ; les meubles et les tapisseries vendus aux enchères et les dépouilles des religieux jetées à la rivière. De Paray, Poncenac marcha sur Cluny, à la tête de six mille huguenots fanatiques. Les habitants, craignant un nouveau pillage de leur ville, consentirent à une contribution de 6.000 livres qu'ils payèrent en argent et en denrées de toutes espèces. Une sorte de quittance (1), signée par Poncenac à Ayne, le 8 novembre 1567, nous apprend que la somme fut remise « aux commissaires des guerres de nos dictes troupes par les mains des honorables Anthoine de La Blettonière l'ancien, Emile Greizard, Jehan Bridet, Jehan Penet, Claude Decret et Alexandre Arcelin, tous habitants de Cluny. »

L'armée calviniste s'avança de nouveau sur Saint-Gengoux, où elle leva une imposition plus forte encore, puisqu'il fut dit que « la petite cité avait payé pour Cluny ».

Indignés de tant d'insolence, les catholiques se ressaisirent et infligèrent à Etivaux, près de St-Boil, une sanglante défaite aux routiers de Poncenac qui se jetèrent, les uns dans les montagnes, sur Blanot et Azé ; les autres dans la vallée de la Guye. Saux-Vantoux, lieutenant du duc d'Aumale, se mit à la

---

(1) Cf. Champly, p. 294. 2ᵉ édition pour le texte de cette quittance.

poursuite de cette dernière bande et l'écrasa au pont de Joncy, le 7 novembre 1567.

Les habitants de Cluny ne jouirent pas longtemps de la paix qu'ils avaient si chèrement achetée. Le prince de Condé et Coligny, arrivant du Forey, en 1570, pénétrèrent par la Clayette en Charollais et poussèrent leur avant-garde jusqu'à la cité bénédictine. C'était le troisième siège que Cluny allait soutenir, en moins de dix ans. Il eut de particulier une épisode qui rappelle le combat des Horaces et des Curiaces, sous les murs de Rome. Plusieurs engagements venaient d'avoir lieu entre les bandes Calvinistes et les troupes royales, commandées par Saux-Vantoux et Tavannes, sans résultats décisifs. Il fut alors convenu que trois protestants se rencontreraient avec trois habitants de Cluny dans la plaine de Montaudon, située à l'ouest, et que l'issue du combat déciderait du sort de la ville. La tradition a gardé le nom des trois vaillants champions qui s'exposèrent à la mort pour leurs compatriotes, Antoine Pelletrat, Pierre Fournier et Jean Duthy(1). Le premier seul fut blessé ; les trois huguenots restèrent sur le terrain. L'allégresse fut immense à la ville et au monastère et, tandis que les vainqueurs étaient l'objet de toutes les félicitations, l'armée des princes se retira sous le château de Mazille, dont elle s'était emparée auparavant. Condé dut reprendre le chemin du Bourbonnais, mais les traînards se jetèrent sur tous les villages voisins qu'ils mirent à feu et à sang ; Jalogny, Château, Vitry, Bésornay, Massy et Salornay eurent particulièrement à souffrir de leurs rapacités.

---

(1) Une autre tradition populaire veut que les noms de ces trois héros aient été gravés sur la grosse cloche de l'abbaye pour éterniser leur mémoire.

Le traité de Saint-Germain, signé le 6 août 1570, ne mit pas fin aux dévastations qui désolaient le royaume. Quoique vaincus sur tous les champs de bataille, les calvinistes obtenaient dans les traités plus d'avantages que s'ils eussent remporté d'éclatantes victoires. On sait comment Catherine de Médicis prétendit se donner des compensations par l'inutile et odieux massacre de la Saint-Barthélemy en 1572. A Mâcon, le marquis de La Guye réussit à sauver les prisonniers destinés à la mort. Les réformés reprirent courage et n'hésitèrent point à solliciter l'appui de leurs frères d'Allemagne.

Soudain le bruit se répand en Bourgogne qu'un corps de Saxons, commandé par le duc des Deux-Ponts, Jean-Casimir, fils du féroce Wolfang, s'avançait sur Dijon. Arrêtée sous les murs de Beaune, cette troupe se dirigea ensuite en ligne droite de Chagny sur Cluny, après avoir incendié Givry et Buxy. Les moines n'eurent d'autres ressources pour échapper au massacre que de se réfugier dans la forteresse de Lourdon qui leur avait été rendue.

Dom Gabriel de Saint-Blain en était le gouverneur. Tout danger semblait conjuré ; la paix de Beaulieu ayant de nouveau donné entière satisfaction aux Réformés, les Saxons consentirent, moyennant finances, à repasser le Rhin. Mais le frère de Henri III, le duc d'Alençon, devenu duc d'Anjou, reprit la campagne pour son compte et pour celui des Calvinistes. Son écuyer, le sieur de Puysaie, réussit à nouer des intelligences à Cluny. Filloux, le même qui avait déjà livré dom Olier aux brigands de 1562, s'aboucha avec lui et promit de lui ouvrir Lourdon. L'indigne procureur fiscal s'est adjoint en secret seize complices. Il se présente dans la cour qui précède le pont-levis du château et, sous prétexte de lui demander un

secours en argent, prie dom Gabriel de le recevoir.
Une fois introduits dans la forteresse, rien ne fut plus
facile aux conjurés que d'en ouvrir les portes aux soldats du duc d'Anjou. Un pillage en règle fut le premier fruit de ce guet-à-pens odieux ; tout fut fouillé,
les tours, les casemates, les souterrains, aussi bien
que les salles et l'église du château.

La plus grande part du butin fut mise en réserve
pour le frère du roi, devenu chef de voleurs ; le
reste devint la proie de Puisaye et de Filloux. Les
complices dirigèrent le butin de valeur sur Genève,
où les orfèvres calvinistes se firent une joie de
fondre l'or et l'argent des vases sacrés, des croix
et des reliquaires. Les chappes, les autres ornements
d'église furent abandonnés aux soldats pour s'en
faire des vêtements. On évalua la perte de l'abbaye
à plus de deux millions de livres, somme énorme
pour l'époque. Les papiers, les chartes, les manuscrits, les parchemins prirent aussi pour la plupart le
chemin de Genève et, dès que les troubles auront pris
fin, l'abbé Claude de Guise enverra ses agents dans
cette ville, pour racheter les restes de cette immense
dilapidation.

Charles de Lorraine n'avait pas eu la douleur
d'apprendre ce désastre. Il mourut et eut pour successeur, en 1575, son parent, *Claude de Guise*, qui fut
abbé de Cluny pendant trente-sept ans, jusqu'en 1612.
Il avait été prieur de St-Martin-des-Champs. Son
entrée à Cluny fut un véritable triomphe ; salves de
mousqueterie, décorations et réjouissances publiques, harangues des magistrats, rien ne manqua pour
saluer celui qui devait rendre au pays la paix et la
prospérité. Les habitants n'ignorent pas que Claude
de Guise est fils du célèbre Balafré, Henri de Guise,
le héros catholique des guerres de religion et aujour-

d'hui le chef de la Ligue. Son pouvoir est supérieur à celui du roi ; sa popularité immense en fait le véritable souverain de la France.

Aux Etats généraux de Blois, en 1576, ses partisans qui forment la grande majorité, n'hésiteront pas à le proclamer le sauveur de la religion et de la patrie. Son fils tint à cette assemblée le rang qui revenait de de droit à l'abbé de Cluny. Il se rendit à Blois de Chalon-sur-Saône, où il s'était retiré, après avoir pris possession de l'abbaye. La jalousie, la haine ne pouvaient manquer de s'en prendre à lui de la fortune inespérée de sa maison. Aussi fut-il attaqué de toutes parts et accusé de mille crimes invraisemblables (1).

Au mois de mars 1576, l'armée des princes (2) parut sous les murs de Cluny, se dirigeant vers l'ouest, pour hiverner à Digoin. Les réformés, toujours cantonnés à Lourdon, pillaient les fermes et les châteaux des environs, sans oublier les doyennés et obédiences relevant de l'abbé de Cluny.

Le monastère lui-même était tombé au pouvoir des ennemis, mais les habitants redoutant la destruction du couvent et de sa splendide église, coururent aux armes et chassèrent les envahisseurs. Par reconnaissance et sans doute aussi pour resserrer les liens d'obéissance et de fidélité que lui avaient jurées les bourgeois de la ville, Claude de Guise leur céda des droits fort étendus dans les bois de Boursier, la plus ancienne dépendance de l'abbaye. Cette concession devait être d'une grande importance « pour la fortune patrimoniale » de Cluny.

Aux seconds Etats généraux de Blois (1588), le cardinal de Lorraine, Louis II, qui présidait l'ordre du

---

(1) *La légende de Claude de Guise* (1 volume in-4°) en est une preuve surabondante.
(2) Henri III et Henri de Navarre.

clergé se souvint que Cluny avait été et était encore possédé par des abbés de sa famille et, au risque d'aller contre ses propres intérêts, il n'hésita pas à faire promulguer de nouveau le droit d'élection de Cluny et les privilèges souverains de l'abbé. Trois ans auparavant, Claude de Guise avait lui-même sollicité du Conseil la confirmation de la justice abbatiale dont les arrêts ne ressortissaient qu'au Parlement de Paris.

Les Etats de 1588 clôturèrent leur session sous le coup de terreur que causa à la France le double assassinat du duc de Guise et de son frère, le cardinal Louis II de Lorraine. Il n'entre pas dans notre plan de rappeler quelles furent les suites de cette sanglante tragédie. Loin d'en être abattue, la Ligue s'étendit aux provinces les plus reculées du royaume. A Cluny, le monastère et tous les habitants prêtèrent serment au duc de Mayenne, frère des princes assassinés. Un service solennel fut célébré à leur intention à la grande église par les religieux, qui peu à peu avaient pu rentrer dans leur couvent. Tous les habitants y assistèrent et offrirent ensuite leurs condoléances à l'abbé de Guise.

Cependant le château de Lourdon était, depuis plus de quatorze mois, au pouvoir du duc d'Anjou qui l'avait rempli de reîtres presque tous huguenots ; un prêche y avait été établi. A la fin, un édit de Henri III rendit aux mains des religieux cette forteresse où tout était à restaurer. C'est à quoi Claude de Guise s'employa activement ; de nouveaux moyens de défense furent ajoutés aux anciens. Il était temps, car le maréchal de Biron, qui avait entrepris de soumettre le Chalonnais et le Mâconnais à Henri IV, ayant attaqué les Ligueurs sous les murs de Lourdon, ne put réussir à s'en emparer. L'abbé de Guise en personne commandait la garnison. A en croire la tradition, il faisait de bonnes salves de son canon et force mousquetades, (24 Juin 1593). Le lendemain, les bourgeois de Cluny, avertis par le bruit du canon, accoururent sans tarder au nombre de 120 arquebusiers sous la conduite de Claude Ducret, dit capitaine Baron. Un rude combat s'engagea, du côté du jeu de paume, avec les assiégeants qui déjà s'étaient emparés de quelques ouvrages intérieurs. Claude de Guise réussit à faire entrer les Clunisois dans le donjon ; ce renfort permit aux soldats de la place de culbuter les Navarrais hors de l'enceinte. Les blessés et les morts restèrent sur place au milieu des épées, des cuirasses et des pistolets que les fugitifs avaient abandonnés (1).

On vit des jeunes enfants de douze et de quinze ans combattre avec leurs parents, leur donnant des pierres pour les lancer contre les soldats du Navarrais. C'est ainsi que l'esprit de la Ligue électrisait ces jeunes têtes. Mais Henri IV n'oubliait pas Cluny. En 1595, son armée sous les ordres de Biron, se présenta devant Lourdon. Cette fois on ne pouvait lui résister, car elle était forte de 14.000 hommes et elle avait du canon. Elle n'était plus une bande de partisans ; c'était l'armée de Henri IV, reconnu roi et rentré dans le giron de l'Eglise. C'est en vain que Mayenne multiplie ses efforts pour conserver à la Ligue Cluny et ses habitants. Le mouvement de soumission au roi devint irrésistible. Le juge-mage, le procureur syndic, les échevins firent cesser toute résistance ; mais les petites gens murmuraient encore. L'armée du roi de France leur semblait une armée de brigands ;

---

(1) Sur l'un des pistolets delaissés par les fuyards on remarqua les armes du sieur de la Guiche, une des premières familles du Charollais qui redeviendra amie des moines.

ils l'accusaient des plus grandes atrocités. Biron en effet avait exigé 2500 écus pour empêcher ses soldats de loger à Cluny. Ils y entrèrent quand même et perpétrèrent tant de mal, dit un témoin, « que si étaient des barbares il ne serait pis faire ».

Henri IV gardait quelque rancune à Claude de Guise. N'avait-il pas dirigé lui-même le canon de la forteresse sur ses propres soldats ? C'était pis que d'avoir été ligueur et que d'être parent de la maison de Lorraine. Il enleva donc le monastère à l'abbé de Guise et en confia l'administration à Henri de La Coupelle, moine de Saint-Martin-des-Champs. Le grand Conseil de la Voûte fit entendre des plaintes ; le roi, qui avait pardonné au duc de Mayenne, rendit ses bonnes grâces à Claude de Guise. Celui-ci tint, en 1600, le Chapitre général au château de Lourdon, entièrement restauré ; des statuts y furent proposés, et selon la coutume, le Parlement les enregistra ! L'année suivante, le roi donna des lettres patentes qui confirmaient les privilèges de Cluny ; en 1605, il dispensa l'abbaye de produire en justice ses titres originaux de propriété qui avaient été détruits durant les guerres ; l'ordonnance portait que toute foi fût donnée aux simples copies.

Claude de Guise put ainsi passer en paix les dernières années de son gouvernement. Il fit élever dans le style de la renaissance le second palais abbatial, qui porte encore son nom ; une tour-forte le relia avec l'ancien ; un beau jardin surnommé le *petit hort* et planté de vignes s'étendit sur la colline qui domine l'enclos monastique, où le *grand hort*, avec ses grandes allées et ses eaux vives, était déjà le lieu de récréation de nos pieux cénobites. La basilique conservait encore les traces des profanations commises par les calvinistes en 1562 ; le trésor des chartes et la librairie avaient été odieusement pillés. Les moines se contenteront à l'avenir, pour l'office de livres imprimés, et pour la célébration de la messe d'ornements très simples.

Le protestantisme porta à l'abbaye de Cluny un coup mortel, dont elle ne se relèvera pas. Les pertes matérielles qu'elle avait faites et que personne ne put réparer n'étaient rien en comparaison des ruines morales, qui iront s'amoncelant d'année en année. Avec la foi ardente des anciens âges, la sève monastique diminua graduellement, et cependant les moines ne sont-ils pas immortels en France aussi bien que les chênes ? Nous aurons la joie de le constater sous peu.

Claude de Guise mourut dans son abbatiale, le 23 mars 1612. L'un de ses derniers actes fut de réunir à Cluny l'abbaye d'Ainay de Lyon qui de nouveau s'inscrivit sur la longue liste des monastères affiliés à l'Ordre. Vers la fin de sa vie, Claude de Guise obtint pour coadjuteur son parent, *Louis de Lorraine*, qui fut son successeur, en 1612.

Le nouvel abbé de Cluny était fils de Henri Ier duc de Guise, et de Catherine de Clèves, princesse d'une foi ardente et d'un zèle infatigable. Elle inspira à son fils la pensée de doter la vieille cité bénédictine d'un couvent de Frères Mineurs qui prêteraient le secours de leur prédication non seulement aux paroisses de la ville mais encore, hors des bans sacrés, dans le diocèse de Mâcon tout entier. L'évêque fut prié d'accorder pour ce fait son *visa* qu'il donna avec un empressement marqué.

Les enfants de saint François devinrent aussitôt très populaires, à Cluny comme partout, et les bons moines leur firent une large part dans leurs aumônes distribuées chaque jour, à la porte de l'abbaye.

Louis de Lorraine leur donna la léproserie, dite de St-Lazare, située au nord de la ville. Cette maison remontait pour le moins au XII° siècle ; en 1180 Guillaume de Vienne, comte de Mâcon, avait traité avec Pierre le Vénérable, au sujet des provisions annuelles qu'il devait fournir aux lépreux de Cluny et des environs.

Les abbés qui lui succédèrent consacraient à l'hospice de Saint-Lazare une part des revenus qu'ils possédaient à Chevignes. « Le pré des Ladres », à Cortambert, avait la même destination. Lorsque l'abbé Louis céda, en 1617, aux Récollets les vieux bâtiments de la Léproserie, il leur confia la mission de les approprier à d'autres œuvres de zèle et de charité, puisque la terrible contagion n'était plus autant à redouter qu'autrefois. Les Pères rétablirent l'église, mais dix ans plus tard, en 1627, ils abandonnèrent les vieilles masures et allèrent se fixer sur la montagne, dite de Ste-Odile, dans l'enceinte de la petite cité, où ils construisirent leur couvent, resté debout jusqu'à nos jours.

Louis de Lorraine a attaché son nom à la réforme des bénédictins de Cluny, tant de fois demandée et toujours retardée. Les Chapitres généraux, qui avaient cessé de se réunir après 1571, ne redevinrent réguliers qu'en 1626 ; dans l'intervalle de grands efforts furent tentés afin de faire entrer Cluny dans le mouvement de rénovation qui se faisait remarquer alors dans tous les Ordres religieux. Jacque de Vény d'Arbouse, qui avait été définiteur au chapitre de 1610, sembla être l'homme de la Providence pour cette œuvre. Louis de Lorraine le nomma son grand prieur et le mit en rapports avec les supérieurs de la Congrégation, dite de Saint-Maur récemment afiliée à St-Vannes ; de nouvelles constitutions furent élaborées avec le concours du prieur de la Grande Chartreuse et d'un docteur de Sorbonne.

En 1621, un Chapitre général fut appelé à se prononcer. Louis de Lorraine vint le présider à Cluny; mais, ayant été nommé au même moment cardinal, il dut résigner son abbaye.

Les religieux purent en toute liberté choisir pour abbé *Jacques III de Vény d'Arbouse* leur prieur (1622), ce qu'ils firent en toute diligence. C'était la meilleure garantie que l'on put donner aux projets de réforme. Jacques de Vény se mit sans retard en relations avec les supérieurs de la Congrégation de Saint-Maur, dans le but d'introduire leurs observances à Cluny et dans toutes les maisons qui en dépendaient.

Mais peu d'années auparavant, dom Laurent Bénard, prieur du collège de Cluny à Paris, avait déjà demandé, avec quelques étudiants de sa maison, au célèbre dom Didier de la Cour, qui avait réformé si heureusement Saint-Vannes, à Verdun, de les recevoir au nombre de ses disciples (1612). Dom Bénard lui offrit même son collège de Paris, pour inaugurer dans le royaume cette restauration de l'Ordre bénédictin qui était dans les vœux de nos pieux cénobites. Le succès de l'entreprise exigeait que le centre d'où partirait la réforme ne fût pas hors de France. C'est ainsi que la nouvelle Congrégation prit le nom de St-Maur-les-Fossés. Grégoire XV l'approuva, le 17 mai 1621. Louis XIII et Anne d'Autriche multiplièrent en sa faveur les témoignages de leur satisfaction.

Toutes les espérances de Jacques de Vény étaient sur le point de se réaliser, d'autant que l'appui que lui avaient donné dom Bénard et ses disciples du collège de Cluny à Paris en était comme la préface. Malheureusement l'abbé de Vény manqua de fermeté ; il ne sut pas imposer sa volonté aux opposants et, au lieu de n'avoir à Cluny qu'une congrégation compacte, l'Ordre se divisa en deux observances, l'ancienne et la nouvelle, les Conventuels et les Réformés. Ce fut la source d'interminables controverses sur tel ou tel point de la règle que chacun interprétait à sa façon.

Le 29 décembre 1634, après de longs pourparlers, un concordat fut enfin signé entre dom Lucas, prieur claustral de Cluny, visiteur de l'Etroite Observance, ayant charge et pouvoir de sa communauté et dom Tarisse, supérieur général de Saint-Maur, assisté des prieurs de Saint-Denis, de St-Germain-des-Prés et des Blancs-Manteaux.

Les offices des *quatre grands abbés* de Cluny (1) devaient être célébrés dans tous les monastères de la nouvelle Congrégation. Les couvents de filles se rattachaient aussi à cette observance ; mais les religieux de saint Benoit se bornaient à leur donner un visiteur élu dans les Chapitres généraux qui se tenaient tous les trois ans.

Les anciens Clunistes qui n'embrassèrent pas la réforme restèrent à leur couvent avec le froc à manches, sans être astreints à une observance plus rigoureuse que celle qu'ils avaient embrassée.

La pacification religieuse qui a marqué le règne de Louis XIII trouva dans Richelieu un protagoniste convaincu ; mais la méthode, dont il usa à l'égard des Ordres religieux, se ressentit trop de la manière avec laquelle il sut mener à si bonne fin son programme politique. Quoique homme d'Eglise et cardinal, il alla peu souvent demander ses inspirations à Rome. Bienfaisante pour l'autorité spirituelle des papes, la renaissance qui se fit remarquer en Europe, au XVIIe siècle, dans les diocèses aussi bien que dans les Ordres

---

(1) Saint Odon, saint Mayeul, saint Odilon, saint Hugues.

religieux, fut de nul effet pour le relèvement de l'autorité pontificale, dans l'orientation de la politique.

§ III. — Richelieu et Mazarin.

Richelieu était le premier à reconnaître les conséquences désastreuses, causées par la commende. Pour y remédier il émit l'étrange prétention d'être lui-même le général des trois grands ordres monastiques, Cluny, Cîteaux et Prémontré. Urbain VIII ne se prêta pas tout d'abord à son dessein ; ce n'est qu'en 1729 qu'il lui envoya ses bulles pour Cluny, mais il les refusa pour les deux autres Ordres. Jacques de Vény crut que le tout puissant ministre se contenterait d'être son coadjuteur, comme il le lui avait demandé. Le Conseil de la Voûte lui ayant fait comprendre que l'ordre ne le reconnaissait plus pour abbé de Cluny, Jacques se retira dans un monastère d'Auvergne.

Sur l'invitation du cardinal, abbé de Cluny, les religieux, partagés en deux obédiences, lui exposèrent leurs doléances et ne manquèrent pas de lui signaler les abus dont ils souffraient. Les visiteurs trop souvent étrangers à l'Ordre font des ordonnances à leur gré ; ils réduisent le nombre des religieux, diminuent le service de Dieu, altèrent le bréviaire bénédictin. Il existe dans l'Ordre certains religieux qui ne font plus au chœur leur service habituel, vivent à l'écart ; la liturgie est dans un état déplorable ; les uns disent la messe d'une manière, les autres d'une autre ; les fonctions de grand prieur, de maître des novices sont abandonnées à des mains incapables. C'était le résultat trop facile à comprendre de la scission qui s'était faite parmi les moines.

Les Conventuels ajoutèrent en particulier que l'abbaye par manque de ressource était dans le plus piteux état : « L'hôtellerie, dirent-ils, est en ruines, les religieux ne peuvent y être reçus et sont contraints de loger dans les tavernes, lorsqu'ils viennent à Cluny ». Le 1ᵉʳ septembre 1631, Richelieu répondit à ce mémoire par des statuts nouveaux qu'il fit approuver au Conseil du roi et enregistrer au parlement. Du Souverain Pontife et du Chapitre général il entendait bien se passer. Cependant il maintenait la tenue annuelle des Chapitres, et l'élection régulière des visiteurs.

De toutes les congrégations de la règle de saint Benoit Cluny a été la première et la plus florissante. La discipline qui était primitivement suivie est celle de Saint-Maur. Les deux Ordres fusionneront et ne feront plus qu'une seule congrégation, *l'Ordre de saint Benoit*.

Les offices importants seront confiés aux Réformés ; seuls ils sonneront les exercices, pareront les autels ; la forme de l'habit sera celle de Saint-Maur ; le bréviaire ancien sera également remplacé par un recueil nouveau, le *Breviarium Cluniacence*. Toutes facilités sont données pour permettre aux Conventuels de faire profession dans l'Etroite observance, mais les prieurs et les abbés ne pourront donner l'habit et recevoir à la profession que dans les maisons de la Réforme. Ils devront envoyer dans les collèges de l'Ordre de jeunes religieux destinés à repeupler les monastères ainsi disciplinés. Cependant le Conseil de la Voûte resta composé de frères des deux Observances.

Afin d'assurer le bon fonctionnement du nouveau régime, Richelieu fit venir de Saint-Maur douze religieux, ayant à leur tête le célèbre dom Hubert Rollet qui fut nommé prieur. La jeune Congrégation fut divisée en six provinces qui se partagèrent le royaume

(1634) et posséda 188 maisons. On sait qu'elle a produit des savants qui ont fait la gloire de l'érudition française et dont les travaux sont continués aujourd'hui par l'école des Chartes. Les noms de Mabillon, d'Achéry, Ruinart, Montfaucon, Vassète, Lobineau, Germain, Sainte-Marthe, Martène, Clémencet appartiennent par égale part à Cluny et à Saint-Maur.

Des résistances devaient se produire innévitablement car la nouvelle organisation était sur plusieurs points contraire aux anciens statuts de Cluny et aux bulles des Papes. Le prieur de Souvigny et trois autres firent entendre de véhémentes protestations. Tout fut inutile ; les statuts de 1634 fut enregistrés dès l'année suivante ; d'un trait de plume Richelieu « effaçait jusqu'à ce nom de Cluny que sept siècles avaient respecté ».

La forteresse de Lourdon restait encore debout, c'était un symbole d'indépendance qui ne tarda pas à disparaître. Les États de Bourgogne demandèrent que ce château eût le sort de tous ceux qui, situés à l'intérieur, n'appartenaient pas au roi. Le Conseil de la Voûte consulté n'osa faire entendre aucune réclamation et ne demanda pas la moindre indemnité. Elle fut pour Richelieu qui envoya à Cluny deux agents, l'abbé Dupré et Bélignieux, membres des États de Dijon. La démolition commença aussitôt. Il n'est resté de l'antique manoir qu'une tour, des pans de murs, et d'informes et gigantesques ruines qui couvrent toute l'étendue de la montagne où il se dressait si fièrement.

Les habitants de Cluny virent avec peine disparaître le vieux château des moines que si souvent leurs ancêtres et eux-mêmes tout dernièrement avaient défendu avec tant de courage. De tous temps ils aimèrent à médire des religieux, plus encore du seigneur abbé à cause de leurs richesses, de leurs lointains voyages, mais ils n'auraient pas voulu les voir disparaître. Même en les attaquant, ils respectaient leur vie sévère ; ils aimaient leurs beaux offices, ils étaient reconnaissants de leurs aumônes.

Aussi les meilleures relations existaient-elles entre bourgeois et artisans et les Bénédictins. Le plus grand nombre des Pères étaient connus en ville. Le P. aumônier était l'ami de tous les pauvres ; le P. hôtelier et le P. cellerier avaient des rapports quotidiens l'un avec les étrangers et l'autre avec les fournisseurs de la ville.

A toutes les époques de leur histoire, les abbés de Cluny ont été de grands bâtisseurs ; de nombreuses équipes d'ouvriers étaient sans cesse occupées à l'immense monastère ; tous les corps d'état trouvaient au service des religieux un travail rémunérateur.

A l'époque où nous sommes arrivés, l'ensemble des constructions monastiques avec les cours et les jardins couvrait neuf hectares. Ces bâtiments étaient entassés les uns à côté des autres ; il y en avait de tous les styles et de toutes les époques. Richelieu lui-même fit élever, à l'entrée principale de l'abbaye, une sorte de portique monumental, orné de colonnes et de volutes corinthiennes, et plaça au milieu son écusson de cardinal.

Le temps n'est pas éloigné où les moines, trouvant trop vastes les cloîtres et les oratoires qui occupaient presque toute la partie sud-est de l'enclos, les renverseront pour les rebâtir sur un plan plus régulier et dans un style uniforme.

Les habitants de Cluny n'ignoraient aucun détail de ces vieilles bâtisses ; ils savaient quelle en était la destination, ici le noviciat, plus loin l'archidiaconé, le lavatoir des morts, l'infirmerie, le trésor, la biblio-

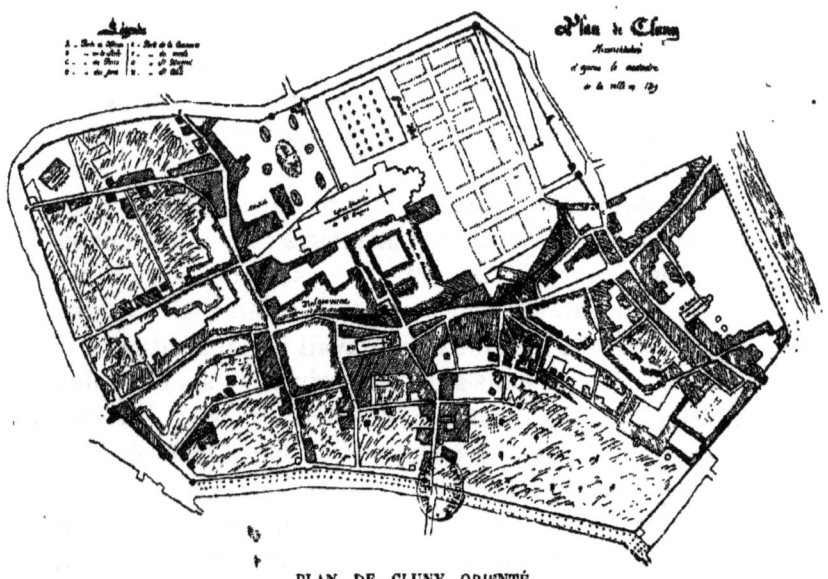

PLAN DE CLUNY ORIENTÉ
à l'échelle de 1/15000.

L'enceinte fortifiée. — Le monastère, les jardins. — La grande basilique. — La Malgouverne. — Les églises. — L'Hôtel-Dieu. — Places. — Rues — Impasses.

thèque. Une curieuse coutume, restée dans le souvenir des anciennes familles, voulait qu'à un jour déterminé, chaque année, les moines se retirassent tous dans le chœur de la grande église, laissant large ouvertes les portes du monastère. Au son de la cloche, arrivaient en rangs pressés hommes, femmes et enfants ; ils pénétraient partout, car ils avaient, paraît-il, le droit de tout inspecter : armoires, buffets, tiroirs. Ce qui attirait, dit-on, principalement leur attention était l'ordonnance des cuisines. Il y en avait deux, l'une dite *grasse* pour le repas des malades et des étrangers, l'autre, *maigre* où l'on apprêtait les fameuses fèves cuites au sel pour les moines.

De leur côté, les religieux prenaient le plus vif intérêt à tout ce qui pouvait promouvoir le bien spirituel et temporel de la petite cité. L'archidiacre, au XVIII° siècle, était dom Victorin de Rymon (1) ; il exerçait avec zèle et prudence ses délicates fonctions, tant à l'égard des prêtres employés au ministère des paroisses et chapelles qu'à l'égard des fidèles. Il réunissait régulièrement les curés en synodes, soit à la chapelle de St-Thomas, soit au palais abbatial de Jean de Bourbon ; les églises de N.-D., de St-Mayeul et de St-Marcel étaient le siège de pieuses confréries, dont les vocables attestent la force et l'ancienneté de nos dévotions présentes. Saint-Marcel possédait déjà son association de la Sainte Croix ; Saint-Mayeul une dévote chapelle, dédiée au Sacré-Cœur de Jésus, enfin Notre-Dame, les confréries du Scapulaire et du saint Rosaire. C'est à cette époque (1645) que les praticiens et bourgeois de Cluny adressèrent une supplique à Dom de Rymon pour l'établissement à l'église de N.-D. d'une compagnie de Pénitents, qui devint très

---
(1) D'une famille d'origine chalonnaise qui avait acquis une grande importance à St-Gengoux et dans tout le Mâconnais.

florissante et dura jusqu'au rétablissement du culte, en 1801. Déjà les hommes de condition et les élèves du collège tenaient leurs réunions de piété à la chapelle, dite de la *Congrégation*, construite entre la basilique de saint Hugues et le côté septentrional du cloître. Au nombre des dignitaires de la pieuse association nous remarquons un descendant des Dagonneau, gentilshommes fameux qui au siècle précédent n'avaient pas peu contribué aux succès des Protestants dans le Mâconnais.

Les artisans et les ouvriers s'assemblaient à leur tour dans de joyeux banquets, aux fêtes patronales de leurs corps de métiers.

Citons les principales corporations qui toutes avaient leurs blasons, enregistrés par d'Hosier à *l'Armorial général de France* : la ville de Cluny portait d'azur (1) à une clé d'argent, posée en pal. Il y a les blanchisseurs de fil, les maistres-boulangers, les maistres-gantiers, les maistres-apothicaires, les cabaretiers, les marchands de drap, les maistres-tissiers en toile (d'azur à une Sainte-Anne d'argent), les maistres-chirurgiens, barbiers et perruquiers (d'or à un Saint-Cosme et Damien de gueules), les maistres-cordonniers et savetiers (de gueules à un Saint-Crépin et Crespin d'or), les maistres-bouchers (de gueules à un Saint-Simon et Jude d'argent), les maistres-massons (d'argent à IV couronnes de gueules cantonnées), les maistres-maréchaux (de gueules à Saint-Eloy d'or), les maistres-serruriers (de sable à un Saint-Eloy d'argent).

Maisrevenons à l'abbaye.

L'union des deux obédiences en une seule congrégation n'était rien moins que définitive. On le vit bien à la mort de Richelieu, (5 septembre 1642). Une

---
(1) Le blason de l'abbaye est trop connu pour être décrit ici.

élection régulière donna le titre d'abbé à dom *Germain Espiard*, religieux de la nouvelle observance, dite de Saint-Maur. Les anciens s'empressèrent alors de demander, pour mettre à la tête du monastère, le jeune prince de Conti, Armand de Bourbon, frère du grand Condé, qui manifestait des signes de vocation religeuse. Dom Espiard dut lui céder la place. On eut alors ce triste spectacle d'un abbé mineur qui devait plus tard embrasser la carrière des armes. En vain les moines décontenancés s'adressèrent-ils pour le remplacer au duc d'Enghien ; le futur héros de Rocroi, de Fribourg et de Nordlingen refusa le titre qu'on lui offrait.

Il est resté un souvenir de l'*abbatiat* du prince de Conti, la fondation à Cluny d'un couvent d'Ursulines, à St-Mayeul, à la condition expresse que ces religieuses resteraient sous la juridiction de l'archidiacre, juge spirituel des bans sacrés, à l'exclusion de l'évêque.

Dès son élection, le prince de Conti avait obtenu d'Urbain VIII l'annulation du concordat de 1634, et le fit remplacer par une autre constitution qui stipula la tenue annuelle des Chapitres généraux à Cluny. Le premier qui s'assembla fut celui du 21 mai 1646.

Mais tout fut de nouveau remis en question, lorsque *Mazarin* eut obtenu l'abbaye de Cluny, en 1654. Les résistances qu'il rencontra furent si vives qu'il crut devoir employer la force pour en avoir raison. Il eut à lutter jusqu'en 1656, et Alexandre VII ne lui expédia ses bulles que l'année suivante. Le nouveau ministre reprit l'œuvre de Richelieu, sans plus de succès. N'ayant pu imposer ses volontés entièrement favorables à St-Maur, il remit aux Chapitres généraux la juridiction spirituelle et régla avec les Sénieurs de la Voûte les intérêts matériels du monastère, « avec une bénignité et une affabilité toutes religieuses » dit la Chronique. La nouvelle de la mort de l'abbé-ministre fut apportée à Cluny par un délégué du Roi, et l'intendant de Bourgogne, Bouché, signifia aux religieux la défense de procéder à aucune élection. Mazarin n'était jamais venu à Cluny. Un de ses rapports au pape nous apprend qu'à l'abbaye l'office divin se faisait le jour et la nuit avec beaucoup de piété et d'édification, que l'abstinence y était rigoureusement observée, que le jeûne durait chaque année du 14 septembre à Pâques et tous les mercredis et vendredis, le reste de l'année. Il ajoute que l'usage des chemises de lin est prohibé et le travail des mains fortement recommandé.

Mazarin mort, la cour de France fit donner l'abbaye de Cluny au *Cardinal Renaud d'Este*, son ambassadeur auprès du Saint-Siège (1661).

De nouveau l'étroite observance reprend le dessus et le conseil de la Voûte voit ses attributions augmenter. Les *Senieurs* deviennent les mandataires de l'abbé ; à leur instigation, les principaux monastères embrassent la réforme dont les statuts venaient d'être approuvés par Clément IX ; mais les dissidents s'agitaient de nouveau, quand Renaud d'Este vint à mourir, le 29 septembre 1672.

Après avoir célébré à son intention le service solennel prescrit par la règle, les moines se réunissent en Chapitre et par un vote unanime, choisissent pour abbé dom *Bertrand de Beuron*, prieur de St-Marcel-les-Chalon. Le nouvel élu entra aussitôt en fonction. Tout dissentiment avait disparu et chacun se mit à espérer que le jeune Roi respecterait le privilège le plus cher de Cluny, consacré solennellement par la fameuse bulle de Léon X. La cour se borna à envoyer un maître de requêtes, Pelisson, qui fut préposé aux affaires temporelles de l'Ordre sous le nom *d'administrateur* de Cluny. Le conseil de la Voûte eut à s'occuper du spirituel, comme si en vérité le siège abbatial était vacant. Ce n'était pas le moyen de ramener la paix dans les esprits.

En vain un Chapitre extraordinaire (1) se tint-il, en 1678 au collège de Cluny à Paris, en présence de l'archevêque, du P. de La Chaise et de Pélisson. On revint aux statuts de Jean de Bourbon. Mais les anciens se réservèrent de « retrancher tout ce qui leur paraitrait trop austère », et les réformés demandèrent que la nouvelle règle « n'altérât en rien les prescriptions de la leur ». On ne pouvait mieux accuser la divergence des partis ; à la longue, elle finit par s'assoupir et la paix ne fut plus troublée, le désir du bien étant égal des deux côtés.

Le séjour de Pélisson à Cluny fut marqué heureusement par une fondation qui racheta quelque peu sa main-mise sur le temporel de l'abbaye. En 1625, un saint prêtre, mépartiste de Notre-Dame, Julien Griffon, avait cédé tous ses biens pour fonder à Cluny un hospice sous le vocable de Notre-Dame de Pitié. Les premières constructions datent de 1646 ; ce ne fut cependant qu'au mois de juillet 1673, que les eschevins mirent à la tête de la maison « une fille séculière, qui avait déjà rempli cet office de charité dans les hôpitaux de Chalon et de Villefranche » ; d'autres jeunes personnes ne tardèrent pas de s'associer à elle. Claude Tuppinier juge-mage et André Dumont, procureur fiscal, dressèrent les règlements de la petite société. Dom Théophile Guillot, procureur et vice-gérant de l'archidiacre, leur donna la sanction spirituelle, le 27 octobre 1674. Dès le lendemain,

---

(1) Du vivant de Mazarin et après sa mort, en 1665, les chapitres généraux ne se tinrent pas toujours à Cluny. Celui de 1660 s'assembla à St-Mihel, en Lorraine, celui de 1661, à St-Martin-des-Champs et celui de 1670, au collège de Cluny, à Paris.

Pélisson promit des lettres patentes du Roi en faveur du nouvel établissement. Cette maison n'a pas cessé depuis ce jour de croître en importance et de servir d'asile aux malades non seulement de Cluny mais de toute la contrée

Dans l'assemblée générale des habitants de la ville qui s'était tenue, le dimanche 29 avril 1674, à la diligence des échevins, « pour le bien et utilité des pauvres et avancement de l'hôpital Notre-Dame », l'on dressa « un règlement pour bien établir icelui, ensemble l'ordre et la manière de vivre des sœurs hospitalières. »

L'acte authentique qui a été conservé porte la signature de Paul Pelisson-Fontanier, conseiller du Roi... économe du temporel de l'abbaye de Cluny. A la suite signèrent les échevins Arcelin, Grignon, Dumont et un grand nombre de notables parmi lesquels figurent MM. Tuppinier, Montgailard, Chambosse, Barbeaud, Delaroue, Alamartine, Saumaize, Maitre, Gallay, Paillier, Piatot, Ochier, Blanchard, Tavernier, Pennet, Rollet, Billard, Guyard, Guérin, Martin, Chrétien, Massin.

Par ordonnance, signé : de Salenabe,
procureur sindic.

CHAPITRE X

Les derniers abbés

§ I. — LE CARDINAL DE BOUILLON (1682-1751)

Henri Bertrand de Beuron se démit de ses fonctions, et se retira à la Charité-sur-Loire, et enfin à Pommiers. Il avait résisté douze ans à l'arbitraire royal, malgré les lettres de cachet dont il se voyait frappé. Son abdication fit, en 1682, donner l'abbaye de Cluny au cardinal *de Bouillon*, Emmanuel-Théodose de la Tour d'Auvergne, neveu de Turenne ; mais ce ne fut que sept ans après que le nouvel abbé put obtenir ses bulles. Docteur de Sorbonne à vingt-quatre ans, il avait dédié ses thèses de théologie à Clément IX qui lui conféra les abbayes de Tournus et de Saint-Ouen, à Rouen. La recommandation de Turenne lui valut ensuite la charge de grand aumônier, puis le chapeau de cardinal. Doyen du sacré collège, il avait présidé les conclaves qui donnèrent la tiare aux trois successeurs immédiats de Clément IX. Son luxe à Rome était insensé ; il avait, dit-on, vingt-huit carosses à ses livrées et il était dans l'habitude d'en envoyer deux à chaque Français de condition, qui arrivait dans la Ville éternelle. Le fastueux prélat avait en outre pour lui et pour les siens des prétentions telles qu'elles lui valurent à la fin la disgrâce de Louis XIV.

Il prit possession de l'abbaye de Cluny, dix ans après sa nomination, le 7 Octobre 1693. De l'acte notarié qui en fut dressé nous ne retiendrons que le nombre des religieux présents à la cérémonie. Ils apposèrent leurs signatures après celle du cardinal qui s'étale sur deux lignes en gros caractères et les firent suivre du titre de leurs fonctions. Ils sont plus de trente-cinq, sans compter les frères convers.

Seul dom Laurent ajoute à son nom le qualificatif Saint-Maur. Parmi les dignitaires mentionnons, après le prieur claustral et son sous-prieur, deux *compagnons d'Ordre*, dom Guérin et dom Rabusson. Celui-ci était en même temps sacristain. Dom Guérin ajoute à son nom ces mots « dépêché de la Voulte ». Il y a dans ce procès-verbal notarié une mention formelle des droits d'élection que les religieux ne cessent pas de revendiquer. Ils acceptèrent le cardinal, « sans déroger, disent-ils, aux privilèges du droit d'élection qui leur appartient de la dicte abbaye, dont même il est fait mention dans les dictes bulles de sa Sainteté » (1).

Du récit de la cérémonie qui fut imposante, il n'y a que ce détail à retenir ; « après son entrée à l'église il (le cardinal) fit sonner les cloches pour convoquer le peuple de la dicte ville ». Au nombre des témoins cités dans l'acte notarié figurent le comte de Surigny, Messire de la Guiche seigneur de Sivignon, Louis Basin prieur et comte de Percy (sic), Antoine Vaillant, avocat au parlement, Claude Berthaud juge-mage de l'abbaye, Antoine le Beau de Toury procureur fiscal et les eschevins de la ville.

Le cardinal avait retardé de plusieurs années, nous l'avons dit, cette prise de possession de son abbaye de Cluny puis quand, à la suite de l'escapade

---

(1) Hélyot dans son *Dictionnaire des Ordres religieux* affirme qu'Innocent XI avait refusé de reconnaître le cardinal de Bouillon comme abbé de Cluny et que celui-ci n'obtint ses bulles d'Alexandre VIII qu'en 1690.

de son neveu, le prince de Turenne, en 1685, il fut exilé de la Cour, il avait obtenu du roi de se retirer non à Cluny mais à Tournus. Il se fit donner peu après le prieuré de Paray, où il reçut la visite de Mme de Grignan.

Ces relations mondaines lui permirent-elles de s'informer, comme c'était son devoir, des révélations dont la B. Marguerite-Marie, religieuse de la Visitation, était alors favorisée, et qui mettait toute la ville de Paray en émoi. Nous en doutons.

Les religieux du prieuré furent, ainsi que les mépartistes, appelés à se prononcer sur le cas de la voyante, dont personne ne pouvait soupçonner l'entière sincérité. Pour s'éviter la peine d'examiner, à en croire l'historien (1) de M.-M. Alacoque, les doctes directeurs ne virent dans la sainte religieuse qu'une visionnaire et conseillèrent qu'*on lui fit manger de la soupe*. Heureusement cet oracle ne fut pas sans appel. Il n'en jette pas moins un jour fâcheux sur l'état d'âme des bénédictins de Paray (2). Quant au cardinal il tint à Cluny les Chapitres de 1697, 1701, 1704 et de 1708, qui ne se passèrent pas sans de vives contestations. Le temporel de l'abbaye fut alors confié à M. Ferrand, intendant de Bourgogne.

Rentré en grâce avec le Roi, le cardinal dut se rendre à Rome, en 1689, pour l'élection d'Alexandre VIII ; il ne revint en France qu'après celle d'Innocent XII. En 1699, il était doyen du Sacré-Collège ;

---

(1) Hamon, docteur en lettres. Edition in-12 p. 91
(2) Les bénédictins de Cluny, s'ils partagèrent les préventions de leurs frères de Paray, ne tardèrent pas à en revenir. La dévotion au Sacré-Cœur fut en honneur parmi eux ; dès 1693, une chapelle fut érigée sous ce vocable dans l'église de St-Mayeul, dont le curé était chapelain de l'abbé
M. Balland, curé de St Mayeul en 1655, avaient été mis en relation avec la famille Alacoque, de Vérosvres par ses pensionnaires, élèves du collège de Cluny, Jean et Claude frères de la B. Marguerite-Marie.

il fut appelé à ce titre à l'honneur d'ouvrir la porte du jubilé, à St-Pierre. Il se fixa alors à Rome, d'où il ne revint qu'au mois de février 1701 ; il arriva à Cluny, le 17 avril suivant. Il n'y passa que quelques jours préférant au « trou de Cluny » Tournus et surtout Paray. Cette petite ville « acorte et ombragée de beaux arbres » semble avoir été son séjour d'été et d'automne. Cependant Cluny n'était pas sans agréments. Les appartements du palais abbatial étaient fort beaux et très vastes ; les cheminées admirables. On descendait de ce palais à l'abbaye par un escalier monumental dont on voit encore quelques vestiges. En 1702, le cardinal de Bouillon y reçut la visite de son neveu, le prince d'Auvergne. Les incartades insensées de ce jeune homme achevèrent d'irriter le roi contre toute la famille ; l'oncle voulut lui « faire visiter son domaine abbatial, dans son beau carosse à six chevaux par des prairies que la saison rend très trottable ».

C'est à la suite de l'une de ces courses, faite en compagnie de Coulanges, en 1705, que le cardinal de Bouillon posa « solennellement la première pierre à l'édifice d'un hôpital », comme il avait fait à Tournus. « Sur ce qu'il nous a été représenté, lisons-nous dans l'acte de fondation, que dans l'étendue de la paroisse de Saint-Maïeul de notre ville de Cluny, il y a d'anciennes masures et vestiges d'un bâtiment qui fut autrefois l'hôpital Saint-Jacques... et que d'ailleurs personne depuis longtemps n'habite plus dans le dit hôpital..., consentons qu'il soit achevé (sic) de démolir, à condition toutefois que les matériaux seront transportés et employés pour la construction du nouvel hôpital et hôtel-Dieu, que nous faisons bâtir dans notre dicte ville de Cluny... Fait dans le château de notre doyenné de Paray, le 21 Juin 1706. »

Le séjour des Huguenots à Cluny et dans les environs, durant les guerres de religion, n'avait pas été sans préjudice pour certains catholiques peu fervents ; les prédicants avaient gagné des adeptes qui de suite firent preuve de prosélytisme.

Mais dès le milieu du XVIIᵉ siècle, les registres paroissiaux contiennent de nombreuses abjurations reçues, au nom de l'abbé de Cluny, par les curés de la petite ville. Ces retours à la vraie foi se produiront même encore pendant la Révolution

Le nommé Bolo ayant abjuré l'hérésie, en 1703, fut accusé ensuite d'y être retombé et le curé de St-Mayeul mal informé lui avait, en 1707, refusé la communion. Les bénédictins s'interposèrent afin d'apaiser le conflit. Dom Hildephonse Sarrazin fut assez heureux pour donner toutes les attestations nécessaires en faveur de l'orthodoxie de Bolo. Il nous apprend par sa lettre au chapelain de l'hôpital que dom Denis Auroux, trésorier de la maison, venait de recevoir de son Altesse le cardinal de Bouillon la somme de 9000 livres en espèces, qui permit d'achever les travaux de reconstruction. Dom Hildephonse fut-il chargé de parler à la bénédiction de la maison ? On fut satisfait, selon toute vraisemblance, de son petit prône. « J'aurais voulu, dit-il, qu'il fut meilleur, mais il faut le régler à la mesure de son esprit » (6 Juillet 1706).

Il termine en se recommandant aux prières des sœurs chargées de la maison. Elles avaient reçu, nous le savons, leur institution canonique de l'archidiacre de l'abbaye et leur premier costume rappelait celui des bénédictins par sa couleur noire.

Des chapelains étaient préposés à l'administration des Sacrements et des sépultures; ils étaient choisis parmi les mépartistes ou prêtres sociétaires alors nombreux à Cluny. Plusieurs d'entre eux résidaient à l'hôpital à titre de pensionnaires.

Coulanges revint à Cluny, l'année suivante 1707 (1) ; « Il suivit le cardinal, dit-il, dans la grande et triste (sic) église de l'abbaye, mais qui ne laisse pas d'avoir son mérite par son étendue, par ses voûtes et par quantité de tombeaux antiques qui s'y trouvent dispersés. Mais bientost quel magnifique mausolée y verra-t-on par les soins de nostre cardinal, qui y a mis en œuvre tous les meilleurs ouvriers d'Italie en marbre et en bronze pour le rendre un des plus beaux de l'Europe ! » (2).

On sait que Louis XIV empêcha l'érection de ce fastueux monument dont deux statues seulement ont été conservées (3) ! Ce ne fut pas la seule déception que le cardinal éprouva à Cluny. Les moines, le voyant en disgrâce et convaincus qu'ils seraient soutenus par le roi prétendirent que la coadjuterie en faveur de son neveu Henri-Oswal de la Tour d'Auvergne leur avait été imposée en 1697, plutôt qu'il ne l'avait obtenue ! Ils saisirent donc le Grand Conseil de cette affaire, au vif mécontentement de leur abbé commendataire.

Depuis l'introduction des Mauristes à Cluny, cette obédience nommait ses définiteurs particuliers qui avaient le droit de s'assembler, sans que l'abbé put assister à leurs délibérations.

---

(1) Il y eut ensuite un aumônier en titre qui était logé à l'hôpital et recevait un traitement de 500 livres. Il était nommé par la commission administrative, d'après l'agrément de l'archidiacre et plus tard de l'évêque.

(2) Mabillon qui visita vers ce temps l'abbaye de Cluny en a donné la description et tracé un plan un peu confus en ce qui concerne le double transept. Voici les dimensions en pieds qu'il a mesurées lui-même : « L'église, d'après lui, a 5·0 pieds de long 120 de large. On y entre par un vestibule de 110 pieds sur 81 de large .. Elle était autrefois en possession d'un des plus riches trésors de France estimés 2 millions de livres. La Bibliothèque renfermait 1800 manuscrit précieux ». Nous avons vu plus haut les Calvinistes lacérer et jeter au vent ces chartes dont plusieurs remontaient au temps de la fondation.

3) On peut les voir de chaque côté à la chapelle de l'hopital.

Le cardinal de Bouillon voulut présider une réunion qui comprendrait les Conventuels et les Réformés puis proclamer les décisions dans un chapitre général. Les Mauristes s'obstinant à maintenir ce qui avait été établi, en 1676, furent frappés d'interdit ; ils allèrent alors s'installer au palais abbatial. De là ils portèrent une double instance, l'une devant le Parlement et le Grand Conseil qui donnent gain de cause aux Mauristes, l'autre devant le Conseil du roi. Le cardinal serait sorti vainqueur de ce débat, s'il n'avait pas quitté la France, en 1710, à la suite de ses intrigues pendant la guerre de Succession d'Espagne. Louis XIV froissé se prononça contre lui ; il maintint les prétentions des Réformés, auxquelles les Conventuels adhérèrent, et la paix conclue entre les deux observances, ne devait plus être troublée.

La Confrérie des pénitents du Saint-Sacrement qui était dans toute la ferveur de son érection obtint du cardinal-abbé un mandement pour l'établissement à Cluny, le jour de la Fête-Dieu, d'une procession générale qui fut longtemps très populaire dans la petite ville.

La grande rue semblait avoir été tracée pour permettre aux habitants de rivaliser de zèle dans la décoration de leurs maisons sur le parcours du Saint-Sacrement.

Si le cardinal de Bouillon nourrissait, comme on le prétendait, la secrète ambition de ceindre la tiare, en se rendant à Rome pour un conclave toujours possible, il fut encore déçu de ce côté dans ses espérances.

L'élu de 1700, Clément XI, régna jusqu'en 1721. Le cardinal ne devait pas revoir Cluny. Il mourut à Rome, le 2 mars 1712, à l'âge de 72 ans, et laissant une mémoire incertaine et déjà effacée.

Les Clunysois ont donné son nom au pont rustique, jeté sur le ruisseau des *Quatre Moulins*, à l'endroit où il pénètre dans l'enclos de l'Hôtel-Dieu.

C'est une faible réparation du *veto* apporté par Louis XIV à l'érection du monument des Bouillon dans la basilique de Saint-Hugues. On ne peut oublier que le cardinal a été l'insigne bienfaiteur de l'hôpital ou hôtel-Dieu de Cluny (1) dont la reconstruction est due en grande partie à ses largesses. Les travaux commencés, en 1686 étaient assez avancés pour qu'on pût ouvrir à cette date la chapelle qui devait remplacer une autre plus ancienne, bénite en 1658. Située au milieu de l'édifice, elle occupe le pavillon central et s'ouvre sur les deux grandes salles de service. Henri-Oswald mit la dernière main à l'œuvre de son oncle, le cardinal de Bouillon, en plaçant la maison sous la direction de l'archidiacre. Les religieuses, qui furent chargées du soin des malades suivirent, autant que faire se pouvait, la règle bénédictine et les exercices de piété, en usage chez les moniales de de l'Ordre de Cluny.

Nous ne savons si l'ancien hospice de St-Blaise, situé non loin de la Tour du Moulin et créé primitivement pour les pèlerins et étrangers pauvres de passage à Cluny, fut alors comme celui de St-Mayeul réuni à l'Hôtel-Dieu. Il ne devait pas tarder de l'être ; ses biens, ses fondations vinrent accroître le patrimoine de la charité ; mais la chapelle réparée en 1657 et dont il reste un pan de mur, garda encore durant quelques années, ses chapelains et son cimetière particulier.

Le cardinal de Bouillon nous a appris lui-même pourquoi l'hôpital de St-Mayeul fut par son ordre réuni

---

(1) Le portrait d Emmanuel de Bouillon se voit encore dans la salle du conseil ; les meubles, les sièges, une table très curieuse de service, une foule d'autres objets sont des souvenirs de sa munificence.

en 1706, au nouvel hôtel-Dieu, dont il venait de poser la première pierre. Les Ursulines qui en avaient la desserte disparurent et furent remplacées plus tard dans cette paroisse par les sœurs du Saint-Sacrement, fondées à Mâcon par un saint prêtre M. Agut, chevalier de St-Pierre ; elles eurent à peine le temps de s'installer à Cluny, la Révolution les en chassa, en même temps que les bénédictins et les Récollets (1).

§ II. — Henri-Oswald de La Tour d'Auvergne
1713-1747

Ce prélat succéda à son oncle comme abbé de Cluny, en 1713. Il n'était pas étranger à l'Ordre, ayant auparavant rempli les fonctions de prieur de Souvigny. Le chapitre du Puy lui fit demander des reliques de saint Mayeul qui avait une chapelle dans la cathédrale, Henri-Oswald répondit que la chose n'était pas possible ; mais il remit aux bons chanoines un morceau du scapulaire du saint abbé. De leur côté les bénédictins de Paderborn en Westphalie, qui avaient reçu, en 1013 de saint Mayeul les coutumes de Cluny obtinrent peu de temps après la même faveur. Ces souvenirs d'un âge meilleur purent inspirer au nouvel abbé une légitime fierté de succéder à Cluny à tant d'illustres et saints personnages.

Il avait été nommé archevêque de Vienne et incessamment grand aumônier de France, ce qui lui valut le chapeau de cardinal. L'éclatante humiliation de son oncle obligé de plier devant les revendications des Mauristes était une leçon dont il sut profiter.

---

(1) Les hospitalières qui avaient été renvoyées vers la fin de la Terreur, dite de Fructidor, furent rappelées l'année suivante (22 floréal an VIII).

Henri-Oswald vint présider à Cluny le définitoire des Observantins, mais il ne s'immisça point dans celui des Réformés. Ceux-ci formaient à son endroit comme une oligarchie indépendante ; le bon accord établi avec les Conventuels n'en fut pas troublé.

Le Chapitre général se tint régulièrement à Cluny tous les trois ans sous la présidence du cardinal, mais le supérieur de la congrégation de St-Maur résidait à Paris, au couvent de St-Martin-des-Champs.

Les définiteurs avaient seuls qualité pour régler ce qui concernait les monastères de leur obédience ; ils élisaient leurs successeurs, nommaient le supérieur général, et les prieurs de chaque maison pour trois ans. Une scission analogue venait de troubler les monastères Clunistes du comté de Bourgogne. Lorsque Louis XIV eut conquis la Franche-Comté, l'Ordre de Cluny, en 1684, réclama les prieurés qu'il y possédait. Ils lui furent rendus ; dès l'année suivante, ils bénéficièrent de la situation privilégiée faite à la congrégation de Saint-Vanne. Ils s'étaient affiliés à Saint-Maur, qui pour la France, on s'en souvient, représentait cette nouvelle famille bénédictine. Par le seul fait, ils eurent le droit de se gouverner à part, mais ils restèrent obligés d'envoyer leurs capitulants à Cluny. Henri-Oswald avait manifesté le désir, en 1720, que la réunion d'un chapitre fut retardée. Dès qu'ils en furent informés, le supérieur et les définiteurs de l'étroite Observance protestèrent contre cette infraction aux statuts et ils obtinrent du faible prélat l'annulation de son mandement.

Les querelles du Jansénisme faisaient alors grand bruit en France. Elles eurent un écho retentissant, au monastère de Cluny. La lutte était ardente, entre les partisans déterminés de la Bulle *Unigenitus* et ses adversaires. Les bénédictins, tout en prétendant garder la neutralité, inclinaient plus volontiers vers le P. Quesnel, l'auteur des *Réflexions morales*, condamnées par Clément XI. Mais les jeunes religieux formés au collège de Cluny, à Paris, par des moines aussi soucieux de l'orthodoxie que zélés pour leur formation spirituelle, se montraient partout les ardents champions de la doctrine catholique. L'un d'eux, Michel Bruys, originaire de Mazille avait fait son noviciat à Cluny ; son père (1) était le fermier général des moines. A peine reçu bachelier de Sorbonne, dom Bruys se montra un terrible antagoniste des partisans de Quesnel. Il avait un cousin entré dans la Compagnie de Jésus avec lequel il était en relations amicales ; il n'en fallait pas davantage pour écarter dom Bruys des charges importantes auxquelles l'appelaient sa piété et son mérite reconnu. En dépit des préventions dont il était l'objet, dom Bruys se vit élevé aux fonctions de maître des novices, à St-Martin-des-Champs, de prieur à Nevers et de prieur claustral à Souvigny. Il fut nommé en 1774, procureur général de l'Ordre.

Une autre question liée à la précédente et à laquelle Henri-Oswald prit une plus grande part fut la réduction de Cluny sous la juridiction de l'évêque de Mâcon. Le siège de cette ville était occupé, depuis 1732, par M. de Valras, ancien agent général du Clergé de France. Zélé et ambitieux, ce prélat ne tarda pas à jeter un œil d'envie sur Cluny, cette portion choisie enclavée dans son diocèse, qui lui échappait ! Imbu des doctrines gallicanes, il tint pour peu de choses les bulles et les privilèges accordés à l'Ordre par les

---

(1) Bruys était protestant : Il avait été contraint de passer à l'étranger à la suite de la Révocation de l'Edit de Nantes. Mais il était ensuite revenu sincèrement à la vraie foi.

papes. À ses yeux, le droit des évêques était au dessus de l'exemption des religieux et, comme il avait déjà avec les agents, ses collègues aux assemblées du clergé, soutenu victorieusement l'évêque d'Autun, lorsqu'il revendiqua ses droits sur Vézelay, et l'évêque d'Amiens réclamant de même St-Valéry, il n'hésita pas à entrer en lutte contre Henri-Oswald de la Tour d'Auvergne, quoique cardinal et grand aumônier de France. Il saisit le moindre prétexte pour entrer en campagne. Dom Toussaint Chastelux archidiacre avait, paraît-il, outrepassé ses droits. Valras fulmine aussitôt un interdit qui atteindra les habitants de Cluny, s'ils continuent de s'adresser à leurs curés, institués par l'archidiacre et surtout aux religieux.

Ce fut alors une vraie bataille livrée à coups de mandements entre l'évêque de Mâcon et l'abbé de Cluny, le premier ne gardant aucune mesure, le second plus calme ou plus faible. Elle ne pouvait être d'une grande édification pour les simples fidèles ; les prêtres des paroisses ne savaient eux-mêmes quelle conduite tenir. N'était-ce pas une reprise à rebours de la lutte du sacerdoce et de l'Empire éclatant à Cluny, en plein XVIII° siècle ? Sans songer un instant que cette affaire relevait de la juridiction spirituelle, Valras et les agents généraux du clergé la portèrent devant le grand Conseil du Roi. Gallicans et Jansénistes s'entendaient merveilleusement à ne tenir aucun compte de l'autorité du pape. Le cardinal-archevêque de Vienne n'éleva pas lui-même la voix pour déférer la cause de son abbaye à Rome, où on lui aurait rendu pleine justice. Il fut donc condamné, par le conseil d'Etat, le 25 avril 1744, à ne plus exercer comme abbé de Cluny, aucun droit de juridiction spirituelle sur le territoire de Cluny et sur des bans sacrés.

Ce renversement d'un état de choses qui durait depuis la fondation de Cluny parut tellement monstrueux que les bons habitants ne l'admirent point tout d'abord. L'évêque de Mâcon parut lui-même un instant douter de sa victoire. Ce n'est que le 28 novembre 1744 qu'on le vit arriver à Cluny, avec ses deux grands vicaires, dans un carrosse attelé de six chevaux et escorté par les gens de sa maison à cheval et par les hommes de la maréchaussée également montés. Dans sa harangue au maire, venu pour le recevoir à la porte de Mâcon, il ne craignit pas de dire : « Je ne viens pas en vainqueur, mais en bon père qui a travaillé pour le *bien spirituel* de ses enfants. »

Aux réceptions qui eurent lieu à la *maison de ville* (1), le juge-mage, les échevins, la noblesse eurent le pas sur les ecclésiastiques et les religieux ; c'était bien en effet le triomphe du pouvoir temporel sur le spirituel. Cependant les moines ne gardèrent pas rancune de la criante injustice qui leur est faite. Les églises paroissiales étant insuffisantes, le cardinal-abbé permit que le sacrement de confirmation fût administré dans la grande église de St-Hugues qui n'avait jamais vu semblable cérémonie.

M. de Valras revint à Cluny, en 1746 ; il officia à l'abbaye, le jour de la Pentecôte, et nomma le prieur claustral grand vicaire du diocèse ; c'était dom Rollet (2), enfant de Cluny. Il réalisera la prédiction d'après laquelle la maison serait détruite quand le prieur serait de Cluny ; il appartenait à une famille notable de la petite ville et sera plus tard confesseur de la foi.

Les deux abbés de Cluny, issus de la maison de la

---
(1) Située rue dite de la Barre, jadis de la *Grande École*.
(2) Son frère était chapelain de l'évêque de Saint-Omer.

Tour d'Auvergne, se considéraient comme les héritiers de Guillaume le Pieux, duc d'Aquitaine, le fondateur de Cluny. Si le monument projeté par le cardinal de Bouillon et déjà en partie exécuté en l'honneur de sa famille, n'avait pas été interdit, il aurait montré faisant face à la statue de Godefroy de Bouillon la statue de Guillaume le Pieux, tenant d'une main un parchemin à demi-roulé qui était l'acte de sa donation.

Les deux cardinaux d'Auvergne réussirent du moins à écrire leurs noms sur les livres liturgiques, qu'ils firent éditer à l'usage de leurs religieux. Ils vécurent, en effet, au temps des innovations liturgiques des XVIIe et XVIIIe siècles. Les éditeurs des bréviaires et des missels de l'Eglise Gallicane passaient, non sans raison, pour des disciples de St-Cyran et d'Antoine Arnaud ; leur mépris de la tradition égalait presque celui que professaient les Calvinistes à l'égard de Rome.

Aussi le bréviaire de Paris qui parut le premier, en 1680, fut-il l'objet des plus vives critiques. Pour calmer les trop justes défiances du clergé, les rédacteurs firent annoncer qu'ils étaient par ailleurs chargés de la nouvelle édition du bréviaire de Cluny. Ils entendaient se donner par là un brevet d'orthodoxie dont ils sentaient le besoin. Œuvre de dom Rabusson, de Claude de Vert et de Letourneur, tous les trois notoirement gagnés à la secte, le bréviaire de Cluny parut, en 1678, et le missel, en 1685, chez Symon, sous le nom et l'autorité du cardinal de Bouillon, supérieur général de l'Ordre entier de Cluny. Son neveu, Henri-Oswald, fit rééditer le bréviaire chez le même Symon, l'imprimeur du nouveau missel *enrichi de gravures*, ainsi que le *Processionale monasticum*, à l'usage de l'Ordre de Cluny en, 1734. Le privilège du Roi donnait à son « Très cher et bien amé Cousin », dont les titres honorifiques emplissent *neuf* lignes du texte, le droit de s'adresser à « tel imprimeur ou libraire qu'il aura choisi, pour la publication des ouvrages suivants : Le *Bréviaire, Diurnal, Psautier, Antiphonier, Missel, Graduel, Processional, Rituel, Cérémonial, Bref, Office de la Vierge, Propre des Saints*, et autres Livres à l'usage dudit Ordre de Cluny. »

Le cardinal d'Auvergne ne put à la vérité mettre à exécution un programme aussi considérable. Le soin de publier une nouvelle édition du Bréviaire reviendra à son second successeur, en 1779. Dès 1738 Henri-Oswald s'était donné, comme coadjuteur à l'abbaye de Cluny, *Frédéric de la Rochefoucaud*, archevêque de Bourges et ami personnel de Louis XV. Le nouveau titulaire prit possession, en 1744.

Voltaire recrutait déjà son armée pour la lancer contre l'Eglise : *Ecr. l'inf.* tel est le mot d'ordre de l'école pseudo-philosophique. La guerre entre jansénistes et molinistes passait au second rang ; les attaques contre le Christianisme lui-même ne devaient compter ni paix, ni trêve.

§ III.— Les abbés de La Rochefoucaud. (1749-1805).

Déja l'on entend gronder l'orage Révolutionnaire ; les grands souffles de la foi et de la piété s'affaiblissent ; les vocations se font rares. La vieille abbaye de Cluny, ainsi que tant d'autres, est trop vaste pour ses habitants qui dépassent à peine la trentaine. Ne pouvant la peupler, les moines vont la rebâtir. Les nouveaux architectes délaissèrent comme barbares le style du XII° et celui des siècles suivants. Les moines eux-mêmes ne savent plus admirer leur merveilleuse église et on leur prête l'intention de la rebâtir : en attendant ils démolissent le cloître de saint Odilon et construisent sur ses ruines les arcades qui rappellent le Palais Royal. Les jardins sont dessinés d'après ceux de Versailles ; ils renferment de grands bassins et des jets d'eau splendides.

Le prieur, dom d'Athose, a donné son nom à cette reconstruction. Il pressentait lui-même qu'il n'aurait pas le temps de l'achever. — « Dans cinquante ans, disait-il, on nous prendra notre maison. » Le nouveau monastère s'éleva sur les fondations de l'ancien, dont les décombres servirent à exhausser le terrain des cours et des terrasses. Cependant il garde un cachet de grandeur qui impressionne ; mais il pourra recevoir toute autre destination que celle que les Clunistes de 1740 voulaient lui donner. Ils avaient fait disparaître eux-mêmes les vestiges du passé, donnant ainsi l'exemple de ce vandalisme qui, en 1806, détruira une partie des nouveaux bâtiments (N.-D. de l'infirmerie, le réfectoire et le noviciat), et plus tard l'incomparable basilique hugonienne, elle même.

Le cardinal Frédéric de la Rochefoucaud contribua, ainsi que son neveu, qui allait être son successeur, pour une large part aux frais des nouvelles constructions. Il présida en 1750, 1753 et 1756, les Chapitres généraux de l'Ordre qui ne cessèrent de se reunir à Cluny qu'après 1789. Il présida de même les assemblées du clergé de France en 1750 et en 1755. Par sa fermeté, sa science et par une sage modération, Frédéric de la Rochefoucaud sut ramener la paix au sein de l'Eglise Gallicane que troublaient encore les survivants entêtés du jansénisme ; mais il ne put lui donner cette vigueur qui lui aurait permis de repousser l'assaut que l'incrédulité lui livrait déjà avec tant de rage. Le second cardinal *Dominique de La Rochefoucaud*, qui devait être le dernier abbé de Cluny, succéda à son oncle, mort en 1757. Comme lui, il vint, de trois en trois ans, assister aux Chapitres généraux, suivi d'un cortège splendide. Il officiait alors dans la grande église et distribuait à tous des marques de sa bienveillance.

L'abbé Dominique de La Rochefoucaud (1) était en même temps archevêque de Rouen. Il fit partie de l'assemblée des notables de 1787 et fut élu aux Etats généraux député de son clergé de Normandie. L'année suivante, en 1788, il présida le dernier chapitre, qui fut tenu à Cluny.

Le cardinal fut reçu avec les cérémonies usitées à la réception des princes, au son des cloches et de la mousqueterie. On lui apporta les clés de la ville ; puis il pénétra dans l'abbaye où il célébra le saint sacrifice, assisté des grands dignitaires du monastère. Les six jeunes oblats qu'il était de règle d'y avoir toujours comme enfants de chœur parurent alors en public pour la dernière fois. Au sacré on joignit le profane. Il y eut bals, spectacles, illuminations, réjouissances de toutes sortes, pour amuser la foule accourue des environs. La Rochefoucaud fit généreusement tous les frais et tint table ouverte durant quinze jours. « Ce furent là les dernières pompes de l'heureuse petite ville » (2).

L'Ordre de Cluny restait divisé en dix provinces (3) ; chaque province députait au Chapitre deux visiteurs

(1) Son portrait est au musée Ochier à Cluny ; on le trouve aussi à la maison même des Sœurs de Saint Joseph de Cluny à Paris

(2) C'est ainsi que Berchoux, l'auteur de la *Gastronomie*, termine le récit qu'il a laissé de ces fêtes auxquelles il avait assisté. Dom Berchoux, prieur de La Charité, était son oncle et lui avait proposé de le suivre à Cluny, « Je n'eus garde, dit-il, de m'y refuser. Ce voyage fut charmant pour moi. Vous jugez si nous fûmes bien accueillis dans tous les monastères où nous passâmes. »
Lettre à M. Lorain. Cf. Essai sur l'histoire de l'abbaye de Cluny 1ʳᵉ édition p. 320.

(3) France, Dauphiné, Provence, Auvergne, Poitou, Saintonge, Italie, Lombardie, Allemagne et Lorraine.

auxquels s'adjoignaient les deux visiteurs chargés des intérêts des moniales. Les définiteurs étaient au nombre de treize ; il y avait en outre trois auditeurs des causes et deux des excuses.

Les prieurs principaux étaient toujours ceux de La Charité-sur-Loire, de St-Martin-des-Champs, de Sauxillange et de Souvigny. Depuis la perte de Lewes-de Londres, Souvigny avait en effet recouvré son titre de *fille de Cluny* pour compléter le nombre des quatre principaux monastères qui portaient ce nom.

Les dignitaires de l'abbaye étaient animés d'un grand zèle et en assuraient l'exacte discipline. Le prieur claustral, vicaire de l'abbé le plus souvent absent, habitait la seconde abbatiale d'un accès plus facile que l'ancienne. Sous ses ordres, nous voyons le préchantre, le maître des novices, celui des écoliers, l'armarier chargé de la bibliothèque et des livres d'église, le chambrier placé à la tête du vestiaire, l'apocrisiaire qui avait la garde des chartes et diplômes. Ces parchemins étaient en nombre si considérable qu'ils emplissaient entièrement la tour des Barabans, dite des *Archives*.

Quoique dépouillée de ses plus riches possessions, l'abbaye continuait glorieusement ses traditions de charité ; chaque jour une abondante distribution de secours se faisait à l'aumônerie ; les voyageurs pauvres y avaient leur part aussi bien que les dix-huit nécessiteux de Cluny, qui y recevaient leur ration quotidienne (1).

---

(1) Les dépenses de l'abbaye comprenaient à la fin du xviiie siècle six chapitres : L'ordinaire — l'extraordinaire (décimes et gages des serviteurs) — les portions congrues — la sacristie, les aumônes, les voyages — les deniers destinés à la procure générale, enfin les réparations qui étaient continuelles. Cf. *Archives de Saône-et-Loire* H, 12.

Mais pénétrons au sein de la communauté trop peu nombreuse pour être incommodée par les équipes d'ouvriers qui rconstruisent le nouveau monastère. Les derniers registres des « Actes de prises d'habit, vêtures, noviciats et professions » ont été conservés (1). Ils embrassent la durée d'un demi-siècle, de 1737 à 1785 ; nous pouvons nous borner aux entrées des dix dernières années. Selon ce qui avait été stipulé entre les religieux des deux observances, les novices admis à la profession déclarent tous vouloir « suivre la règle de saint Benoît, telle qu'elle est observée » par les Pères de l'Etroite observance, dite de Saint-Maur ou Saint-Vannes.

Après un temps plus ou moins long de probation, les postulants sont revêtus du froc réglementaire sans manches ; le temps du noviciat dure un an ; mais le novice ne sera admis à émettre ses vœux que s'il réunit les suffrages des religieux profès.

C'est ce que l'on appelle la *Balotte* ; elle a lieu à la suite d'une double proposition faite par le prieur claustral à l'assemblée Capitulaire. Il faut donc que l'admission du nouveau profès soit vôtée deux fois et à la majorité.

Bien que la cérémonie des vœux ait perdu de son antique solennité, elle est toujours pieuse et touchante ; elle a lieu à l'issue de prime ou de none, à la messe, dans la grande église ornée comme aux plus beaux jours de fête. Le prieur claustral, qui préside en l'absence de l'abbé, est assisté par le sous-prieur, le maître des novices et les compagnons d'ordre. L'usage veut que l'on convoque des témoins venus du dehors, parmi lesquels figurent les person-

---

(1) *Archives de Saône-et-Loire* H, 12.

sonnages les plus respectables de la ville, mais assez rarement les membres du clergé (1).

Citons : MM. Dumoulin, Bouché, Animé, Furtin avocat, Fropier juge-mage. M. Fumet, vicaire, *ne parut que cette fois*. L'abbé Claude Animé, célèbre sulpicien et après la Révolution, curé et fondateur de l'école cléricale de St-Martin-de-Haux (Rhône), avait étudié au collège des Bénédictins de sa ville natale en 1745. Il est mort en odeur de sainteté, le 21 janvier 1829.

Tous signent au registre, à la suite des nouveaux profès. La formule des vœux transcrite tout au long est en latin et en français. Le religieux promet « stabilité, conversion de ses mœurs et obéissance, selon la règle de saint Benoit, en présence de Dieu et de tous les Saints dont on conserve les reliques en cette église. » La formule latine se termine par un *post-scriptum* en vertu duquel le nouveau profès s'engage à ne briguer aucune charge ou office claustral.... que si une fonction lui est conférée, il ne la gardera pas contre la volonté du prieur. Il jure qu'il ne possédera rien en propre...

Les novices qui furent admis de 1779 à 1785, viennent des diocèses voisins (2) ; Chalon, Mâcon, Besançon, Lyon, Nevers, Clermont. Ceux du Puy sont les plus nombreux.

Dom Lorin et dom Corial exercent l'un après l'autre les fonctions de prieur claustral ; dom Perrier et dom Thouvenin, celles de maîtres des novices.

Dom Talmeuf fut le dernier rocureur chargé de

---

(1) Il sembla que vers la fin de son existence l'abbaye de Cluny ait compté aussi peu d'amis parmi les ecclésiastiques que chez les gens du monde.

(2) L'abbé de Cluny garda longtemps la nomination à quelques cures et à d'autres bénéfices dans les diocèses d'Autun, Lyon, Clermont, Chalon et Mâcon.

l'administration temporelle du couvent. De l'inventaire général des biens et possessions de Cluny (1), dressé à la fin du XVIII° siècle nous relevons le résumé suivant qui nous fera mieux comprendre à quel point était tombée la fortune de la célèbre abbaye. Il lui restait des dîmes à Etrigny, Champlieu, Talant, Loisy, l'Abergement et Savigny-sur-Seille ; elle gardait les doyennés de Malay, de Paroy-en-Charolois, Thoulon (sic), Mont-le-Chastel, le prieuré de Mont-Saint-Vincent, le doyenné de Blanzy, les prieurés de Semelay, de Luzy-en-Nivernais, les doyennés d'Escurolles, de St-Pierre-le-Vieux, de Bésornay, de St-Martin-des-Vignes près de Mâcon, d'Arpayé et de St-Georges-de-Reneins, les doyennés de Valensolle en Auvergne, de Grasac, de Gevrey-en-Montagne. Citons surtout les maisons de Paris : l'hôtel de Cluny, le collège de ce nom et St-Martin-des-Champs, La Rochelle, les prébendes de Chartres, de Beauvais, de Pontieu, le domaine d'Abbeville, ceux de Châtillon-sur-Seine, péage de Dijon, les doyennés de St-Cosme-les-Chalon et de St-Jean-de-Maizel dans la même ville, de St-Gengoux-le-Royal, du petit-Cluny à Dijon, de Monthélie-les-Baune, doyenné de St-Laurent-en-Brionnais, de St-Médard et de Croix-Chapeau, près de La Rochelle.

Le chiffre des recettes de l'Ordre de Cluny, quoique fort diminué était encore considérable. Voici un relevé des comptes pour les dernières années de son existence : en 1782, 90.098 livres ; en 1783, 89.379 ; (manquent 4 années) en 1787, 107.947 ; en 1788 153.788 ; en 1789, 152.922 (2).

Les actes mortuaires du couvent de Cluny attes-

---

(1) *Archives de Saône-et-Loire*, H, 11.
(2) *Ibid.* H. 2.

tent : 1 décès en 1778 ; 2, en 1779, 3 en 1780 ; 4, en 1781 ; 4, en 1782 ; 2, en 1783 ; 1, en 1785 ; 3, en 1786 ; 5, en 1787 et 1, en 1788 (1).

La gérance des biens qui leur restent devint de plus en plus difficile, par la jalousie et la cupidité que leurs immenses propriétés avaient jadis fait naître parmi les populations agricoles. Il faut depuis quelque temps aux doyens un nombreux personnel pour faire rentrer les redevances ; les droits de l'abbaye ont vieilli et commencent à être méconnus ouvertement. Cependant les meilleures relations existèrent jusqu'à la fin entre les bénédictins que l'on désignait ordinairement sous le nom de *Messieurs* et les habitants de Cluny. Les praticiens et les négociants étaient en rapports plus fréquents par suite de leurs affaires avec le P. procureur (l'ancien cellerier) et le trésorier (le chambrier). Les serruriers et forgerons s'adressaient fréquemment au frère Placide qui s'employait alors à forger les célèbres balcons (2) et rampes du nouveau monastère et dont l'habileté était proverbiale ; aussi son nom revenait-il souvent sur leurs lèvres.

Mais ceux qui n'étaient point en affaires avec les religieux relevaient non sans malice ou envie que « c'était un honneur et surtout un grand avantage d'être apparenté ou lié d'amitié avec le procureur pour les bénéfices qu'on en retirait dans les marchés et rentrées de l'abbaye ». Des procès nombreux sont intentés aux moines tantôt sous un prétexte, tantôt sous un autre. Dans le cours du XVIII° siècle, les Etats du Mâconnais projetèrent de rendre la Grosne flottable. Les moines avaient eu encore cette initiative, et il est

---

(1) *Ibid.* H. 11.
(2) La forge du frère Placide a été conservée au milieu des ruines de l'Eglise.

facile de reconnaître les travaux de canalisation qu'ils entreprirent à leurs risques et périls sur la rivière, à sa sortie du déchargeoir. Mais la malignité publique prétendit que le flottage des bois amènerait infailliblement la famine dans Cluny. La Révolution fit suspendre puis arrêter l'entreprise.

Quand elle éclata, les bénédictins étaient en discussions avec les échevins à propos de certains droits d'affouage, de parcours et de vaine pâture dans leurs bois qu'ils tenaient des premiers abbés, et que l'abbé C. de Guise avait renouvelés (1).

---

(1) D'après l'accord qui intervint, seul le bois de chêne, était compris dans les coupes, le surplus était laissé aux habitants de Cluny Le 11 Août 1791, le conseil de la commune s'assembla pour délibérer sur cette matière. C'etait le temps des premières aliénations des biens (*nationaux*) dont les moines venaient d'être dépossédés. « Il serait convenable, lisons-nous au registre des délibérations (D 3 folio 42)... de nommer une personne de confiance qui le transporterait à Mâcon. le jour de la vente et réclamer près du département et de la municipalité le droit incontestable » dont il fait mention plus haut. Le delegué fut le citoyen Jean Roberjot, marchand à Cluny.

CHAPITRE XI

La Révolution

§ I. — Les Préludes (1789-1791).

La paix de Versailles avait donné aux affaires une activité extraordinaire ; les récoltes des années suivantes 1784, 1786, qui furent excellentes ramenèrent partout l'abondance. C'est en 1787 que l'ancienne Observance de Cluny fut abolie, à la grande douleur de Pie VI. La situation des Conventuels au milieu des Réformés devenait de jour en jour plus difficile ; un arrêt du Conseil, rendu le 17 octobre, supprima les édits donnés en leur faveur, en mars 1768 et en février 1773. Il n'en était pas moins triste de voir disparaître les derniers survivants de cet Ordre si vénérable, qui avait servi de modèle à tant d'autres.

Une pension de retraite fut assignée à chacun des religieux, dits *Observantins*, sur les revenus des monastères qui avaient gardé la filiation de Cluny. Ne dirait-on pas que leur exode a été l'annonce des ruines qui allaient bientôt s'amonceler dans le royaume ?

L'Ancien Régime croule de toutes parts. En vain l'assemblée des notables, réunie en 1787, et dont le cardinal-abbé de Cluny fit partie, voulut-elle étendre à toute la France le bénéfice des assemblées provinciales établies dans le Berry et la Guyenne ; il n'y eut qu'un cri pour demander les Etats Généraux. La dernière assemblée du Clergé, qui se tint en 1788, sous la présidence de notre cardinal, les réclama avec instance. La Révolution était faite dans les esprits avant de s'accomplir dans les événements. Pour comble de malheur, la récolte manqua, et le prix du pain augmenta aussitôt ; dès le mois de décembre, la Saône fut prise par les glaces, les vignes gelèrent en Mâconnais et la plupart des arbres fruitiers périrent (1). Ce fut bien pis au printemps de 1789, la famine sévit partout. On connaît le reste.

Les élections aux Etats généraux furent suivies d'une Jacquerie, dont le prétexte était tout trouvé. Même avant que la guerre des Brigands n'éclate dans le Mâconnais, l'inquiétude se fait jour partout. A Cluny, elle se traduisit par une sourde opposition aux moines jadis si universellement respectés.

La guerre des brigands mit fin à ces mesquines discussions. Le foyer de l'insurrection fut Igé, ancienne obédience de Cluny.

Tous les châteaux des environs furent attaqués ; plusieurs devinrent la proie des flammes. Le 29 juillet, 3.000 insurgés se présentèrent pour forcer l'entrée de la vieille cité des moines, la piller et brûler l'abbaye. La garde bourgeoise se leva spontanément et prêta sans hésiter main forte aux bénédictins.

Le comité qui avait dirigé la défense s'attribua aussi le droit de rechercher les coupables. Quatre furent condamnés à mort et exécutés sur des potences, à la porte de Paris, près des murs de l'abbaye, sur la route de Mâcon et sur le Pont-de-l'Etang.

Délivrés de ce danger extérieur les moines de Cluny, malgré l'optimisme de quelques-uns d'entre eux, ne tardèrent pas à éprouver de nouvelles et plus vives alarmes. Les idées du jour pénétraient jusque dans les couvents, nous allons le voir. L'agitation, un

(1) Voir nos *Recherches historiques* sur la Persécution Religieuse dans le Mâconnais, pendant la Révolution.

instant calmée à Cluny, allait s'aggravant de plus en plus. Les Bénédictins, toujours conciliants, se rendirent, le 11 Août, à l'église de N-D. avec le corps de ville et la plupart des habitants « et fut faite, dit la Chronique, la clôture des transactions relatives aux usages forestiers (1). L'acte en fut dressé et signé le 19 septembre suivant, en la maison commune et par devant notaires.

Ce fut là, croyons-nous, le dernier usage que les moines firent de leur droit de propriété. Dès le 2 novembre suivant, l'Assemblée nationale préluda à la spoliation de l'Eglise, en mettant les biens à la disposition de la nation. Le 13 février 1790, elle supprima les vœux de religion et les couvents d'hommes ; un décret spécial fut rendu, il est vrai, en faveur de religieux de Cluny « pour la gestion et l'exploitation de leurs biens »,(2). Mais ce sursis dura peu. En prévision d'une dissolution prochaine de l'Ordre, les moines renvoyèrent leurs novices qui étaient encore au nombre de 10 à 12.

M. Descombes cite l'un deux, le fils d'un fabricant de drap, M. Berthaud. Les serviteurs et les domestiques de l'abbaye reçurent de même leur congé.

Ce fut cependant encore à la basilique de saint-Hugues qu'eurent lieu les XL heures, le 27 Septembre. Ces solennelles supplications avaient été demandées par Louis XVI lui-même, qui se sentait impuissant à maintenir le mouvement de réformes dans de justes limites.

Après le voyage de Varennes, toutes les portes de l'abbaye furent fermées et happées ; c'est à peine si quelques frères osaient se montrer de temps à autre sous les cloîtres déserts. Au mois de décembre 1791,

---

(1) Voir plus loin les arrangements qui furent pris.
(2) On croit qu'il ne s'agissait que des biens meubles.

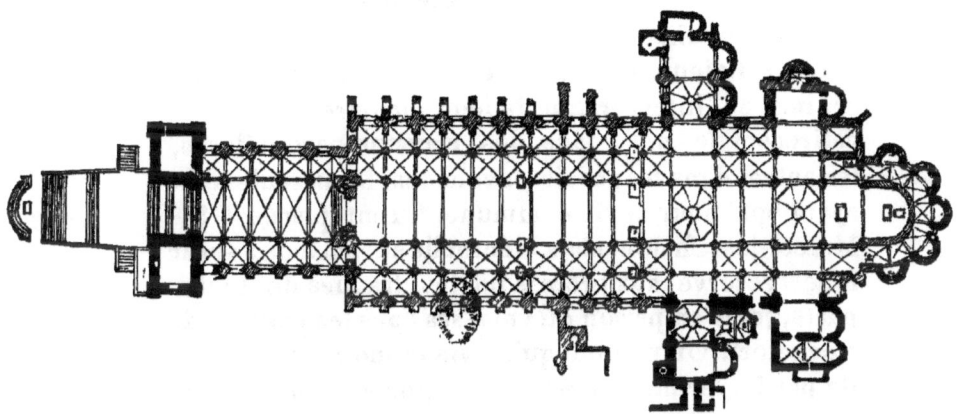

PLAN DE L'ANCIENNE ÉGLISE ABBATIALE
Bâtie par saint Hugues de 1089 à 1095 et démolie de 1798 à 1812.
Dimensions : Longueur, 175 mètres ; hauteur des voûtes, 33 mètres ; largeur de la grande nef, 11 mètres ;
des premiers bas-côtés, 5 mètres ; des seconds, 4 mètres.
Les parties en noir ont seules été conservées.

des patriotes ardents se mirent en devoir de combler la fameuse glacière des moines, située près du collatéral septentrional et objet de tant de récriminations malveillantes. Les fours banaux firent place à une porte donnant accès dans les jardins de l'abbaye, au midi ; les autres portes du monastère restèrent interdites, ce qui n'empêcha pas maintes dilapidations de se produire à l'intérieur des bâtiments et dans les jardins.

Les religieux, frappés par la dissolution de leur régime et l'interversion de leur manière d'être, se retirèrent les uns dans des maisons particulières, les autres dans les paroisses voisines. Deux seulement ayant opté pour la vie commune, furent placés à St-Marcel-les-Chalon. Mais bientôt ils eurent tous à subir le sort réservé aux prêtres fidèles, traqués de toutes parts, jetés en prison ou entassés dans les pontons de Rochefort. On raconte qu'un vieux moine alla, avant de partir, fermer en pleurant la porte du petit collège tenu par les religieux et dont les élèves avaient été chassés.

Dom Talmeuf, procureur de l'abbaye rendit, le 31 Janvier 1791, ses comptes de gestion aux officiers municipaux de Cluny.

Il ne retourna pas en Auvergne, son pays natal, mais resta caché à Cluny, avec l'espérance qu'il lui serait permis de rentrer un jour dans son cher monastère. Plusieurs de ses frères, gardant le même secret espoir, fixèrent leur résidence dans le district de Mâcon. Dom Talmeuf fit en leur nom, le 7 octobre 1791, au directoire du département, la déclaration requise pour toucher la maigre pension qui leur était allouée mais qui ne devait pas tarder de leur être retirée. L'ancien procureur ne fit pas de déclaration pour lui-même ; son frère, dom Alexis Talmeuf, se retira à Bonnay ; il fut ensuite déporté, comme son aîné ; mais plus heureux que lui il survécut à ses horribles souffrances.

Que devenait la grande abbaye vide et privée de ses habitants ? Le conseil général de la commune adressa à l'Assemblée nationale et aux administrateurs du département un mémoire où il rappelait les bienfaits que la ville de Cluny avait reçus des moines et demandait la création dans leur vaste et antique demeure d'un grand établissement tout au moins une garnison de cavalerie, lors-même que les religieux resteraient.

L'Assemblée se fit envoyer le plan de l'abbaye et de ses dépendances ; ce fut tout, le plan et la pétition demeurèrent sans effet. La régie loua les jardins ; le monastère ne reçut pour le moment du moins aucune destination ; quel serait le sort réservé à la grande église dont chacun s'enorgueillissait non sans raison ? L'administration municipale adressa au district pétition sur pétition (6 janvier et 23 décembre 1791), pour qu'elle soit conservée dans toute sa splendeur. Le 6 juillet 1792, elle refusa de livrer les cloches que le directoire lui demandait ; le 2 novembre suivant, elle décida sur la sollicitation des habitants, que le culte divin y serait célébré pour les trois paroisses ; le 13, elle alloua des fonds pour diverses réparations urgentes ; enfin elle établit, le 17, que le palais abbatial sera affecté au logement des trois curés et que les ornements du mobilier de Notre-Dame, de Saint-Marcel et de Saint-Mayeul seraient transportés dans la sacristie de l'abbaye.

L'Assemblée constituante menait tout de front, réformes administratives, judiciaires, financières et économiques ; elle voulut aussi porter la main à l'encensoir. Elle prétendit détruire les ordres religieux, nous venons de le voir, en supprimant les vœux monastiques. Effrayés des menaces dont ils sont l'objet, les bénédictins de Cluny congédièrent en dernier lieu les enfants de chœur et songèrent eux-mêmes à trouver un refuge hors de leur couvent.

Depuis l'approche des brigands, ils ne sonnaient plus leurs exercices, aussi bien ceux du jour que ceux de la nuit, et dès 1790, ils adoptèrent l'habit ecclésiastique et gardèrent leurs cheveux. Plusieurs d'entre eux se rendaient même aux églises paroissiales pour y célébrer leurs messes.

De fâcheuses nouvelles leur arrivaient de Paris; les jeunes profès de St-Martin-des-Champs ne s'étaient-ils pas avisés d'écrire à l'Assemblée, dès le mois de septembre 1789, pour offrir les biens de l'Ordre à la nation ? Ils demandèrent pour eux-mêmes la liberté et la facilité de servir l'Etat en se livrant à l'instruction de la jeunesse. Cette pétition portait la signature de seize religieux tous jeunes profès. Les anciens (1) indignés écrivent à leur tour pour désavouer cette démarche inconsidérée, ajoutant « qu'il n'y avait pas pour eux de moyen plus sûr d'être utile au bien commun que de suivre les règles du saint état qu'ils avaient embrassé. » Pour un peu ces jeunes exaltés auraient dit, comme le Génovéfain Pingré : « Ce n'est pas nous qui quittons notre Etat, c'est notre Etat qui nous quitte. »

Le choix de la basilique hugonienne pour église unique de Cluny fut ratifié par le vote populaire à une grande majorité (9 janvier 1791). Comme elle était, porte le registre des délibérations, assez spacieuse pour recevoir tous les individus qui habitent la ville

---

(1) Dom Courtin, supérieur de la communauté, était à leur tête. Les dignitaires de Cluny ne pensaient pas différemment.

et la banlieue, on décida que les paroisses distantes de deux lieues de Cluny seraient supprimées. Il ne sera pas superflu de transcrire cette appréciation portée par les membres de la Commune sur l'église de la c. d. abbaye : « Elle est, disent-ils, un des monuments rares et inappréciables, à la conservation duquel les arts se sont particulièrement intéressés... la beauté, la majesté qui caractérisent ce monument sont de nature à élever l'âme, à imprimer de la vénération et le rendent plus digne qu'aucun autre d'être conservé au culte religieux et au service de la divinité. » On reconnaît ici le style des hommes de 1789. « La situation, la forme, ajoutent-ils, et l'immense étendue d'un tel bâtiment ne permettent pas d'espérer qu'il puisse être aliéné, ou du moins qu'il puisse l'être d'une manière tant soit peu avantageuse à la nation. »

§ II.— Les attentats contre la religion (1793-1794).

Les officiers municipaux, qui en décembre 1792 succédèrent à ceux qui avaient été élus en 1790, tinrent, hélas ! un tout autre langage. Les événements se précipitaient avec rapidité. La Terreur allait devenir le gouvernement légal de la France. « Dès le dimanche 7 octobre 1792, on fit publier à Cluny, dit M. Descombes, qu'il n'y a plus de roi, que tout ce qui représentait la royauté, tel que les fleurs de lis, girouettes, portraits, écussons seront totalement supprimés et détruits sur le soir du même jour... »

Le lendemain 8, les députés de cette même municipalité élue en 1790 qui étaient encore en fonctions, « furent dans les églises des trois paroisses, ainsi qu'à l'hôpital pour prendre en note toute l'argenterie. Peu de temps après, le 19 novembre, les mêmes officiers municipaux retournèrent aux trois églises, enlevèrent les ornements (sic) et les portèrent à la ci-devant abbaye, puis ils fermèrent les portes des susdites églises à la grande douleur des citoyens. »

La première solennité religieuse qui eut lieu à la grande basilique, devenue église paroissiale, fut la fête de saint Marcel, le 16 janvier 1793. M. Descombes qui en fut témoin en a laissé une description détaillée. Les curés et vicaires officièrent avec les chapes et les dalmatiques des religieux. Une quête fructueuse permit d'illuminer le grand autel et la chapelle dédiée à saint Marcel. « Les citoyens de la susdite paroisse assistèrent à la messe, chantée par quatre chapiers, avec grande dévotion. Le marguiller de Saint-Marcel reçut trente sols pour ses peines. »

Le 10 février suivant, on célébra avec non moins de solennité la cérémonie dite des XL heures. « Il y eut, dit M. Descombes, à la ci-devant église abbatiale une grand'messe pendant les trois jours et l'on plaça sur l'autel le Saint-Sacrement dans le bel ostensoir des moines qu'une centaine de lumières faisaient étinceler de toutes parts. »

Nous ne sommes encore qu'aux préludes des bouleversements qui vont affliger la population honnête, car l'armée révolutionnaire est en marche sur Cluny.

En attendant son arrivée, les Terroristes du cru préludent avec l'assentiment de la nouvelle municipalité (1) aux dévastatons honteuses dont la basilique va devenir le théâtre. Le lundi saint, 25 mars 1793, des visites domiciliaires eurent lieu dans plusieurs maisons de la ville ; les citoyens s'assemblent ensuite sous les marronniers de l'abbaye pour nommer deux compagnies soldées de volontaires, dont les uns iront rejoindre l'armée de l'Ouest, les autres renforceront

---

(1) Rollet, nouveau maire, en fut le président.

la garde civique. Pendant ce temps, « on fit ôter toutes les marques de *royalisme* qui étoient sur les grillages entourant le cœur (sic) de l'église de la c. d. abbaye, ainsi que les armoiries qui étoient au-dessus des stales (sic) et qui étoient supportées par de petits génies... apposés pendant le régime du c. d. cardinal de Laroche foucaud... On démolit aussi plusieurs tombeaux qui étoient contre les murs de l'église, et une bonne Sainte Vierge, à qui les infâmes coupèrent la tête, parce qu'elle était couronnée. »

Le 12 juillet, les cloches des Bisans furent projetées sur le sol et mises en pièces. La plus grosse causa dans sa chute un fracas épouvantable ; les deux autres, (déjà fêlées) nommées les *trappes* avaient un son lugubre et ne sonnaient que pour annoncer le trépas des religieux.

Trois mois après, on descendit de la même manière les cloches que renfermait la grosse tour, dite du chœur. La principale se faisait entendre au loin, tout autour de Cluny « On la mena (sic) à Mâcon, dit le citoyen Descombes, après qu'elle eut été brisée. » Elle portait des inscriptions curieuses qui méritaient d'être conservées. Mais les municipaux qui présidaient à l'opération veulent effacer tous les vestiges d'un passé odieux. Ils font de même conduire, sur la place du Merle pêle-mêle, toutes les archives du monastère conservées depuis neuf siècles avec tant de soins par les Bénédictins. Descombes raconte que, le 27 octobre, on versa sur le sol trois chars remplis de parchemins, de chartes splendides et de volumes de toute beauté. « Le *brulement*, dit-il, dura de trois heures à neuf heures du soir ». La pluie qui survint éteignit ce bûcher de vandales, mais le lendemain ils recommencèrent et ils firent encore brûler trois autres chars de titres et papiers de toutes espèces. Quand tout eut été réduit en cendres, la populace s'écria, « Adieu les nobles et les seigneurs ». Adieu également les monuments authentiques des gloires de Cluny !

La Terreur battait son plein ; les hochets de la superlition furent impitoyablement proscrits ; défense est intimée aux marchands d'en vendre. Ordre aux citoyens d'arborer (sic) un ruban tricolore à leurs fenêtres. Tout exercice du culte est proscrit. Le directoire du district de Mâcon ordonne à la commune de Cluny de vendre les trois églises paroissiales (9 Novembre 1793). La chapelle de l'hospice est entièrement dépouillée de tous ses ornements. Quant aux ministres du culte ils ne touchent plus les traitements que la constitution civile du clergé leur a assurés. Le citoyen Descombes dit qu'ils étaient « peu exacts à remplir leur ministère, *tant ils étaient méprisés* ! »

Une affreuse disette causée par de mauvaises récoltes vint alors s'ajouter aux maux qui désolaient tout le pays, mais il fallait se taire et montrer de l'enthousiasme.

Ajoutons que les survivants de la Révolution, au dire de ceux qui les ont connus, « éprouvaient une certaine réserve, une répugnance à s'étendre longuement sur les faits » dont ils avaient été témoins. Les mauvais jours de la Terreur en particulier leur avaient « laissé une douloureuse impression dont ils n'aimaient pas à réveiller le souvenir ». Ils n'auraient pu que répondre, comme Sieyès, lorsqu'on leur demandait ce qu'ils avaient fait : « Nous avons vécu. »

Les registres municipaux sont remplis par les récits emphatiques des fêtes révolutionnaires, destinées à remplacer les solennités chrétiennes, mais c'est en termes discrets et voilés qu'ils parlent des résistances que provoquent sur tous les points les réquisitions en nature et les nouveaux impôts. La guerre qui éclate dans les départements et sur les frontières nécessite des levées incessantes d'hommes. Certains ont vu, dans ces coupes réglées de dix ou douze générations, le châtiment des crimes odieux que rappelle la date sanglante de 1793.

Quelles que fussent les angoisses qui étreignaient les familles, il y avait obligation, sous peine d'être déclarés comme suspects de prendre part aux fêtes civiques célébrées à chaque anniversaire des journées révolutionnaires.

La fête du 10 août 1794 (22 thermidor an II) eut cette particularité odieuse que la garde civique fusilla des mannequins représentant des rois, des cardinaux et des moines. C'est le premier acte d'hostilité antireligieuse qui se produisit à Cluny. Le représentant Boysset en mission dans Saône-et-Loire s'arrêta à Cluny le 3 novembre suivant et visita, écrit Descombes, les mausolets (sic) qui était (sic) à la dite église abbatiale. (Il) s'arrêta devant le buste du maréchal de Turenne qui était taillé dans un marbre superbe... On lui fit voir pareillement le cœur dudit Turenne qui était dans des urnes (sic) d'or, d'argent et de bronze. Les visites faites, il monta en carosse et partit le même jour pour Charolles (1).

---

(1) Le même annaliste parlant de la foire, dite de la Saint-Martin, qui se tient le 12 novembre, nous apprend qu'il y eut cette année une grande affluence de marchands, avides d'écouler les assignats dont personne ne voulait plus. Aussi les denrées étaient-elles hors de prix : la livre de beurre valait 5 fr. en papier monnaie, l'asnée de blé, 200 fr. et la botte de vin. 400 fr.

§ III. — L'Église abbatiale pillée puis renversée (1793-1794).

L'armée révolutionnaire arriva de Mâcon à Cluny dans les derniers jours de novembre 1793. Son premier exploit fut de renverser la grande croix de pierre qui se dressait à l'entrée du monastère (1), le 18 novembre 1793. Les statues tant admirées des connaisseurs et qui décoraient le portail du narthex ne trouvèrent point grâce devant ces farouches iconoclastes ; ils brisèrent coup sur coup trois grandes statues et trois plus petites (2).

Dix jours après, le 28 novembre, les soldats que commande Bargeau, font irruption dans la grande église ; l'un d'eux décapite la statue de saint Benoît, érigée dans la chapelle de ce nom, au fond du transept de gauche ; les autres s'avancent jusqu'à l'autel de saint Hugues, dit l'*autel matutinal* ou de *retro* ; c'est l'endroit le plus vénéré de l'antique sanctuaire : une colombe en argent, suspendue à une chaîne de même métal, renferme les saintes espèces. Les forcenés s'acharnent contre l'autel, brisent les grilles qui l'entourent et détruisent (vers les trois heures du soir), dit Bouché, le chef d'œuvre de frère Placide, le célèbre Jean Julien, qui ornait toute cette partie réservée de l'abside. Le bon religieux, remarque notre chroniqueur, vécut assez « pour voir en bien peu de temps détruire un ouvrage qui lui avait coûté bien des années de travail. »

Ce ne fut pas encore assez au gré de leur impiété. Le lendemain, le même détachement de l'armée ré-

---

(1) Selon Bouché, le socle de cette croix ne disparut qu'en 1798, le 13 mai.
(2) Saint Pierre, saint Etienne, saint Jean l'Evangéliste, la sainte Vierge et deux anges.

volutionnaire, « composé de cent hommes de Paris et de cent hommes de la commune de Mâcon », revient à la grande basilique, renverse la chapelle des Cinq-Abbés (1) et celle du Rosaire adossées aux premiers piliers, et met en pièces, « les confessionaux, la chaire à prêcher, les tombeaux et autres ornementations de l'église. »

Cette fois, la troupe se trouva satisfaite de sa triste besogne. Il ne paraît pas, en effet, qu'elle ait continué ses dévastations sacrilèges dans l'après-midi. La chapelle de Bourbon fut ainsi épargnée. « A onze heures du matin, raconte Bouché, j'y entrai avec trois officiers du détachement de Mâcon ; sur l'observation que je leur fis, que le tableau du maître-autel de cette chapelle était excellent, Bargeau, commandant le détachement, l'envoya à la maison commune. »

Les églises paroissiales ne furent par épargnées. L'armée révolutionnaire s'acharna en particulier sur les statuettes et fines sculptures qui ornaient la porte de Notre-Dame et que la disparition en 1786 du porche avait plus exposées à ces outrages.

De si beaux exemples devaient être suivis. Le trente novembre, à trois heures du soir, une autre bande de terroristes, accompagnée des officiers municipaux, fit brûler, dit Penjon, sur la place du Champ de foire, sur celle du Merle d'après Bouché, « les statues de bois, les livres d'église et une grande quantité de terriers, de titres, de chartes, etc. »

Un ouvrier de Cluny, le citoyen Colas Geotier, couvreur, acquit alors une triste célébrité pour la part qu'il prit aux démolitions de l'église hugonienne.

---

(1) S. Odon, S. Mayeul, S. Odilon, S. Hugues, S. Pierre le Vénérable.
Histoire de l'abbaye de Cluny page 277.

C'est lui qui, le 1er décembre 1793, brisa la statue du bénédictin en aube et l'encensoir à la main, lequel semblait du fond du narthex, offrir les hommages perpétuels de ses frères au Dieu de l'Eucharistie.

C'était déjà le citoyen Colas, qui, les 24, 25 et 26 novembre précédents, avait par ordre de la commune enlevé les croix « de dessus les quatre grands clochers ».

Nous savons que, dès le mois d'octobre, toutes les cloches de la basilique (1), sauf celles du Chapitre « qui se trouvent dans le clocher de l'Eau Bénite », avaient été descendues, au grand mécontentement des habitants et conduites à Mâcon, « pour être converties en canons pour le service de la République ».

Les mêmes nécessités d'Etat, servirent encore de prétextes pour dépouiller la grande église des grilles qui se dressaient à l'entrée des chapelles rayonnantes et autour des tombeaux. C'est en février 1794, selon Bouché, que les grillages de l'église furent enlevés par les ordres du district de Mâcon. On sortit 22 milliers de fer, non compris les petits morceaux qui ne pouvaient servir à la fabrication des armes à laquelle on les destinait.

Devant l'indignation que provoque dans toute la contrée cet odieux vandalisme, l'œuvre dévastatrice subit un temps d'arrêt. Elle reprendra bientôt. Le gouvernement aussi bien que les autorités départementales prétendaient tirer de Cluny toutes les ressources dont ils avaient besoin.

« Informés que la couverture de la cy-devant église de Cluny, district de Mâcon, font écrire les

---

(1) Celles des églises paroissiales, même celle de l'hôpital eurent un pareil sort.
(2) Cf. Th. Chavot. « Destruction de l'abbaye de Cluny et ses causes. »

membres du Comité de Salut public, est en cuivre, ils ont pensé qu'il y avait là une précieuse ressource pour l'armement de la marine dont les besoins sont l'objet de leur sollicitude (1). »

Il n'y avait pas de cuivre mais les noues des voûtes étaient en beau plomb d'Espagne. Le charpentier Jacquelot fut chargé d'en faire l'estimation, et retint l'adjudication. Si ce fut pour lui un gros profit, on peut dire que la ruine totale du gigantesque édifice devait en être la conséquence fatale ; les pluies s'infiltrèrent dans les voûtes, et firent autant de mal, sinon plus, que la main des démolisseurs. L'Etat, il est vrai, ne prit pour l'instant aucune part aux spoliations de la grande basilique. Mais la lettre du Comité de Salut public était une invite qui ne fut que trop bien comprise.

L'administration jacobine se retira en 1795, après avoir achevé le pillage, commencé en 1793. Celle qui l'a remplacée n'eut ni le courage, ni sans doute le pouvoir de sauver l'édifice lui-même. Des réparations aux toitures devenaient urgentes ; elle ne sut pas trouver la somme nécessaire, estimée à 200 frs ! En l'an IV (1796), afin d'éviter une vente totale ou partielle, que les lois des 28 ventose et 6 floréal (2) an V rendaient inévitable, la commune pria l'administration centrale de Saône-et-Loire d'intervenir auprès du ministre de la guerre pour l'installation à la c. d. abbaye d'un corps de vé-

---

(1) Cette lettre, signée de Boissy d'Anglas, de Cambacérès et de Fourcroy, est du 22 frimaire an III (12 Décembre 1794). Elle se termine ainsi : « En conséquence informez-vous s'il existe réellement à Cluny du cuivre que l'on puisse enlever, sans détériorer aucune partie de cette propriété nationale, ou en y substituant une autre matière moins précieuse… »

(2) Les lois de ventose et de floréal avaient pour objet la reprise de la vente des biens nationaux ; celles du 9 germinal et du 28 fructidor de cette même année déterminèrent le paiement du prix des *bâtiments* nationaux.

térans Rien n'y fit. Une adjudication eut lieu au siège du district, à Mâcon, le 2 floréal an VI (1798) et le citoyen Batonnard, marchand en cette ville, obtint l'église et le monastère avec toutes ses dépendances pour le prix de 2 millions 14.000 francs (1). Le 21 avril 1798, les vastes immeubles avaient enfin trouvé des preneurs et dès le 16 juillet suivant, le marteau dévastateur put commencer son œuvre néfaste.

De la croix du monastère abattue en 1793, il restait le socle. La municipalité le fit enlever pour ouvrir une rue, véritable voie *scélérate*, depuis l'entrée du narthex jusqu'aux jardins, en suivant l'axe de la grande église (2). Les tours des Barabans étaient couvertes d'un toit plat à tuiles creusés : ce toit fut détruit, les 5 et 6 fructidor an VI (22 et 23 août 1798). Dès le 26 thermidor précédent (13 août) on (qui ?) a décidé de renverser cette église et les premiers coups de marteau lui avaient été portés. « L'on se propose avoue Bouché, de continuer de suite à découvrir l'église, pour ne laisser que des mâsures et des ruines à la place d'un édifice que l'on aurait pu rendre utile, soit à la nation, soit au public. » Mais le projet de la municipalité était mis, même avant cette date, en pleine voie d'exécution : ses affidés avaient prévenu ses secrets désirs dans les premiers jours de thermidor. Les 21 et 22 juillet 1798, en effet, l'agent

---

(1) Voir la note précédente.
(2) Un plan géométrique, dressé, le 8 messidor an XI (27 juin 1803) et qui porte les signatures de Dumont maire, de Sacazan adjoint, de Chachuat commissaire en même temps que celles des acquéreurs Batonnard et Vacher, donne le tracé de deux rues qui se coupent à angle droit, au beau milieu de la grande église. L'une part de l'entrée du Narthex, entre les Barabans et descend en pente jusqu'au chœur et à l'abside, pour traverser les jardins de l'ouest à l'est, l'autre percée dans le mur méridional de l'abbaye pénétra sous le cloître et coupa en deux la basilique : c'est la rue que Genillon fera établir pour attirer le commerce dans l'ex-cour du jet d'eau.

du canton fit enlever les vitraux, treillis et barres de fer qui soutenaient la rosace de l'entrée : c'était un des plus beaux ornements de l'édifice : il mesurait 30 pieds de diamètre et occupait tout l'intervalle entre les deux tours. Privée de ses supports, la rosace s'écroula d'elle même en une immense ruine

Ce fut ensuite la chapelle, dite de la Congrégation située entre l'église proprement dite et le monastère, qui fut attaquée par les démolisseurs. Elle fut sottement découverte et les bois de son toit enlevés, le 1ᵉʳ prairial de l'an VII (20 mai 1799). De sorte, d'après Bouché, que les pluies en feront bientôt tomber la voûte). Vingt jours après, le 21 germinal an VII (8 Juin 1799), on se remit à la honteuse besogne. On commença à découvrir et à ôter les bois du second collatéral « du côté de bise », dans toute sa longueur. La bande rapace ira-t-elle jusqu'au terme de son œuvre ? C'est ce que se demandent non sans indignation les honnêtes habitants de Cluny.

Le maire adressa au préfet une plainte qui fut transmise au ministre Chaptal. Celui-ci donna l'ordre de suspendre les travaux (?) de démolition. Le préfet de Saône-et-Loire rendit alors un arrêté, le 11 messidor XI (30 juin 1801), qui prescrivit un rapport descriptif sur « l'état actuel de l'édifice ». Le maire nomma à cet effet, le 4 thermidor, un expert (le cit. Desplaces) qui indiqua les réparations urgentes à faire, estimées par lui à 27.961 fr. La municipalité sollicita de nouveau le gouvernement qui « seul pouvait pourvoir à cette dépense ». La pétition porte. « Il faudrait que le gouvernement revînt sur cette vente et indemnisât les acquéreurs, s'il y a lieu ».

Bonaparte avait d'autres préoccupations et « les trésors de la France, suivant l'expression de Lorrain, allaient ailleurs ».

La ville fit un suprême effort ; elle céda des prairies communales et ses halles, le 2 vendémiaire an X (14 septembre 1801), en échange du cloître, « des deux ailes de l'église et du jardin ». C'étaient les deux transepts, les clochers, l'abside rayonnante. Comment, dans ces conditions et en dépit de l'opinion publique manifestement hostile, les démolisseurs, Batonnard, Vacher et Genillon, ont-ils pu reprendre leur honteuse besogne ?

Toute la question des responsabilités est là.

Quelles qu'elles soient, « Cluny, dit un de nos archéologues (1) qui l'ont étudié de plus près, est pour le visiteur une surprise et une déception. » A celui qui ignore Paray-le-Monial il serait impossible de se rendre compte de la splendeur et des dimensions colossales de l'église de Saint-Hugues. Un hôtel, un vaste jardin, les bâtiments des haras, le logement des directeurs, la rue établie sur l'axe même de la basilique, tout un quartier de la petite ville au lieu et place des dépendances de l'abbaye : voilà ce qui occupe l'endroit célèbre entre tous, où tant de de pontifes et de princes se sont rencontrées, où tant de saints moines ont prié et où gissent encore leurs ossements.

« A Cluny, a écrit un visiteur célèbre (2) de nos ruines, les moines avaient cru bâtir pour l'éternité ! Rien de plus rare qu'une église complètement détruite : mais voici disparue de la mémoire des hommes par je ne sais quel incroyable hasard, ou quel vandalisme inepte et têtu, un temple unique en France et qui intéressait tout les pays du monde. A la pensée que ce crime n'a eu lieu ni pendant les guerres de

---

(1) Jean Virey.
(2) Sir W. Morton Fullerton.

religion, ni sous les coups de foudre de la Révolution, mais dans les premiers quinze ans du siècle, la grande impression que l'on emporte d'ici est l'une des plus mélancoliques que l'on puisse ressentir.

§ IV. — LES VENDEURS DU TEMPLE.

Laissons parler ici les témoins de la catastrophe dont Cluny subira toujours le dommage, sinon la honte et la douleur.

Ecoutons Bouché : « En prairial de l'an IX, (juin 1801) les acquéreurs de l'abbaye de Cluny ont fait procéder par deux maçons étrangers à la démolition de deux bonnets (1) (deux travées) de la grande voûte de l'abbaye qui sont entre le troisième et le cinquième pilier ; ils ont été arrêtés dans leur opération par un ordre des Consuls de la République signé Bonaparte, qui a été signifié au citoyen Genillon, conducteur de la dite démolition, par les officiers municipaux de la dite commune de Cluny, ce qui a fait cesser la dite démolition ».

Combien de temps durera cet arrêt de l'œuvre impie de notre moderne Erostrate ? Tout au plus quelques mois.

Le 27 vendémiaire précédent (5 octobre 1800), par devant les notaires Gâcon et Drognier, Claude Battonard, acquéreur de la ci-devant abbaye de Cluny, tant en son nom qu'en ceux de ses associés non comparants... avait donné pouvoir au citoyen Genillon cy-présent et acceptant, de faire démolir, construire, vendre, échanger en tout et en partie « la maison dite abbaye de Cluny ». Voilà donc l'indigne prêtre

---

(1) Ces maçons travaillaient pour le compte de Delabre, l'acte du marché passé entre Genillon et Delabre fut reçu par les mêmes notaires Gâcon et Drognier, le six prairial an neuf (1801). Le prix stipulé est de douze cents francs, payables en deux termes.

fondé de pouvoirs pour le compte de la bande noire ;
il est en puissance de passer, de signer tous actes relatifs à la dite maison et de faire « au sujet de laquelle tout ce qu'il conviendra quoique non exprimé ».

Mais Genillon ne se contente pas du rôle d'intermédiaire, quelque étendus que soient ses pouvoirs. Le 29 ventôse de la même année (4 janvier 1801), il devient acquéreur des terrains du monastère et de l'église déjà en partie démolie par lui.

Il est spécifié dans ce nouvel acte que le citoyen Battonard (*sic*) « vend, cède, remet,... avec la même maintenue qui est stipulée au bref de délivrance qui fut tranché au dit citoyen Batonard par les membres du département de Saône-et-Loire, au citoyen Vincent Genillon cy-présent et acceptant, des cours, servant autrefois de vestibule au réfectoire et confinant aux acquéreurs de l'hôtellerie et de ses dépendances. » Une rue nouvelle devait y être tracée pour mettre en communication la place du marché avec le cloître et Genillon était tenu d'en établir le niveau, de la paver et de construire une maison à deux étages avec cordons et corniches pour l'embellissement de la dite rue.

Cette rue allait amener la ruine totale de l'immense édifice qui, s'il avait été conservé, suffirait à la fortune de Cluny. Les acquéreurs voulaient attirer, disaient-ils, le commerce à la cour du jet d'eau ; ils renversèrent donc les bâtiments de l'abbaye qui se trouvaient sur le tracé du parcours ; ils ne reculeront pas devant l'éventrement sur ce point de la basilique pour atteindre la porte des prés. C'est alors que furent démolis les bâtiments qui servaient à abriter les élèves du Collège, tenu par les moines au profit des jeunes gens de la ville et des environs. L'hôtellerie et les parloirs construits dans le même style et avec la même élégance que la façade du pape Gélase II disparurent également, sans qu'il nous soit possible d'établir les circonstances particulières de ce nouvel acte de vandalisme.

La chapelle de N.-D. de l'Infirmerie avec ses annexes, qui s'avançaient à l'ouest, furent renversés par les acquéreurs des terrains libres, situés dans cette partie du monastère. On doit en dire autant du réfectoire dont l'immense voûte se dessine encore sur l'aile occidentale des nouveaux bâtiments. La cuisine *maigre* à l'usage exclusif des religieux se trouvait tout à côté ; elle a été rasée pour les mêmes raisons.

La convention passée entre Genillon et le maçon Delabre pour la démolition de l'église, sur le parcours de la rue nouvelle, est du six prairial de l'an IX (1801). On va le voir, les clauses sont d'une inconvenance révoltante. L'entrepreneur doit apporter toutes précautions pour ne pas briser les bois de la charpente qu'il démolit ; il mettra en toise (sic) la pierre mureuse, ainsi que la pierre de taille ; il descendra avec précaution les petites colonnes qui soutiennent les voûtes. L'emploi des plâtras eux-mêmes est spécifié ! Quant aux tuiles il faut éviter de les briser. Genillon saura bien les utiliser (1).

Delabre doit commencer « la ditte démolition dans huit jours, dattes des présentes ; il prend l'engagement d'y (sic) travailler sans discontinuer et de rendre le tout fait et parfait, (hélas) ! d'icy quatre mois. » Si cette honteuse besogne n'avait pas été entravée, les deux travées de l'église par où devait passer la

---

(1) On dit qu'elles furent employées pour les toits du grand bâtiment des haras qui fut élevé précisément sur la place de la grande nef et dont les murs ont été édifiés avec les pierres de l'église !

maudite rue eussent été renversées dès le 14 Vendémiaire an X (4 octobre 1801).

Chaptal sut-il que l'arrêté qu'il avait fait prendre au préfet de Saône-et-Loire était resté lettre morte et que les offres de la municipalité du 2 Vendémiaire an X n'avaient pas été acceptées ? Nous ne pouvons le dire, mais elles étaient bien insuffisantes en vérité. Bouché affirme que la somme nécessaire pour rétablir les deux bonnets (travées) dont la démolition d'après lui a duré trois jours n'aurait été que peu supérieure à 10.000 francs. Nous avons vu plus haut que le devis de l'expert Desplaces était plus élevé. Ni la commune, ni l'Etat ne surent trouver l'argent nécessaire; leur inertie persistante permit aux démolisseurs de tout oser. « Les cinq premiers rangs de piliers (colonnes), c'est-à-dire 20 sur 4 de front, ont fini, dit notre témoin trop impassible, d'être démolis le 24 juin 1809, jour de la St-Jean-Baptiste, fête actuellement renvoyée au dimanche ».

La grande basilique était donc coupée en deux sections : à l'est, le reste de la nef et le sanctuaire avec ses neuf chapelles rayonnantes ; à l'ouest, la porte principale et le narthex. C'est de ce côté que les mercenaires de la bande noire iront tout d'abord pratiquer des mines souterraines, et Penjon va nous dire : « Le 8 mai 1810, sur les six heures du soir, après un travail assidu de neuf journées, cette façade attaquée par la mine, s'écroula tout entière entraînant dans sa ruine la chapelle de saint Michel et deux travées du vestibule. » Bouché affirme que « les débris amoncelés de cette seule partie de l'église équivaudraient environ à 640 mètres cubes de moëllons sans compter les pierres de taille ».

Qu'allaient devenir la partie orientale de l'église, la plus belle, l'abside et les deux transepts ? M. Pen-

jon cherche à disculper la municipalité en ajoutant :
« La ville était moins en mesure que jamais de restaurer et d'entretenir cet édifice maintenant mutilé. »
La pioche et la mine eurent donc le champ libre ; nous n'avons plus qu'à suivre les travailleurs de la honte.

Les deux nefs parallèles, sises au nord, tombèrent les premières sous leurs coups ; le grand transept dont il ne reste qu'un débris en fut ébranlé et les trois clochers qui profilaient sur sa haute nef croulèrent sur leurs bases.

« Alors disparurent ces colosses qui depuis sept siècles dominaient la cité » et « l'on se souvient encore à Cluny de l'effroyable bruit qui secoua la ville à la chute de la plus grande tour. Ce fut comme le canon de détresse. On ne sauva rien, ni les colonnes du chœur ni les curieuses et vieilles peintures de l'abside (1) ».

Un témoin bien jeune alors, M. Jacquelot, se trouvait sur le Fouëtin lorsque croula le grand clocher quadrangulaire du chœur. Il garda jusqu'à la fin de sa vie l'impression terrible qu'il ressentit, en voyant fléchir la croix qui dominait tout l'édifice, puis la tour se crevasser et enfin s'affaisser sur elle-même au milieu d'un fracas épouvantable. En même temps s'éleva un épais nuage de poussière dont l'horizon resta longtemps chargé. La terreur, dit-on, glaça aussitôt les esprit les plus fermes ; mais l'amour du lucre l'emporta sur le sentiment : on reprit l'œuvre dévastatrice !

L'administration des haras fit abattre, au mois de juin 1811, le clocher qui dominait le sanctuaire, (celui des *lampes*), la voûte et ses piliers. Au mois de juillet, 75 coups de mine eurent raison du clocher

---

(1) Champly, *op. cit.* p. 259.— Lorrain *id.* p. 278.

dit des *Bisans*, au nord, qui correspondait au clocher de *l'Eau Bénite* le seul qui ait été conservé, comme pour déplorer la disparition des six autres. Ce fut moins dans ce but assurément que les démolisseurs l'ont laissé debout que dans la crainte que sa chute n'amenât la ruine des bâtiments claustraux que l'on voulait utiliser. L'ensemble de ces constructions, fort bien conservées, comprend un vaste cloître quadrangulaire et un grand corps de logis terminé par deux ailes assez étendues. Nous avons vu plus haut que la reconstruction du cloître avait été faite dans le style froid du XVIIIme siècle. La Révolution ne laissa pas heureusement aux moines le temps de démolir, comme ils en avaient le projet, la façade extérieure, dite du *pape Gélase*. C'est un beau spécimen de l'architecture ogivale, restauré avec goût par le ministre Duruy.

A l'intérieur, on admire la largeur des galeries voûtées, le fini des rampes et des balcons, œuvre de Jean Julien, plus connu sous le nom de frère Placide. Le souvenir de cet humble convers nous rappelle celui des autres religieux dispersés de côté et d'autre. Nous devons auparavant rappeler les dévastations qui s'accomplirent, durant ces tristes jours, à l'intérieur même du monastère. La municipalité élue en 1792 avait déjà par son inertie (peut-être aussi par une secrète complicité) permit aux démolisseurs sacrilèges de mutiler, de profaner à leur aise la grande église et son narthex. Celle qui lui succéda en 1795, « n'eut pas la hardiesse, dit Champly lui-même (1), de conserver ce qui venait de survivre à cette période désastreuse. »

Les portes du couvent restaient large ouvertes à

---

(1) Histoire de l'abbaye de Cluny, p. 356.

tout venant, nous l'avons vu. Des bandes d'enfants s'y précipitent et et envahissent à la fois les chapelles demeurées debout et les cloîtres étonnés de leurs cris perçants. L'exemple qu'ils ont eu sous les yeux les encourage à tout oser. Du reste, personne n'est là pour réprimer leur fougue juvénile. Les voilà donc grimpant sur les autels, escaladant les colonnes et les fenêtres, brisant les derniers vitraux... Las enfin de traverser les nefs et les chapelles désertes, ils franchissent les longs corridors, ouvrent les portes des cellules silencieuses et vides et pénètrent jusqu'aux salles plus reculées des archives et de la bibliothèque (1).

« Là étaient réunis pêle-mêle les chartes et les bulles, souvenirs glorieux de l'Ordre, et les manuscrits tant de fois feuilletés par les Bénédictins, que parcouraient avec des yeux curieux et émerveillés ces étranges envahisseurs. Trop volumineux pour être facilement emportés, les in-folio étaient déchirés et partagés, et les parchemins devenaient la couverture d'un cahier de classe ou l'enveloppe d'un moderne dictionnaire. Ainsi s'éparpillaient en des mains diverses les feuillets de ces missels qui paraient aux jours de fête les autels du vieux temple, et les pages de ces Bibles et de ces Livres d'heures que la main de tant d'illustres personnages avaient commentés et enrichis de notes précieuses. C'est ainsi qu'une *Vie de Charlemagne*, écrite, dit-on, par le fameux Alcuin, disparut malgré les précautions prises pour la préserver de la main des ravisseurs. Chaque maison de Cluny put alors posséder un débris informe de ces trésors bibliographiques, dont le

---

(1) Elle était située au premier étage, à l'angle du grand corridor intérieur et des cellules aménagées dans l'aile septentrionale, au même étage.

sort le plus ordinaire fut de réparer, chez les plus pauvres, les dégâts causés aux vitres d'une fenêtre par la maladresse ou l'espièglerie d'un enfant.

« Quelques ouvrages précieux échappèrent cependant à la convoitise des écoliers, mais ce ne fut pas sans porter les sinistres marques de la tourmente. Les admirables lettres capitales qui indiquaient le commencement de chaque chapitre ont été enlevées ; entrelacées de lignes gracieuses et de feuillages qui encadraient les scènes remarquables de l'histoire sacrée, elles tentaient le regard par la variété et la richesse de leurs couleurs, si vives encore après plusieurs siècles, et ces chefs-d'œuvre, dont le fini et la délicatesse avaient coûté à leurs auteurs tant de veilles et de patience devenaient en une seconde, sous le canif de ces insousciants collectionneurs, l'objet d'une mutilation inutile et insensée (1) ».

On sait qu'un certain nombre de maisons à Cluny ont été construites à l'aide des pierres enlevées à l'église abbatiale. Il est facile de découvrir çà et là et de reconnaître des sculptures et des décorations qui ornaient l'immense vaisseau. Lorain ne nous a-t-il pas dit (2) que le partage du temple avait été mille fois pire que celui des terres ? « Toutes les parties de l'église tombaient successivement sous les marteaux et se vendaient à la toise et comme pierre par pierre à tous ceux qui avaient à construire une muraille, une maison, une ferme, une étable. »

On conserve dans l'une des salles du musée Ochier quelques débris de la grande église. Citons en particulier onze chapiteaux sur douze qui surmontaient les colonnes monolithes de l'abside.

---

(1) Champly, op. cit. pages 357-358.
(2) Histoire de l'abbaye de Cluny, 2ᵐᵉ édition, p. 278.

« Les uns, dit Penjon (1), sont ornés de fleurs et de feuillages d'un grand dessin ; mais les plus précieux contiennent des personnages sculptés avec toute la naïveté de l'art roman. »

§ V. — Dispersion des Bénédictins de Cluny

Nous avons dit que, le 31 janvier 1791, dom Talmeuf avait remis ses comptes de gestion aux officiers municipaux de Cluny. Les revenus de l'abbaye s'élevaient à 99.217 livres 17 sols et les dépenses à 78.431 livres ; ceux de l'abbé étaient de 200.000 livres. En 1790, on avait distribué à Cluny 3.438 livres aux pauvres. Les religieux étaient au nombre de quarante et un ; on trouvera leurs noms plus loin, avec le chiffre de la pension allouée à chacun d'eux et le lieu de sa résidence. La plupart, dans leur déclaration, optèrent pour la vie privée ; deux seulement P. Dusauzey et C. Rouher, pour la vie commune. A ces derniers, le département assigna la maison de Saint-Marcel-les-Chalon réservée pour cette fin. On sait que la loi de 13 février 1790 qui abolissait les ordres monastiques désignait des maisons où devaient se retirer ceux qui entendaient continuer la vie de communauté.

On ignore ce que devinrent le plus grand nombre des religieux de Cluny. Ceux qui restèrent dans le département prêtèrent, sans doute pour toucher leur traitement, le serment dit *d'égalité*. Deux seulement jurèrent fidélité à la Constitution civile : *Lataud* qui devint curé intrus à Chenoves et *Estiard*, à Beaurepaire ; détenu en 1797, il devint officier municipal de Saillenard.

Lorain (2) a dramatisé la retraite des Bénédictins de Cluny quand vint pour eux l'heure des suprêmes

---

(1) Cluny, la ville, l'abbaye, p. 144.
(2) *Histoire de l'abbaye de Cluny*, 2ᵉ éd., p. 367.

adieux : « Quel spectacle présente, dit-il, le départ de ces pauvres religieux ! Ils s'exilent tristement de leur antique asile, les vieillards l'âme pleine de regrets et ne comprenant point qu'on ne leur permit pas d'y mourir, les jeunes gens inquiets de l'avenir et doutant entre le siècle et la religion... Les uns dans leur effroi se réfugient sur la terre étrangère, les autres se déguisant sous des vêtements nouveaux et cachant par de faux cheveux leur tonsure religieuse ».

Dom Talmeuf prêta le serment de liberté pour échapper aux alarmes d'une situation qui semblait ne pas avoir d'autre issue possible. C'était le sentiment de la plupart de ses confrères ; mais comme eux, il fut cruellement trompé. L'apostasie ou la mort! voilà ce que les terroristes demandèrent à tous les prêtres. Dom Talmeuf fut incarcéré à Mâcon, le 17 novembre 1793, et la terrible année ne s'achèvera pas sans qu'il soit traîné à Rochefort pour y subir la peine de la déportation (1). On l'embarqua sur le navire les *Deux Associés*, quoiqu'il fût âgé de soixante ans. Après le 9 thermidor, il fut ramené à Saintes, mais il ne put profiter de sa mise en liberté. Les mauvais traitements avaient ébranlé sa robuste constitution; il mourut épuisé, le 14 février 1795.

Le club dénonciateur fit arrêter, le 16 novembre 1793, à Montagny, commune de Sailly, dom Thivolet et dom Rabane. Ce dernier, d'après le procès-verbal rédigé par le citoyen Prost, pria le commissaire du district de surseoir à l'inventaire que l'on faisait des objets en sa possession. Un meuble contenait son linge ; pour l'en tirer il aurait fallu prendre le temps de trouver la clef ; mais l'agent du directoire n'y voulut pas consentir.

---

(1) Il était inscrit sur la liste des 52 prêtres du 30 vendémiaire an II (21 octobre 1793).

De Mâcon, les deux bénédictins, furent déportés à Rochefort sur le *Wasington*. Dom Thivolet partagea, en 1795, la captivité de dom Talmeuf, à Saintes ; mais plus heureux que le procureur de Cluny, il survécut à toutes souffrances. Rentré à Sailly, il est noté, en 1799, comme « cultivateur tranquille ».

Le prieur *Dom Rollet* (1) vit comme dom Talmeuf, son nom écrit sur la liste de déportation du 30 vendémiaire an II (21 octobre 1793). Il était vicaire général de Mâcon ; à ce double titre, il méritait l'honneur qui lui était fait. Il put cependant échapper à la première déportation, mais, après le 18 fructidor, il fut dirigé sur l'île de Ré et y mourut le 21 septembre 1799.

Son frère le chanoine de St-Omer rentra dans sa famille à Cluny, où il termina ses jours, en 1824.

Au mois de novembre 1793, trois autres bénédictins : *dom Symian, dom Lambert et dom Berchoux*, arrachés de leur retraite de Cluny avec un chartreux qui s'y était aussi réfugié furent internés à Mâcon, comme sexagénaires. Un huitième bénédictin, *dom Daru*, plus jeune, fut condamné à la déportation, le 24 avril 1794 ; il succomba sur les pontons, dès le mois de septembre, victime du typhus. Il avait trouvé un asile à Mâcon, où, sur les instances de M. Moreau, curé de Saint-Étienne, il célébrait la messe dans son église. Le comité de surveillance lui en fit un crime et saura bien l'en punir. En effet, cette messe « dite à une heure connue des aristocrates servait à entretenir les familles dans la division et la haine ». Le malheureux moine porta, nous venons de le dire, la peine de ce crime horrible.

( ) Il était de Cluny. Une tradition locale rapportait que l'Ordre prendrait fin quand le prieur claustral serait de Cluny.

Le frère du procureur, *Alexis Talmeuf*, retiré à Bonnay, y fut arrêté en 1793, et déporté le 24 avril 1794. A sa libération, il revint à Cluny, où il fut de nouveau inquiété, en 1797.

Dom *Pons* survécut aux malheurs de son Ordre et fut, dit-on, le dernier bénédictin de Cluny. Il n'avait pas quitté la vieille cité monastique, mais il avait eu la faiblesse de communiquer avec les assermentés. Le 19 octobre 1801, il adressa une supplique à l'évêque de Mâcon, afin d'être relevé de la censure, « qu'il a encourue pour son adhésion au schisme ». La réponse fut des plus favorables ; elle porte que frère « Pons est infirme, qu'il n'a exercé aucune fonction, que sa conduite est sans reproche depuis sa séparation des schismatiques ».

Ne pouvant plus célébrer la sainte messe à l'église abbatiale dévastée, il fut heureux dans sa vieillesse de trouver, à Cluny, à la chapelle des Récollets, réouverte au culte, une institution « qui lui rappelait sous quelques rapports d'anciens et chers souvenirs (1) ».

Sur la fin de la tourmente révolutionnaire, le 20 janvier 1800, un autre bénédictin, dom *Bolot*, demeurant à Cluny fut assigné devant le tribunal correctionnel de Cluny, pour infraction à la loi du 7 vendémiaire sur la police des cultes, et à la loi du 6 fructidor an V sur les qualifications féodales ou nobiliaires. Le malheureux avait en effet béni le mariage de Jean Rupin, de Brandon, et de Gabrielle de Bernardin, de Cluny. C'était sur leurs instances réitérées, il est vrai, mais pourquoi le citoyen Bolot s'est-il servi dans l'acte, qu'il a signé, de l'ère ancienne, pourquoi surtout a-t-il fait précéder son nom du mot *dom* qui

---

(1) « Annales historiques des Sœurs de saint Joseph ». p. 164.

signifie seigneur ? Il fut facile à l'ex-bénédictin d'exciper l'habitude où il avait été longtemps de signer dom Bolot au lieu de Bolot tout court. Il lui fut non moins facile d'arguer de l'usage qu'il n'avait pas perdu de se servir de l'ancien calendrier.

On était au lendemain du 18 brumaire ; le tribunal voulut bien admettre les explications du citoyen Bolot, mais il le condamna aux dépens et déclara l'acte de mariage de nul effet.

L'ancien prieur de Cluny, dom Corial, se réfugia à Salornay après la dispersion de la communauté de Saint-Marcel-les Chalon, dont il faisait partie, en 1790.

Un autre religieux de cette maison, dom Teissier était entré fort jeune à l'abbaye de Cluny ; il remplissait depuis 8 ans les fonctions de maître des études à Saint-Marcel quand éclata la Révolution. Il prêta, le 25 septembre 1792, le serment de liberté et accepta un emploi à la municipalité d'Épervans. Des scrupules lui vinrent ; de concert avec un ancien minime de la Guiche, Pin-Chevalier, qui se trouvait avoir fait le même serment, il déclara qu'ils rétractaient tous les deux ce que la formule du serment pouvait avoir de contraire aux principes de la religion. Ce fut pour dom Tessier la cause de tracasseries sans nombre. Le 3 germinal an II (28 mars 1794), il fut arrêté et traduit devant le tribunal criminel de Saône-et-Loire, à Chalon. Sa détention allait se prolonger indéfiniment, quand un arrêté du 7 vendémiaire an III (8 octobre 1795) prononça son élargissement.

Au Concordat, il devint curé de Simandre, puis archiprêtre de Cuisery. Il a été le premier maître du célèbre cardinal Pitra, auquel il sut si bien inspirer l'amour de Cluny et de tout l'Ordre bénédictin, restauré en France par dom Guéranger.

BÉNÉDICTINS DE CLUNY

Doms	Naissances :	Résidences :	
Jean-Louis Berthelon	1724	Villefranche (Rh.)	1000
Georges-Antoine Berchoux	1733	Mâcon	1000
Jean-Baptiste Bauderon	1750	Charolles	900
François Bussière	1765	Roanne	
Joseph Cuénot-Troulot	1727	Salins (Jura)	1000
Pierre Cordier	1741	Dôle (id.)	1000
Jacques Compigny	1730	Mâcon	1000
Arnaud Chaleger	1761	Saint-Etienne	900
Jean-Michel Duxauzey	1717	St-Marcel-les-Ch.	1200
Augustin Domenjon	1766	Vienne (Isère)	900
Jean-Vincent Estaussant	1753	Lyon	900
Philibert Estiard	1761	Louhans (Guill. 309)	900
François-Marie Chateauvert	1716	Mâcon	1200
Antoine-Marie Gueffier	1716	(id.)	1200
Joseph-Marie Gonnet	1721	(id.)	1200
Jacques-Marie Geoffray	1725	(id.)	1000
G.-N. Guillet	1747	(id.)	900
Pierre-Hip. Gay	1767	Épernay (Marne)	900
Henry-Hil. Louis	1765	Lyon	900
N.-Marie Lattaud	1762	Mâcon	900
Dominique-Ign. Martin	1733	(id.)	1000
Joseph-Quentin Maréchal	1749	St-Quentin (Aisne)	900
Jean-Franç. Mouton	1762	Le Puy	900
Jean-Charles Martignon	1768	La Charité (Nièvre)	900
Jean-Franç. Pons	1847	Mâcon	900
Cl. Franç. Romans	1715	(id.)	900
Claude Rouher	1715	Saint-Marcel-les-Ch.	1200
J.-B. Rollet	1740	Mâcon	1000
Pierre Rabot	1740	(id.)	900
J.-B. Robin	1758	Paris	900
Christian Sulter	1722	Colmar (H. Rhin)	1000
Antoine Servault	1748	Riom (H. Loire)	1000
J.-Léonard Schilling	1748	Gandelhein (H. R.)	900
Ant.-Cl. Tonneau	1738	Mâcon	1000
Ant.-Jos. Tournus	1734	Annonay (Isère)	1000
J.-Franç. Touvenain	1767	Mirecourt (Vosges)	900
Jacques Turquet	1768	La Charité (Nièvre)	900
Jacques Tabareau	1760	Vienne (Isère)	900
Pierre Talmenf			
Jacques Thivolet			
En plus, Cl. Gelin			
Un convers, J.-Cl. Julien	1741	Mâcon	500

N. B. — « Il n'est fait quant à présent aucun traitement aux sœurs Guillet, Talment, Thivolet qui n'ont fourni aucune déclaration ».

Le couvent des Récollets, nous le savons, était un cadeau princier que l'abbé Louis de Guise avait offert aux habitants de la ville de Cluny, en 1619. Au moment de la suppression des Ordres religieux, les franciscains de Cluny étaient au nombre de sept, dont deux frères laïcs (1). Deux seulement, les Pères *Lahaye* et *Fayolle*, purent au moyen de certificats de civisme, rester à Cluny. Le club des Jacobins se tenait dans leur chapelle. L'un et l'autre entrèrent après le Concordat dans le clergé diocésain.

Le P. Lahaye desservit Berzé-le-Châtel ; quant au P. Fayolles (Pierre-Claude), il eut à réparer les mauvais exemples qu'il avait donnés à Cluny pendant la Révolution. Il écrivit au conseil épiscopal qu'il a rétracté le 30 avril dernier et que sa rétractation a été égarée. « Il a rétracté son serment à la Constitution civile du clergé, tous les actes d'adhésion à cette même Constitution, notamment son intrusion en qualité de vicaire de M. Paret, lorsqu'il fut titulaire des trois paroisses de Cluny réunies en une seule par l'autorité départementale ; il déplore surtout l'abdication de toutes ses fonctions ecclésiastiques, signée dans le temps de la Terreur, à la réquisition des arrêtés constitués. » D'après la sentence de l'évêque, M. Farraud imposera au frère Fayolles la pénitence canonique et fera part de la satisfaction du rétractant, lorsqu'il le jugera convenable. (Séance du conseil épiscopal de Mâcon).

Le 2 janvier 1803, la rétractation du frère Fayolles fut publiée partout où il y avait besoin de réparer le scandale. M. Samoel archiprêtre ayant rendu un compte avantageux de sa conduite, il fut relevé des

---

(1) RR. PP. Fayolle, Lahaye, Balard, Lécuyer, Rosier, Clunet, Renard ; frères : Dupré, Placide qu'il ne faut pas confondre avec le bénédictin.

censures et dispensé de l'irrégularité. M. Fayolles devint alors desservant de Pressy-Sous-Dondin.

Le bon frère Placide revint à son tour à Cluny Il ne put, dit-on, retenir ses larmes en revoyant sa chapelle et son couvent encore debout, mais transformés pour une nouvelle destination. C'était lui, dit-on, qui avait forgé les espagnolettes des pièces servant déjà de salles de communauté aux sœurs de Saint-Joseph.

Le couvent des Récollets, adjugé à la commune de Cluny, le 22 janvier 1791, servit d'abord aux séances du conseil général. La chapelle fut transformée en club, à l'usage du comité de surveillance établi dans cette municipalité pour le canton. C'est dans ce sanctuaire profané que les zélés patriotes faisaient réciter aux enfants les Droits de l'homme, en guise de catéchisme. Le citoyen Jean Roberjot acquit, le 25 thermidor an V, les immeubles, y compris les jardins, et les revendit ensuite à M. Javouhey, père de la célèbre Mère Anne-Marie Javouhey, fondatrice de la congrégation de Saint-Joseph.

Le clergé du diocèse de Mâcon avait adhéré en majorité au schisme constitutionnel. A Cluny, nous l'avons vu, l'armée révolutionnaire n'épargna pas plus les églises paroissiales que la basilique de Saint-Hugues. Celle de St-Mayeul démolie en 1798 ; les deux autres, N.-D. et St-Marcel réconciliées, furent rendues au culte. Mais ni M. Paret, ni M. Besson ne reprirent leurs fonctions. Celui-ci avait été le premier bienfaiteur du jeune Prudhon, dont il découvrit le génie. Par ses soins le fils du tailleur de pierre, put entrer au collège des moines qui, à leur tour, le recommandèrent à leur abbé, le cardinal Dominique de La Rochefoucaud, et à Mgr Moreau, évêque de Mâcon. Combien peu reconnaissant fut Prudhon pour les moines de Cluny qu'il ne cessa de poursuivre de ses sarcasmes ; ses biographes ne l'ont pas caché.

Cluny avait été le refuge, pendant les mauvais jours, d'un grand nombre de prêtres et de religieuses pourchassés par les jacobins. Les uns et les autres y finirent leurs jours dans l'exercice de la charité la plus dévouée et la plus humble. Tandis que les démolisseurs de l'église abbatiale achevaient leur œuvre abominable la V. M. Anne-Marie Javouhey arrivait à Cluny avec ses sœurs et y jetait les bases de son Institut religieux, qui selon le mot si vrai du Cardinal Pitra, « a dépassé les plus féconds essais de la grande abbaye ». Les sœurs de Cluny se sont montrées en effet dès les premiers jours de leur fondation les dignes héritières des moines, apôtres et colonisateurs.

TABLE DES MATIÈRES

Première période
(910-1156)

Chapitre I. — *La fondation*. 1
époque — contrée — Guillaume le Pieux et Bernon.

Chapitre II. — *Les premiers abbés*. 7
§ I. — *Saint Odon* — son caractère — sa mission, travaux de défrichement ; premières fondations.
§ II. — *Le B. Aymard*. — Les donations faites par les gens du peuple, les seigneurs et les évêques 13

Chapitre III. — *Les premières diffusions de l'ordre* . . 16
§ I. — *Saint Mayeul*. — Ses relations avec l'empereur, p. 17. — Guillaume de Volpian, p. 20. — Fondations en France, p. 21
§ II. — *Saint Odilon*, p. 22. — Paray, Charlieu, Payerne, p. 24. — Territoire monastique. La commémoraison des morts, p. 25. — Saint Henri à Cluny, p. 27. — La trêve de Dieu, p. 29.
§ III. — *Les coutumes monastiques*, p. 33. — Oblats, novices, profès, p. 34. — Le maigre, p. 36. — les aumônes, p. 37. — La mort du moine, ses funérailles, p. 39.

Chapitre IV. — *La grande expansion de l'Ordre*. . . . 40
§ I. — *Saint Hugues le Grand*. Hildebrand, p. 43. — Urbain II à Cluny, p. 45. — Fondations en Espagne, en Angleterre, p. 46. — Religieux célèbres, p. 47.
§ II. — *L'ordre de Cluny*, p. 49. — L'abbaye, les prieurés de Cluny, p. 51. — Sa mission, p. 52. — L'affranchissement du bourg, p. 53.
§ III. — *L'Opus Dei à Cluny*. p. 56. — Les offices claustraux p. 59. — Dévotion à l'Eucharistie p. 60. — La grande église, p. 61. — Les saints et les savants, p. 65.

Chapitre V. — *L'apogée à Cluny.* 68
　§ I. — *La crise du monastère.* — Pons de Melgueil. — La paroisse ou commune de Cluny, p. 72.
　§ II. — *Pierre-le-Vénérable* p. 73. — Sa réforme, p. 76. — Les doyens principaux, p. 78. — Les anniversaires, p. 80.
　§ III. — *Rôle pacificateur*, p. 81. — L'abbé de Cluny et les seigneurs du voisinage, p. 83. — Le synode de Mâcon, p. 85.
　§ IV. — *Vie intérieure de Pierre et ses écrits*, p. 87. — Les ermitages, p. 89. — Les études historiques, p. 92.

Deuxième période
1156-1457

Chapitre VI. — *Les abbés princiers.* 95
　§ I. — *De Hugues III à Thibaud de Vermandois.* — La lutte du sacerdoce et de l'empire, p. 97. — L'assemblée de Lourdon, p. 101. — Les fortifications de Cluny, p 103.
　§ II. — *De Hugues IV à Guillaume I.* Organisation municipale, p. 104. — Réformes de Hugues V, p. 106. — Nouvelles fondations, p. 109.

Chapitre VII. — *Les abbés, grands feudataires.* 110
　§ I. — *De Guillaume II à Yves de Vergy* p. 110. — Etienne de Berzé, p. 112. — Les incendies à Cluny, p. 113. — Château de Brancion et d'Uxelles, p. 114. — Frédéric, II p. 116.
　§ II. — *Nouvelle constitution monastique*, p. 117.
　§ III. — *Le roi Saint Louis à Cluny*, p. 119. — Les chapitres p. 125.
　§ IV. — *Etat géographique de l'Ordre*, p. 126.

Chapitre VIII. — *Les abbés féodaux.* 131
　§ I. — *De Yves I*er *à Bertrand du Colombier.* — Le collège de Cluny à Paris, p. 133. — Yves II, p. 135. — Boniface VIII à Cluny. — Philippe-le-Bel, p. 137.
　§ II. — *Henri de Fautrières*, p. 138. — Sa réforme, p. 139.

§ III. — *De Pierre II à Raymond de Cadoène*, p. 142. — L'hôtel de Cluny, p. 143. — Les Valois et la Guerre de Cent Ans, p. 145. — Le grand schisme, p. 148. — Le faubourg de Cluny, p. 150.

§ IV. — *De Robert de Chaudesolles à Odon II*, p. 150. — Les guerres civiles, p. 152. — Les Armagnacs en Mâconnais, p. 154. — Saints religieux de l'abbaye, p. 157.

Troisième période
1455-1810

Chapitre IX. — *Les abbés commendataires.* 161

§ I. — *Jean de Bourbon.* — Les pertes de Cluny, p. 162. — Réforme de Jean III, p. 164. — Son abbatiale, p. 167. — L'imprimerie à Cluny, p. 169. — Jacques d'Amboise, p. 179.

§ II. — *Les abbés de Lorraine et les guerres de religion*, p. 172. — Le château de Lourdon est deux fois assiégé, p. 176. — Claude de Guise, p. 180. — Reprise de Lourdon, p. 183. — Louis de Lorraine et la réforme de Saint-Maur, p. 186. — Jacques de Vény, p. 187.

§ III. — *Richelieu et Mazarin*, p. 189. — Le château de Lourdon démoli, p. 191. — Curieuses coutumes, p. 193. — Pélisson à Cluny, p. 196. — L'hôtel-Dieu, p. 197.

Chapitre X. — *Les derniers abbés* 199

§ I. — *Le cardinal de Bouillon*, p. 200. — Sa disgrâce, p. 202, et ses libéralités en faveur de l'hôpital, p. 203.

§ II. — *Henri Oswald de la Tour d'Auvergne*, p. 207. Cluny soumis à l'évêque de Mâcon, p. 209.

§ III. — *Les abbés de la Rochefoucauld*, p. 213. — Etat de l'Ordre, p. 215. — Heureux fruits de la Réforme de Saint-Maur, p. 217. — Ses possessions au XVIIIe siècle, p. 219.

Chapitre XI. — *La Révolution.* 222

§ I. — *Les Préludes.* — Les religieux dépouillés de leurs biens, p. 224, chassés du monastère, p. 226.

§ II. — *Les attentats contre la religion*, p. 228. — Les églises profanées, p. 229. — La Terreur, p. 231.

§ III. — *L'église abbatiale pillée et renversée*, p. 233.

L'armée révolutionnaire à Cluny. Elle saccage l'église Saint-Hugues, p. 234. — La bande noire, p. 236. — Premières démolitions, p. 237. — Les Responsabilités, p. 239.

§ IV. — *Les Vendeurs du Temple*, p. 240. — Genillon et Batonard, p. 241. — La Basilique coupée en deux, p. 243. — Les clochers renversés, p. 244. — La bibliothèque au pillage, p. 246.

§ V. — *Dispersion des Bénédictins*, p. 248. — Les derniers survivants de l'Ordre, p. 250. — État de Cluny en 1810, p. 255.

UNION TYPOGRAPHIQUE. — DOMOIS-DIJON.

www.ingramcontent.com/pod-product-compliance
Lightning Source LLC
Chambersburg PA
CBHW050332170426
43200CB00009BA/1555